लेखक का जनतंत्र

कृष्णा सोबती से साक्षात्कार

लेखक का जनतंत्र

कृष्णा सोबती

राजकमल प्रकाशन

ISBN : 978-93-87462-47-2

मूल्य : ₹495

पहला संस्करण : 2018

प्रकाशक : राजकमल प्रकाशन प्रा. लि.
1-बी, नेताजी सुभाष मार्ग, दरियागंज
नई दिल्ली-110 002

शाखाएँ : अशोक राजपथ, साइंस कॉलेज के सामने, पटना-800 006
पहली मंजिल, दरबारी बिल्डिंग, महात्मा गांधी मार्ग, इलाहाबाद-211 001
36 ए, शेक्सपियर सरणी, कोलकाता-700 017

वेबसाइट : www.rajkamalprakashan.com
ई-मेल : info@rajkamalprakashan.com

मुद्रक : यश प्रिंटोग्राफिक्स
नोएडा-201301 (उत्तर प्रदेश)

LEKHAK KA JANTANTRA
Conversations with Krishna Sobti

मेरा सत्य ही सबका सत्य है; यह दुराग्रह लेखक को
उस प्रतीति से दूर ले जाता है जिसका नाम
अन्ततः सत्य है।

—कृष्णा सोबती

लेखक की हैसियत से

सच पूछिए तो लेखक की पहचान से हटकर मेरी कोई दूसरी पहचान ही नहीं है। अपने को खुशकिस्मत मानती हूँ कि साहित्यकारों, पाठकों, आलोचकों और सम्पादकों की एक बड़ी विशिष्ट बिरादरी मेरी बौद्धिक विरासत का अंग है। मेरी सोच का गहरा और बड़ा हिस्सा भी। अच्छा लगता है यह सोचकर कि इसकी विस्तृत सीमाओं में मेरी भी एक छोटी-सी पहचान जुड़ी हुई है।

आपसे बाँटूँगी कि मैं हर पहचान को गम्भीरता से लेती हूँ। दूसरों की हो या अपनी या रचना की। अपने को किसी रूप में अतिक्रमण करने की इजाजत नहीं देती।

अपने समकालीन दोस्त अपने से बड़े और अपने से छोटे भी, एक विशिष्ट मित्र-भाव से मुझसे जुड़े रहे हैं। साहित्यिक सम्बन्धों की यह गहरी गूँथ किसी भी लेखक के निकट कीमती सरमाया है। मैंने अपनी कलम से जो कुछ भी अर्जित किया है, उन्हीं के अदबी संवेदन और पैनी आँख की परख ने मुझे अपने तईं, अपने लेखक के प्रति आश्वस्त किया है। अदबी सोहबत के विचार-पक्ष को मैंने गर्मजोशी से जिया है।

दोस्तो, साहित्य का साम्राज्य बहुत बड़ा है। इसकी विशाल, व्यापक और विस्तृत सीमाएँ असीम हैं। इसके मूल सत्य भी शाश्वत हैं। 'सत्य' मनुष्य के जिस अन्तरमन की आहट है, उसे खटखटाने वाला बाहर का यथार्थ भी इसकी परिधि में है। वही मानव-मन के अन्तरंग और बहिरंग को संवाद में गूँथ देता है। उसे परिभाषित करता है। साहित्य ही वह सार्वभौमिक इकाई है जिसमें इनसान अपने होने और न होने की नियति के बावजूद 'विचार' और 'शब्द' की जुगलबन्दी में परिभाषित होता है। अनेकानेक मुद्राओं में, भंगिमाओं में और रंगों में। नश्वरता की प्रजा होने के नाते साहित्य में ही हमारी निजता

सुरक्षित है। इसके विचार की शक्ति हमारे जीवित संसार की गुणात्मक शक्ति है। साहित्य मात्र भाषा की कौशलपूर्ण उपस्थिति नहीं, शब्द और विचार के संयोजन की वह वैचारिक प्रस्तुति है जो अपने होने में स्वयं अपनी सत्ता है। परम सत्ता।

आपकी इजाजत से इतना जोड़ दूँ कि राजनीति से प्रतिबद्ध प्रभुसत्ता सफलता और शक्ति का शास्त्र है और शस्त्र भी। साहित्य अपनी गहराई, व्यापकता और संवेदन में सत्य, स्मृति, जिज्ञासा और उस उदात्त का वह शिखर है जिस तक हम बराबर पहुँचना चाहते हैं। इसमें साहित्य की वह ऊर्जा और ऊष्मा रेखांकित हैं जिन्हें आप लिखी गई पंक्तियों के गुच्छे में महसूस करना चाहते हैं। शब्दों में से उभरती वैचारिक ऊष्मा, बौद्धिक ऊर्जा और भाषा के रूप में भाव का संवेदन।

मैं लेखक होने के नाते साहित्य और साहित्यकार की विशिष्ट सांस्कृतिक पहचान और खुले उन्मुक्त संस्कार की सुरक्षा चाहती हूँ। रचनात्मक प्रतिभा, मौलिकता, अस्मिता और गरिमा जैसे मूल्यवान शब्दों का अवमूल्यन नहीं होना चाहिए। लेखक के बुनियादी और नैतिक अधिकारों का हनन न हो। वैसे आपके कान में एक काम की बात कह दूँ कि हमें, हम लेखकों को स्वयं इसकी देख-रेख करनी होगी। कोई दूसरा इसके लिए परेशान और हल्कान होनेवाला नहीं है।

एक गम्भीर बात कहने जा रही हूँ। सिर्फ इसलिए कि मैंने ऐसा कह सकने का हक कमाया है—अपनी कीमत पर। जिन चकाचौंधी गलियों में लेखक के अन्दर का लेखक ही गायब हो जाए ऐसे अहातों से हमें दूर रहना चाहिए। वहाँ पहुँचकर लेखक के समूचेपन पर बट्टा लग जाया करता है। लेखक साबुत नहीं रहता। आधा हो जाता है। तब वह अपनी हस्ती, अपनी सँवरन को नहीं—किसी और ही मंजिल को ढूँढ़ने लगता है। सत्ता, सत्ता की शक्ति और उससे जुड़े बेशुमार राह, रस्ते और रस्में लेखक को आधा कर डालने को काफी हैं।

हम सभी जानते हैं कि आज सब कहीं, सब ओर 'साहित्य' का विचार-पक्ष एक मौन आक्रामक रवैये से घिरा है। अनदीखती शक्तियों की साझेदारी में वह या तो फैलता चला जाता है या किसी कोने में खामोशी से स्थित हो जाता है। चारों ओर नजर रखने के लिए अगर आप चौकस न हों तो आप भी उसकी गुमनाम तरंगों पर हो जाएँगे।

दोस्तो, मुझे कहने दीजिए कि बीच का रास्ता नहीं है। नहीं होना

चाहिए। आप लक्ष्मण-रेखा के अन्दर हैं या बाहर। असल मुद्दा अन्दर और बाहर वाले इलाके का है। आप अन्दर सुरक्षित हैं। बाहर नहीं हैं। आप अन्दर विशेष हैं और बाहर लावारिस हैं। बस इतना ही।

लेखक मित्रों से बाँटना चाहती हूँ कि जो हमें सतह पर दीखता है साहित्य का आचार-विचार, व्यवहार और व्यापार, वह सिर्फ मुँह-मुलाहजा नहीं। लिहाजदारी का आदान-प्रदान भी नहीं। सिर्फ अखबारों का कॉलम और विज्ञापन का खाता भी नहीं। हम उसमें आँख, बौद्धिक सजगता और शाश्वत मूल्यों के प्रति उसके लगाव को उकसा-भर सकते हैं। उकेर-भर सकते हैं। बस इतना ही।

किसी भी गम्भीर लेखक के 'विचार' और 'चिन्तन' में भूगोल और इतिहास समान रूप से केन्द्रित रहते हैं। इन दोनों की मिली-जुली बौद्धिक प्रक्रिया में से ही वह जीवन-दर्शन छनकर आता है जिसे हम लेखक विशेष का कृतित्व मानते हैं। लेखक की चिन्ताओं, सरोकारों का सारतत्त्व उसके रचनात्मक संसार में निहित होता है। होना चाहिए।

किसी भी रचनात्मक व्यक्तित्व में सबसे कीमती वे सरोकार हैं जो ईमानदारी से उस 'सोच' में खुबे हैं जिसे अन्ततः न सिर्फ अपने को, अपनी रचना को बल्कि अपने समय और समाज को अंकित करना होता है। आज की प्रासंगिकता में क्या हम उस नैतिकता का नाम लेंगे जिसके हिज्जे बदल चुके हैं या अन्धी दौड़ में जिन्दगी की ज्यादा सुविधापूर्ण और ज्यादा समझौतापरस्ती का जिसके गुंजल किसी को भी अपने पंजे में दबा लेने की ताकत रखते हैं। कोई भी वर्ग समूह जाति या मुख्तलिफ ताकतों के शक्ति गलियारे आर्थिक रूप से जितने सक्रिय होते हैं उतनी ही शिद्दत से वह मूल्यों को फलाँग कर फल-प्राप्ति की प्रक्रिया के प्रति सजग हो उठते हैं। निर्मम होने की हद तक सर्द और जालिम। ऐसे में लेखक, कलाकार और पूरे बौद्धिक समाज पर धर्म-संकट की स्थिति पैदा होती है। इस सन्दर्भ में हम क्या उस चौखटे की नैतिकता की ओर देखें—जिसके हिज्जे ही बदल चुके हैं।

दोस्तो, हम अपने बौद्धिक वर्ग की चेतना और सोच को उकसा-भर सकते हैं इस उम्मीद के साथ कि आज के तात्कालिक बखान और बयान से हटकर साहित्य की गम्भीर, न्यायोचित माँग को अपनी निष्ठा में जीवित रख सकें।

लेखक की रचनात्मक और बौद्धिक सम्भावनाओं के प्रति शताब्दी का

अन्तिम चरण हमारी जीवनशैली, लेखकीय सोच, रचनात्मक कौशल और चिन्तन में किन दूरगामी परिवर्तनों का संकेत देगा—यह अपने आप में एक जोखिम-भरी उत्सुकता है। खासतौर पर जब हिंसा का अध्यात्म दिल्ली में घर कर रहा है। अजीब पैने और खतरनाक दबाव के साथ। इतना तो तय है कि हमें नई स्थितियों के अनुरूप नए ताल-मेल बिठाने होंगे, नए संवेदन और समीकरण के साथ।

लेखक की सम्भावनाएँ मात्र जीने के सहज ज्ञान से परे साहित्य में संचित गहराई के उस स्रोत से प्रवाहित होती हैं जो बौद्धिक स्तर पर वह अपनी जिज्ञासा, उत्कंठा और मनन की इच्छाशक्ति से अपने में जगाता है। लेखकीय अस्तित्व में लेखक अपनी जीने की साधारणता को सृजन की असाधारणता में जीता है।

—कृष्णा सोबती

अनुक्रम

लेखक का जनतंत्र

रत्ती और मित्रो लेखक की मनोवैज्ञानिक कुंठाओं का परिणाम नहीं हैं

रणवीर रांग्रा से बातचीत

दोस्तो, हर लेखक अपने लिए लेखक है। अपने किए लेखक है। वह अपने चाहने से लेखक है। अगर वह संघर्ष से जूझता है, परिस्थितियों से टक्कर लेता है तो एहसान किसी दूसरे पर नहीं, सिर्फ उसकी अपनी कलम पर है। कोई भी अच्छी कलम मूल्यों के लिए लिखती है, मूल्यों के दावेदारों के लिए नहीं। अगर ऐसा नहीं तो लेखक और कलाकार शामियानों और विज्ञान-भवनों की शोभा बनकर रह जाएँगे। लेखक के निजी दायित्व का यह तीखा अहसास है बेलाग और बेबाक कथाकार कृष्णा सोबती को जिनकी रचनाएँ साहित्य और समाज में घटना की तरह प्रकट होती हैं। उनकी कथाकृतियाँ 'डार से बिछुड़ी' और 'बादलों के घेरे' हिन्दी-साहित्य की उसी प्रकार की बड़ी घटनाएँ बनीं, जिस प्रकार 'ऐ लड़की' और 'दिलो-दानिश' जो मन और मस्तिष्क को झंझोड़ कर रख देती हैं। पिछले चार दशकों में 'मित्रो मरजानी', 'यारों के चार', 'सूरजमुखी अँधेरे के', 'जिन्दगीनामा' और 'हम हशमत' ने जो रचनात्मक उद्वेलन, आलोचनात्मक उकसाहट और सामाजिक-नैतिक बहसें छेड़ी हैं, उनकी अनुगूँज अभी समाप्त नहीं हुई। कृष्णा सोबती की इन कृतियों में सामाजिक और नैतिक विधि-निषेधों, बन्धनों-सीमाओं के उनके धुर अन्त तक अन्वेषण की जो आतुरता है, वह सतही स्त्री-चेतनावादियों और लकीर के फकीरों को समान रूप से हतप्रभ कर देती है। उनकी मित्रो जब नारी-देह की जैविक माँग की मुखर अभिव्यक्ति लेकिर आई तो जहाँ रूढ़िवादी तिलमिला उठे, वहाँ नारी-चेतना के किताबी ज्ञानी भी चकित रह गए। कृष्णा सोबती की मान्यता है कि 'किसी भी रचना की प्रामाणिकता केवल लेखक की जीवन-दृष्टि से ही जुड़ी-बँधी नहीं होती। उसकी रचनात्मक उड़ान का सामर्थ्य पात्रों की मांस-मज्जा, मिजाज, स्वभाव और हड्डी की मजबूती में भी छिपा होता है।' उनकी सभी रचनाएँ उनके इस मत की गवाही देती हैं। अपने असंख्य पात्रों को सहज और विश्वसनीय भाषा देते हुए वे उन्हीं की बोली-बानी में ऐसे आयाम देती हैं जो गहरी रागात्मक संवेदना के बिना सम्भव न हो पाती। यथार्थ को गति, स्पन्दन और उड़ान देकर अतियथार्थ की रहस्य-भरी सीमाएँ पार करने-कराने में सोबती का भाषा-सामर्थ्य बेजोड़ है। उनका कृतित्व श्रव्य और दृश्य के भेद को पाटता-सा दीखता है। 'मित्रो मरजानी' की 67 नाट्य-प्रस्तुतियाँ, 'डार से बिछुड़ी' का मंचन और 'सिक्का बदल गया' का फिल्मांकन

रंगकर्मियों के लिए चुनौती के साथ-साथ रचनात्मक प्रेरणा का स्रोत भी रहा है।

सोबती जी से बातचीत का अपना ही आनन्द है, विशेषकर उनके अपने कृतित्व पर। यह रही उनसे हुई एक भेंटवार्ता :

आपका लेखन कविता से शुरू हुआ, पर ख्याति आपको कथा-रचना से मिली और शायद सृजन-सन्तुष्टि भी। क्या कविता आपकी अभिव्यक्ति के लिए कमजोर पड़ रही थी, जो आपने उसे छोड़ कथा को अपना माध्यम बना लिया ?

किसी भी जन्मजात कवि को कविता के लिए जो एक सघन ऐन्द्रिक संसार सँजोना और चरितार्थ करना होता है, उसे लेकर मेरे स्वभाव में सीमाएँ और विवशताएँ आड़ी-तिरछी फैल रही थीं। विस्मयकारी कुछ है तो इतना ही कि इसे पहचानने की समझ मुझमें थी।

कविता में अन्तर्निहित जो 'इंटेंसिटी' कवि की उड़ान की पहली शर्त है उसे तीव्र मार्मिक रूप से अर्जित कर सकना मेरे ठंडे सपाट मिजाज में मौजूद नहीं रहा। व्यक्तित्व का निजीपन जो गहरे तक अन्तरंग में पसरा रहा, उसमें से कविता की दोहरी अन्तरंगता को झेल पाना मेरे निकट लगभग मुश्किल ही रहा। इसलिए इसका छोटा-सा मौसम अनजाने ही गुजर भी गया। कुछ बचा तो इतना ही कि गाहे-बगाहे कविता की कुछ अच्छी पंक्तियाँ आसपास मँडराती रहीं। कविता की एक पंक्ति जो आपके समूचे को एक क्षण बना दे, जरूरी नहीं कि वह स्वयं आपने ही लिखी हो। जो आपको अपने लिए उद्घाटित करे या अपने से जोड़ दे, वह कविता किसी की भी हो सकती है और नितान्त सगेपन से अपने संवेदन-विशेष से अन्तस् को छू सकती है।

किसी भी संवेदनशील कवि की बिम्ब-व्यवस्था मुझ जैसे गद्य-लेखक को, जिसकी जमीन ही उसका आकाश हो, रास आनी मुश्किल ही थी। एक पंक्ति, शब्दों का गुच्छा, अनुभूति का टुकड़ा, इन सबकी सघन सम्भावना बहुत-सी पहले ही समाप्त हो गई। इसका दुख गद्य-लेखक को कुछ तो है, पर ज्यादा नहीं। कवि और कविता का अंकुरण मात्र प्रयत्नों से नहीं हो सकता, यह बात तो निश्चित रूप से मानी ही जा सकती है। गद्य की स्पष्टता, उसके वैचारिक और सामाजिक खरेपन ने मुझे लगातार अपनी ओर खींचा है, और मेरे रचनाकार के अन्त:करण को अपनी कोशिश से उकेरा भी है।

भाषा के तेवर समझने-बूझने और शब्दों के अर्थों के सृजनात्मक सत्य, उनका ताप, सौष्ठव, उदारता, उत्तेजना, ये सब प्रेरित करते हैं मानसिक सघनता और दीप्ति को जो मानवीय अभिव्यक्ति की मूल्यवान धरोहर है। जितनी औकात लेखक की होगी, प्रतिभा के अंश भी उसी अनुपात से उसके हिस्से में आते हैं। इसी से जुड़ी-बँधी

है लेखक की संवेदनशीलता, वैचारिक भूमि और उसकी दृष्टि की अथाह निर्ममता, जिसके सम्मुख कोई भी अतिरेक बेमानी हो जाता है।

एक-से मुखड़े और तेवर वाली भाषा में सोचना और लिखना मुझे उबाऊ लगता है। लेखक होने के नाते भाषा के रचनात्मक केन्द्र में होने के बावजूद उसे ही अपना अतिक्रमण भी करना होता है। अपने को परे सरकाकर पात्रों के अनुरूप भाषा और मुहावरे को ढालना मात्र प्रयोग नहीं, लेखक की सामर्थ्य का अहसास भी देता है। किसी भी रचनाकार में ऐसा कर सकने की सामर्थ्य लेखक और पाठक दोनों के लिए सृजनात्मक संवेदना का विस्तार करती है। लेखकीय आत्मविश्लेषण और आत्मान्वेषण इसी प्रक्रिया में छनकर निपुणता का रूप धारण करता है।

अपनी कथाकृतियों के पात्रों की रचना-प्रक्रिया के दौरान कई बार आपको आभास मिलता होगा कि आप सत्य के निकट से निकटतर पहुँच रही हैं। इस दृष्टि से कृपया मित्रो या रत्ती के सृजन के विषय में अपनी मनोभूमि के बारे में कुछ बताएँ।

अपनी संश्लिष्ट सृजन-प्रक्रिया के दरमियान मैं बाहर से अन्दर और अन्दर से बाहर आती-जाती आहटों और खराहटों को सुनती और चुनती रहती हूँ। किसी भी अन्तर्द्वन्द्व और अन्तर्विरोध को पहचानने के लिए स्थितियों के बुनियादी भूगोल और इतिहास मापने-जाँचने जरूरी होते हैं। मात्र मनचाही कल्पना की उड़ान से आप उन्हें जिन्दा नहीं कर सकते। किसी भी समय को अंकित करने के लिए मात्र कल्पना ही काफी नहीं होती और न वैचारिक अनुमान ही। अपनी बात करूँ तो ऐसा कुछ नहीं लिख पाई जो मात्र कल्पना के आधार पर, कल्पना के बल पर बुना-सजा हो, जो किसी स्वप्निल संसार से उभरा हो और जीवन के यथार्थ से दूर हो।

किसी भी विशिष्ट रचना के लिए लेखक की जीवन-दृष्टि महत्त्वपूर्ण है। विशेष महत्त्वपूर्ण हो उठता है यह तथ्य भी कि क्या आप अपनी आँख से चीजों को देखने-परखने के आदी हैं या अपने से हटकर भी उनकी पहचान करते हैं। क्या अपने पर ही लागू सम्बन्धों के ठप्पों से आप अपने बाहर भी देखने और तलाशने के आदी हैं? लेखक होने के नाते क्या जीवन और साहित्य की समग्रता को मात्र स्थितियों से मापते हैं? क्या आप अपनी जिज्ञासाओं को ही मानव-मन की गहराइयाँ समझकर उन्हें लिखने लगते हैं? लेखक की दौड़ निश्चय ही इन सीमाओं से परे जानी चाहिए। कथन की सम्प्रेषणीयता ही उसका एक मात्र औचित्य नहीं। मानव-मन किसी भी मोड़ पर, किसी भी क्षणांश में अचम्भित हो सकता है, विस्मित कर सकता है।

सपाट, स्थूल अथवा बेहद उलझी स्थितियों-घटनाओं के आर-पार कई उतार-

चढ़ाव आते-जाते हैं। इन सबकी सतह तले कुछ ऐसा भी बिछा-ठिठका रहता है, जो अपने होने में बहुत कुछ समेटे-सँजोए रहता है, जिसे सिर्फ आँख नहीं देखती; डुबकी मारकर गोताखोर की तरह गहराई में जाकर आपको मूल्यवान समेटना होता है, जिसे सत्य कहा जाता है, समझा जाता है। सत्य की प्रतीति सिर्फ चातुर्य में नहीं है। विवेकपूर्ण लेखक निज के ज्ञान-अनुभव से अलग एक गर्भगृह समाहूत करता है और रचना से जुड़ी कलात्मक समग्रता को उसी आभ्यन्तरिकता में प्रस्तुत करता है। मेरा सत्य ही सबका सत्य है; यह दुराग्रह लेखक को उस प्रतीति से दूर ले जाता है, जिसका नाम अन्तत: सत्य ही है।

देखा जाए तो सत्य हमारी रचना के पात्र-पात्र में सुरक्षित व्यक्ति-नाम और संज्ञा ही नहीं होते, उनके मुखौटे भी होते हैं, जिन्हें अपना अधिकार समझकर उन्हें ओढ़े भी रहते हैं। इनके बीच की दूरी और नजदीकी ही वह सन्धि-स्थल है, जहाँ से लेखक को अपनी दौड़ का भान होता है। लेखक यदि अपने पर हावी है तो पात्र अपने आधे-अधूरे अस्तित्व से सँभलता-सरकता रहता है। आप पात्र की उपस्थिति से अपनी दूरी, अपने से उसकी नजदीकी पर अंकुश लगाते हैं तो आप अपने रचनाकार की मदद करते हैं। रचना की रचनात्मकता मात्र वृत्तान्त नहीं। सतर्कता, बौद्धिक जागरूकता, अन्तर्दृष्टि रचना के लिए एक बुनियादी माँग है। रचनाकार की मानसिकता का गुण-धर्म मिथ्या साक्ष्य को भी तथाकथित आरोपित सत्य में रूपान्तरित करता है।

'मित्रो' के उन्मेष के बारे में भी बताइए। आपके मानस में रूपाकार ग्रहण करते उसे काफी समय लगा होगा।

आपने मित्रो के बारे में पूछा है। मित्रो व्यक्ति की जिस छटपटाहट की प्रतीक है, वह यौन-उफान ही नहीं, व्यक्ति की अस्मिता का भी अक्स है, जिसे नारी की पारिवारिक महिमा में भुला दिया जाता है। हाथ की मेहनत और देह से सुखदान, इतना-सा ही है उसका यशोगान। मित्रो को लिखने से पहले कुछ मालूम नहीं था कि वह किस तस्वीर का नैगेटिव था या उस नैगेटिव से कौन-सा चेहरा उभरकर आएगा। डूंगर के पास सिर पर बोझा उठाए एक जीती-जागती काया हरियाली क्यारी-सी दीखी थी एक बार। आँखों में ललक, आँचल तले उभार। लहँगा-ओढ़नी में मढ़ा हुआ गेहुँआँ गदराया बदन। हाड़मांस की अनोखी देह रूपहले पानी में कसी हुई। आँखों में ललचाती आदिम दीठ। लौंग से इतराती छुटकी-सी नाक। झाड़ियों की सीध तनिक गर्दन घूमी। ठेकेदार को पास आते देखा तो उठाकर काँकरी मार दी—'इधर तो देखना मत, ठेकेदार जी, लहँगड़ की माँद में अट गए तो गए काम से। झेंप ने अधेड़ ठेकेदार का चेहरा लीप दिया। खिसियानी हँसी से उबरकर चुहल की—'आप ही भरमा रही है, कमजात। तेरी महामाया बींध दी तो सारा मर्म-धर्म धरा रह जाएगा, पगलाई फिरेगी।' ओढ़नी के संकेत छलकाती पथरीले पठार पर

नुकीली बिजली चमक गई—'जापकर, जापकर इस शर्बती का, कच्ची-पक्की हौंस से तभी छुटकारा मिलेगा, ठिकेदार।'

लेखक अपने सफेदपोश दिल-दिमाग के दम्भ में मौन था। वाचालता पर कोई रोक नहीं। जो भी बोला जाएगा हवा में तैरता रहेगा। ठिठका रहेगा। पकड़ लिया जाएगा या दिल के पिछवाड़े गुम हो जाएगा। लेखक के असमंजस को परे ठेल शब्दों की कड़ी गाहे-बगाहे कान में फुसफुसाती रही—'तन बड़ा कि मन?' 'कहने को मन और पाने को तन,' इसी अँगियारी नोक पर दुनिया स्थित है।...जिस देह से हरसिंगार झरते हैं, उसी द्वारा आत्मा की मूल निधि को उगाया जाता है। उसकी वसूली की जाती है। देह में रूह की प्रतिष्ठा होती है तो क्या उसकी अवहेलना बदगुमानी नहीं?...पुराने पठार को अपने स्पर्श से जगाती-लहराती मिश्रीबाई की चूनर रंगोली झुलाती रही।

एक शाम न जाने किस आगमजानी में लेखक ने ठेकेदार की धुयाँखी निगाह से परे उस लहर को पहचान लिया और उस साक्षात पर विराम लगाने की पेशकश में उसका पीना-पिछौना देखने की हिमाकत कर डाली। दुविधा से हवा में पत्ते उड़ने लगे और अजन्मी रचना और रचनाकार के बीच लावारिस वक्त पसर गया। फिर बरसों बाद, ठिठुरती सर्दी की रात। पुरानी खस्ता बस्ती में से गुजरते हुए सहसा कदम ठिठक गए। किसी के झीखने-कलपने की आवाज कानों पर ठुक गई, 'अम्मा, अपने बेटे को किसी वैद्य-हकीम के पास ले जा। यह लीला इसके बस की नहीं।' फिर, चटाक-चटाक और उसके बाद वही आवाज—'मारो, मारकर गाड़ दो। मुझे इस सन्ताप से तो छुट्टी हो।' लेखक सहमकर सोचने लगा—क्या कोई पुरानी बात दोहराई जा रही है? इस संवाद को पहले भी सुना था कभी। कोई उलाहना, कोई लांछन—कहीं कोई परदा नहीं, जो कहा गया है उतना ही। दोष है तो किसका? काया के बिना कामना। जिस प्यास का यह मंत्र है, उसकी तृष्णा कैसी?...अपने से दूसरे तक, दूसरे से अपने तक—एक ही आदिम लय के दो टुकड़े। दोहरे क्षण की सनसनाहट में दोनों संज्ञाओं के चेहरे सरसरा कर एक हो गए। इस दोहरी टक्कर की सामर्थ्य है क्या? दो अलग-अलग सतहों पर इनकार और स्वीकार। भला इस माँग की भी कितनी बिसात होगी? औकात कितनी होगी उस छलकती-धड़कती चाहत की जो पाप और पुण्य से बड़ी है और उनके दावों तक से बाहर है?

किसी भी तरह की रूमानी कल्पना को परे ठेल लेखक की नजर एक सीधी-सादी गृहस्थी की चौखट पर अटक गई। पहले घर का रोशनदान दीखा, फिर पुराना छाता और प्रकट हो गए गुरुदास बिछौने पर लेटे हुए। चूल्हे के पास बैठी धनवन्ती और अन्दर से झाँकती बहुओं की परछाइयाँ। जितनी आँख की तौफीक है उतना ही तो

देखा जाएगा, जितना गहरे पैठोगे उतना छुआ जाएगा।...घर-गृहस्थी के कपाट के पीछे से मित्रो झाँक गई, अपने चैतन्य से अपने आसपास को पढ़ती-हँसती, खेलती-तरेरती, औरत होने के पुरानेपन को खोलती-उघाड़ती, अपने में विवेक जगाती।...मंच बन उठता है एक परिवार का घर-आँगन अपने में सम्पूर्ण संसार। पर कोई भी संसार अपने होने से ही, अपने होने में ही, कब सम्पूर्ण है! वे सब पाने जुटाने की उस दहक-महक से जुड़े-बँधे हैं, जो हाड़-मांस के कपड़ों में धड़कते-फड़कते हैं।

'मित्रो मरजानी' आपका क्लासिक उपन्यास है। अपनी लाख बेअदबियों के बावजूद मित्रो सबको मोह लेती है। वह हाड़-मांस की ऐसी नारी है, जो अपनी पारदर्शिता में बेहद जटिल है, अपनी सहृदयता में भी बेहद निर्दय है। वह किसी को छोड़ती नहीं, किसी को बख्शती नहीं। हर किसी को उसकी औकात दिखा देती है। औरों की चुनौतियों का सामना करते-करते वह स्वयं चुनौती बन जाती है सबके लिए। शायद इसीलिए उसे इंसाफ नहीं मिला—न अपनी माँ से और न अपनी 'जननी' यानी आपसे। पहले तो उसके तन में बेपनाह प्यास भर दी और फिर सामाजिकता के फेर में पड़कर उसकी चाहत के सभी रास्ते रोककर उसे घर की चारदीवारी में घुट-घुटकर मरने को मजबूर कर दिया। आपकी इस बेबाक कृति मित्रो की बेपनाह प्यास का आखिर क्या होगा?

किसी भी घर-गृहस्थी के आँगन से कहीं भी मित्रो की आदिम महक सूँघी जा सकती है। पर गुरुदास के परिवार की मँझली बहू ही लाड़ से मित्रो मरजानी कहलाने का अधिकार अर्जित कर सकी—लेखकीय चमत्कार से नहीं, बल्कि अपनी संज्ञा से, अपने अधिकार से। मित्रो अपने बूते पर जिन्दगी को घूरती है, मसखरी करती है, लड़ती है, टक्कर लेती है और सीनाजोरी भी करती है।...एक फुँकारती घड़ी में अपनी माँ की संज्ञा को अलगनी पर टँगते देख कपड़ों और काया में फर्क करती है और स्वयं ही अपने फरफराते कपड़ों को सहेज-समेट परले सिरे से अपने साथ आ लगती है—अपने को ढूँढ़ लेती है।

लिखते समय लेखक के निकट कुछ भी योजनाबद्ध नहीं था। पर्त-दर-पर्त कहानी खुद-ब-खुद उभरती-उघड़ती चली गई। तन-मन की लहर, प्यार-मनुहार, लड़ाई-झगड़े गृहस्थी की जुगलबन्दी में गुँथते चले गए। यह संयुक्त परिवार की बन्दिश थी। मित्रो में दहकती आदिम आग, छोटी-बड़ी और मँझली से ठुनकती बोली-ठोली। बुढ़ापे में भी परिवार को धारण किए गुरुदास और धनवन्ती, संग-संग बिताई उम्र के ताव-भाव में लीन, कुटुम्ब-पविार की सीवनों को टाँकते चले जाने को विवश—एक परिवार, अपने में एक संसार। पर कोई भी परिवार अपने होने में ही सम्पूर्ण नहीं होता। उसकी चौखट के अन्दर उसकी नीवों और शहतीरों में जलजले उठते रहते हैं। मित्रो के रूप में एक जलजला उठ ही आए तो स्वयं बन जाती है

मित्रो मरजानी की कहानी।

मात्र यह लेखकीय कौशल और स्थितियों-परिस्थितियों से ही घटित नहीं होती। यह उभरती है विभिन्न सामाजिक मूल्यों के घर्षण से, आपसी खरखराहट से—घर-गृहस्थी की परिक्रमा के ऐन बीचोबीच।

रचनात्मक स्तर पर कोई भी प्रामाणिकता केवल तथ्यात्मक जानकारी या शिल्प या उसकी उड़ान की सामर्थ्य से ही नहीं होती, चरित्र की मांस-मज्जा, स्वभाव-संयम और उसकी हड्डी की किस्म से भी जुड़ी होती है। उसके न होने पर कोई भी रचना अपने रचाव, संस्कार और सार-सँवार से अनोखी भले लगे, पर उसकी सूक्ष्म-स्थूल काया में फुरना नहीं धड़कता, जान नहीं फड़कती है। मित्रो कल्पना की सृष्टि नहीं। इसी से मित्रो के प्राण में जितना खम था, उसकी टक्कर में जितना दम था, उतने गहरे अंकुश लेखक पर भी लगते चले गए। मित्रो के रूप में किनारों को उलाँघती-तोड़ती बाढ़ को रोकने के लिए नहीं, उसके उन्मुक्त बहने के लिए ही लेखक ने अपनी भूमिका निभाई।

आदर्श या गुनाह का आग्रह मित्रो को असामाजिक बना देने को काफी था। मित्रो आगे कुलबुलाते यौन प्रसंग और दूर-दराज की सुरक्षा को किसी भी मूल्य पर एक-दूसरे से बदला नहीं जा सकता, लेखक के लिए इत्ता जानना जरूरी था।...अपनी जन्मजात चंचलता, शब्दों में स्फुटित मोहकता और दैहिक ऊर्जा के साथ ही चुस्ती और सहज-सुलभ औकात के बल पर मित्रो ने लेखक के बिना पूछे ही परिवार की चौखट की ओर कदम बढ़ा लिया। लेखक को यह न अटपटा लगा, न आश्चर्यजनक और न असंगत ही। एक ओर मित्रो की स्वस्थ ताजा काया की प्यास स्वाभाविक है, दूसरी ओर उसी के चित्त-मन में पारिवारिक गूँज की सजगता तेज हो उठती है। मित्रो ने अपने तईं, अपने प्रति निर्णायक निर्णय से इतना तो प्रमाणित कर दिया कि सोचने के स्तर पर उसके पास वह सहज बुद्धि है जो उसकी बेअदबियों और शरारतों के साथ भी पाठकों को प्रिय है।

उसकी चंचल जटिलता जिस सामाजिक सीमान्त से उभरी है, उसी ने उसमें एक साथ नमक और मिश्री घोल दी है जो गुरुदास परिवार की अन्य बहू-बेटियों से अलग है।

याद रखना जरूरी होगा कि व्यक्त करना वृत्तान्त नहीं है। वह अमूर्त और अव्यक्त को गढ़ना और उद्घाटित करना है। देखें तो दृश्य-जगत की रचना मन की भीतरी दुनिया में होती है। रचनाकार इतने गहरे में स्थित होता है कि सतह पर से लोप हो जाता है। लेखक के अन्तर्मन के कोलाहल और सामाजिक शोर में फर्क करना होगा।

आपके उपन्यास 'सूरजमुखी अँधेरे के' की रत्ती कहीं मित्रो की ही 'एक्सटेंशन' तो नहीं ? यह बात अलग है कि इस बार उसके साथ बचपन से ही एक अपराध-भावना जुड़ गई है। रत्ती के लिए लोकलाज का अवरोध न सही, मनोग्रन्थि के रूप में गहरा भीतरी अवरोध तो है ही—और फिर तन की प्यास और माँ बनने की लालसा भी उसकी सीमातीत है।

रत्ती और मित्रो लेखक की मनोवैज्ञानिक कुंठाओं का परिणाम नहीं। ये पात्र स्वयं अपनी परिस्थितियों से जूझते-निपटते हैं। इनकी यात्राओं के ऐन बीचोबीच खड़े रहते हैं वे आक्रामक प्रतिद्वन्द्वी हादसे जो अपने होने की कीमत उगाहने से गुरेज नहीं करते। जरूरी तौर पर लेखक वह नहीं जो उसके पात्र हैं और पात्र भी वह नहीं जो लेखक है। जो दृष्टि उन्हें चीन्ह रही थी वह जरूर लेखक की है। यही महत्त्वपूर्ण है। लेखक की अन्तर्दृष्टि। याद रखना जरूरी होगा कि लेखक अपनी रचनात्मक यात्रा में न सिर्फ जीने पर होता है, न मात्र पड़ताल पर। उसे न सिर्फ वैचारिक हस्तक्षेप माना जाना चाहिए और न अपने नैतिक मूल्यों का गुंथन ही।

अपने क्षत-विक्षत अतीत से मुक्ति पा लेने की रत्ती की छटपटाहट उसकी जीवन्तता को व्यक्त करती है। हार मानकर बैठ जानेवाली लड़की वह नहीं है। उसका दमघोंटू एकान्त भी असली लगता है और उसमें छुटकारे की चाह भी। पर मुक्ति-प्रक्रिया का माध्यम दिवाकर और उसकी परोपकारिता निश्चय ही कृत्रिम लगती है और रत्ती की इस मुक्ति-प्रक्रिया में वह प्रतिभागी की नहीं, मात्र निमित्त की भूमिका निभाता है। रत्ती-जैसी स्वाभिमानी लड़की को उसकी यह भूमिका ग्राह्य कैसे हो गई ?

अपने घायल देह-धुँधलके से घिरी रत्ती अपने में होते हुए भी अपने से दूर रही। बलात्कार से उपजी तन-मन की व्याधियाँ उसके व्यक्तित्व को विवृत घटाटोप में ले जाने को काफी होतीं, लेकिन रत्ती ने अपने अन्दर के वीराने और बाहर की खोज को खोया नहीं, बल्कि चौकस रखा, यह बड़ी बात है। अन्तर की सीध को अपने बाहर से साधे रखना यह छोटी नहीं, बड़ी बात है। देहधर्म की सबसे नाजुक और उलझी गुंजल को खंडित रोध्यता पर न्योछावर भी नहीं किया। पूर्ण रूप से निजवाचक हो जाने की स्थिति भी अपने पर लागू नहीं होने दी।

रत्ती का संघर्ष अपनी देह पर छिन्न-भिन्न उस लहर से है जो मन से तन और तन से मन तक तरंगित होती है और व्यक्ति के अस्तित्व का संवेदनात्मक व्याकरण बन जाती है। रत्ती की स्थिति उच्छृंखलता में बदल सकती थी। रत्ती अपने स्वयं समर्थ अनुरागविहीन खिन्नता के भाव से, उलझाव से, मुक्त होने की निपट निरन्तर चेष्टा करती है। बलात्कार जैसी घटना और उसकी विद्रूप विसंगति उसे कौमार्य की जिस

शिलालेखी ठंडी खिन्नता में जकड़ लेते हैं, वह किसी भी बच्चे को आतंक से घेर लेने की नियति प्रस्तुत करते हैं, किशोर और किशोरी दोनों को। कोई भी मनोवैज्ञानिक व्याधि तन-मन के बीच टुकड़ों की उलझाव-भरी बाँट का गणित लागू कर सकती थी, पर रत्ती ने अलगाव में अपने को अपने से विलग नहीं किया, यही उसकी जुर्रत रही।

दिवाकर के साथ होने के जिस अन्तरंग लीन भाव में वह विलीन होने का क्षण अर्जित कर सकी, उसमें दिवाकर निमित्त-भर नहीं थे। उनमें भी उनके समतल वैवाहिक जीवन का एक सपाट भाग स्वयं रत्ती का ही जीया हुआ भोगा हुआ था। इसी से दोनों के दरमियान प्रवाहित संवेदन का शुभ और शुभम्। इस तुष्टि में से कुछ अधिक बटोरने की इच्छा रत्ती में क्यों नहीं जगी, यह तथ्य लेखक के निकट भी इतना ही सहज और सरल होकर उभरा जितना रत्ती के शान्त-स्वच्छ 'स्व' में। देह की ही देहरी पर एक पवित्र भाव जो शायद बलात्कार के अमंगल को भूलकर देह की आसक्ति में जगाया-पाया जा सकता है। इस घटित होने में रत्ती की प्यास और दिवाकर का पौरुष नहीं, बल्कि कौशल और समभाव ही रहा होगा। कहानी की दौड़ भी शायद इतनी ही रही होगी।

आपने एक बार जिक्र किया था कि 'जिन्दगीनामा' के लेखन, पुनर्लेखन और प्रकाशन का एक लम्बा इतिहास है। उसके विषय में कुछ बताइए।

मेरा पहला उपन्यास 'चन्ना' नाम से लिखा गया। पांडुलिपि प्रस्तुत की गई भारती भंडार, इलाहाबाद को। जवाब तुरन्त आया। 'आपकी पांडुलिपि देख ली गई है, उपन्यास अच्छा बन पाया है। बधाई। भारती भंडार इसे जल्दी ही प्रकाशित करेगा। वाचस्पति साहब का यह खत बहुत देर से फलीभूत हुआ—लगभग 25 बरसों बाद। हुआ यह कि भारती भंडार ने लेखक को बिना प्रूफ दिखाए उपन्यास छापना शुरू कर दिया। दर्जनों शब्द सुधार दिए गए।' 'शाहनी' को 'शाहपत्नी', 'काका' को 'लल्लू', 'रुक्ख' को 'वृक्ष', 'छाँह' को 'छाया'—सारे सुधार इसी तरह के थे। फॉर्म आया तो देखकर लेखकीय चिन्ता शुरू हो गई। उन दिनों भारती भंडार विशिष्ट प्रकाशन-गृह था। नौसिखिए लेखक की पांडुलिपि को सही साहित्यिक रूप देना कुछ भी असाधारण नहीं था। पहले उपन्यास का लेखक होने के नाते लेखक ने अपनी जाँच-पड़ताल शुरू कर दी और पाया कि भाषा के इन बदले हुए रूपों को स्वीकार करना मुश्किल था। लेखक ने अपनी कीमत पर मामला निपटा दिया। फॉर्म नष्ट कर दिए गए और लेखक को प्रूफरीडर के निर्णय का खामियाजा भुगतना पड़ा।

इस उपन्यास की पहली पांडुलिपि जो चन्ना के नाम से लिखी गई थी, सबसे पहले

अज्ञेय जी ने देखी, अश्क और कमलेश्वर ने कृपापूर्वक इसकी प्रेस कॉपी देखी। नवीन प्रेस से छपने के सब इन्तजाम भारती भंडार के बी.पी. ठाकुर ने दुबारा कर दिए। फिर भी यह उपन्यास दुबारा प्रकाशित नहीं हुआ।

राजकमल प्रकाशन की श्रीमती शीला सन्धू की कोशिशों के बाद इस पांडुलिपि को दुबारा निकाला गया और लेखक की मेज पर से वह कुछ ही घंटों में वापस बक्से में बन्द हो गई। लेखक द्वारा फैसला किया गया कि पुरानी पांडुलिपि बिना देखे इसे नया रूप देना होगा।

इस प्रसंग में श्री वाचस्पति पाठक के सन् 1978 के पत्र का यह अंश दिलचस्प है : 'सोबती जी, हशमत ने मुझे उस किताब की याद दिलाई जिसे मैं अनजाने मूर्खता से चौपट कर रहा था। मैं चाहता हूँ आप इसे मुक्त कर दें। वह छप जाए तो मुझे सन्तोष हो। यह बात मुझे सालती रहती है। मेरी हार्दिक इच्छा है कि आप इसे लोकभारती को दे दें। वह शीघ्र सुन्दर रूप में छाप दें और मेरे मन का काँटा निकल जाए।'

यदि आप 'कृष्णा' (सोबती) न होकर 'कृष्ण' होतीं तो क्या आपकी मित्रो, रत्ती और महक का वही रूप प्रकाश में आता जो हमारे सामने है ?

अगर 'कृष्ण' और 'कृष्णा' एक ही बात नहीं तो सोबती के यहाँ दोनों मौजूद हैं। विश्वास के साथ कहा जा सकता है कि नाम की एक मात्रा कम ज्यादा होने पर भी जीने और जीने के चैतन्य को बदला नहीं जा सकता।

अनुभव-एहसास और समझने-परखने की लिपि जीवन को जिस संस्कार से उद्‌भाषित करती है उसमें व्याकरण के स्त्रीलिंग और पुल्लिंग का ही समूचा योगदान नहीं, मानवीय संवेदन के उस कार्यकारी अनुशासन की क्रमबद्धता भी है जो नारी हो या पुरुष, दोनों के अपने-अपने मानसिक पर्यावरण के स्रोत-बिन्दु से विस्तार पाता है, विस्तृत होता है। आसपास फैली जीवन की रचनात्मकता को एक खास लेखकीय अन्दाज में जीने और पड़तालने के लिए कड़ा वैचारिक संयम, अनुभव की सरलता, ठंडी-गर्म तटस्थता, न पात्र किसी 'कृष्ण' के हिस्से में आते हैं और न किसी 'कृष्णा' के ही। कौन क्या है, क्या जी रहा है, क्या टटोल रहा है, क्या समेट रहा है, अपने से लेकर अपने तक को रचने में क्या गूँज रहा है, क्या छान रहा है—'अ' हो या 'ई' उनके अस्तित्व और संज्ञा का व्याकरण उसकी समग्र सृजनात्मक क्षमता को तय नहीं करता।

इस विषय को लेकर बराबर बहस हो सकती है, तर्क दिए और काटे जा सकते हैं, लेकिन लेखन के स्तर पर कुछ पाया-उपजाया नहीं जा सकता। मानवीय संवाद और संवेदन शारीरिक सीमाओं और उसके स्वभाव की दुर्बलताओं-क्षमताओं को अबूर

करते हैं, उनका अतिक्रमण करते हैं। यदि मात्र नारी और पुरुष के नामों का सहारा लेकर प्रखरता का विवेचन किया जाए तो रचनात्मक सन्दर्भ पूर्ण रूप से हमेशा सही नहीं बैठेंगे। हम सभी जानते हैं कि पुरुष-लेखन का औसत भाग भी जरूरी तौर पर अच्छे और खरे मापदंडों पर पूरा नहीं उतरता। वहाँ भी वह उतना ही भावुक, छिछला और सतही देखा जा सकता है। बुनियादी तौर पर श्रेणियों की बाँट उतनी ही सही और गलत होती है, जितनी उसे प्रभावित करती है, उसकी व्यक्तिगत सोच, संस्कार और अपने आसपास के सामाजिक और बौद्धिक पर्यावरण की जलवायु को भी।

आपका उपन्यास 'दिलो-दानिश' संयुक्त परिवार के सन्दर्भ में रखैल, महक और उसके मालिक के आपसी सम्बन्धों का गहरा और जीवन्त चित्र प्रस्तुत करता है और उनका सन्तुलन बिगड़ने नहीं देता। सन्तुलन के बने रहने का मुख्य कारण, मुझे लगता है, यह है कि महक का मालिक खानदानी संयुक्त परिवार का कर्ता है और अपने सब बन्धुओं का खयाल रखना उसकी प्रकृति का अंग बन चुका है, भले ही इसके लिए उसे कितना ही सन्ताप सहना पड़े। एक भरा-पूरा परिवार 'मित्रो मरजानी' और 'जिन्दगीनामा' में भी बराबर धड़कता रहता है। इसलिए आपसे पूछने को मन होता है कि आपके निकट संयुक्त परिवार का क्या महत्त्व है, उसकी क्या महत्ता है ?

'दिलो-दानिश' के संयुक्त परिवार के कर्ता के रूप में कृपानारायण साहिब को इतने सपाट आदर्शवादी भोलेपन से तो देखा नहीं ही जा सकता। उनका परिवार का कर्ता होना और वकील होना दोनों ही जिस अनुपात से एक-दूसरे से गुँथे हैं, वह अपने आप में एक मनोवैज्ञानिक पहेली नहीं तो स्थिति जरूर है। अपने हक में जिस मर्यादा से पत्नी-कुटुम्ब का सहृदय शोषण करते हैं, उसी मर्यादा के तहत अधिकारों का पोषण करने को महक की अवहेलना भी करते हैं। मर्यादा, नीति और कौशल से आमने-सामने से नहीं, आगे-पीछे के विपरीत को कभी उकसाते हैं, कभी निपटाते हैं और कभी निहायत अक्लमन्दी और समझदारी से नैतिक मूल्यों के नाम पर अपने तनाव को कम करने के लिए तरकीब से हथियार डाल देते हैं। इसके बावजूद वकील साहब में जो भी खूबियाँ-खामियाँ हैं, वे ऐसे ढंग से सतह के ऊपर और नीचे सिधाई गई हैं कि उसमें किसी गुण-अवगुण की थिगलियाँ अलग से आसानी से देखी नहीं जा सकतीं।

वकील साहब के रूप में उभरता है एक सक्षम व्यक्तित्व। क्षमताओं और दुर्बलताओं के विभ्रम और औचित्य, उसकी तार्किकता और तर्कहीनता, समान्तर चलते हैं और समय रहते ही एक-दूसरे से बचकर निकल भी जाते हैं। वकील साहब में वकालत की खोजबीन और दूरदर्शिता, स्थितियों को निपुणता से सुलझाने की प्रेरक शक्तियाँ

भी हैं। कृपानारायण साहब के कर्ता होने की हैसियत ही उनकी अपनी निज की अदालत है। वह स्वयं अपने वकील हैं और बखूबी दिल-दिमाग के पक्ष-विपक्ष की दलीलों को निपुणता से भुगताते हैं। गवाह भी खुद और गवाही भी खुद। गुनाह की तफसील भी स्वयं और बेगुनाही का सबूत भी खुद। उन्हीं की आँख में बैठी है यह खामखयाली भी कि वह जब भी चाहें किसी के दिल के चोर की धर-पकड़ की जा सकती है। वह गृहस्थी का विधि-निषेध और आसक्ति, सब कायदे से चलाते निभाते हैं, अपने विशेषाधिकारों का इस्तेमाल करते हैं। व्यक्तित्व के स्तर पर शुद्ध आवेग और उसकी प्रतीति उन मूक स्थितियों का अतिक्रमण किए बिना जीती है। संयुक्त परिवार के अस्तित्व को सुरक्षा देनेवाली बाड़ हावी रहती है और शिष्ट मुद्रा में निवाले निगल जाती है। इसे शायद संयुक्त परिवार के कर्ता का धर्म या आत्मधर्म कहा जा सकता है।

महक के लिए उन्होंने लगभग कोई पुरुषार्थ नहीं किया। इसी से गृहस्थी के बाहर की गृहस्थी गौण रही। इसी के जरिए परिवार के मूलधन से जुड़े हैं महक और वकील साहब के बेटे दबरु। महक के गहनों की सन्दूकची जिस कारण पारिवारिक निधि के बाहर थी उसी कारण एक बार फिर बाहर ही रहने को थी। लेकिन महक का वह कदम जो जिद की शक्ल में उभरा, कृपानारायण साहब की जन्मजात सत्ता पर प्रश्नचिह्न लगा गया।

व्यक्ति द्वारा व्यक्ति का शोषण परिवार के बाहर ही नहीं, परिवार के अन्दर भी होता है। दरअसल वह परिवार से ही शुरू होता है। परिवार एक रीढ़ है, जिसमें सारा परिवार लगभग एक संसार में धड़कता-कुलबुलाता लगता है, पर एक होता नहीं है। विपरीत कोलाहल, कुलीनता, शालीनता, शिष्टता और भर्त्सना, अपमान, वर्जना— कमजोर आदमी घेर लिया जाता है। संयुक्त परिवार की जटिलताओं के तनाव और दबाव ही उसके विघटन का कारण रहे।

आपकी बहु-आयामी रचना 'ऐ लड़की' खूब चर्चित हुई, अनेक दृष्टियों से। उसके विषय में जो पहली बात मेरे मन में आती है, वह यह है कि इस पूर्णतः संवादपरक रचना को कहानी की संज्ञा देना कहाँ तक उचित होगा।

मेरी ओर से कोई आग्रह नहीं कि 'ऐ लड़की' को कहानी कहा जाए। संवादपरक होते हुए भी इस वृत्तान्त में कहीं कुछ ऐसा है जो इसे लम्बी कहानी का रूप देता है। गलत यह भी नहीं कि इसे यदि नाटक में रचा जाता तो शायद यह कहीं ज्यादा उपयुक्त होता। संवाद इस साधारण और असाधारण मुखड़ेवाली स्थिति की माँग थी।

लेखक की सीमाएँ इसे नाटक की तरतीब न दे सकीं, यह स्वयं मेरे लिए चिन्ता का विषय रहा। किसी भी गद्य-लेखक की यह महत्त्वाकांक्षा होती है कि वह अपनी

रचनात्मक अवधि में एक नाटक तो प्रस्तुत कर सके। ऐसा नहीं हो पाया, इसके लिए अपनी असमर्थता स्वीकार करनी होगी।

जिन्दगी को जीने का यह जो रोजमर्रा का अभ्यास है इसे हम निरन्तरता नहीं कहते। बीमारी की उपस्थिति जो कि 'टर्मिनल' हो अपने में एक नाटकीय अंश सँजोए रहती है जो मानवीय तन और मन का अन्तिम अध्याय है, और जब यह मौजूद हो तो कुछ नाटकीय स्थितियाँ ऐसी घटती हैं जो आमतौर पर रोजमर्रा की जिन्दगी के बाहर होती हैं। जब मैंने इसे लिखना चाहा तो लगा कि क्योंकि वहाँ नाटक था, ऐसा नाटक जो नाटक नहीं था और था भी, तो क्यों न इसे नाटक में ही लिखूँ। पर बाद में यह सोचकर कि मुझमें शायद इस बात की क्षमता नहीं है इसे नाटक में समेटने की, मैंने इसे कहानी के रूप में उतार लिया। यह मानकर कि मैं अपनी चीज को अपनी सीमाओं के कारण क्यों बिगाड़ूँ।

आपकी यह कृति मुख्य रूप से दो स्तरों पर चलती है। माँ-बेटी के गहन संवाद में, मुझे लगता है, बेटी की भूमिका एक कुशल मनोविश्लेषक की रही है जो माँ को बार-बार उकसा कर उसे उस स्थिति में ले आती है जिसे मनोविज्ञान की भाषा में 'फ्री एसोसिएशन' कहते हैं, और फिर अनुभवसिद्ध माँ की अन्तश्चेतना का मुक्त प्रवाह चल पड़ता है। उस चेतना में वह अपने को ही नहीं, बल्कि नारी-मात्र के माँ, बेटी, बहन, पत्नी आदि के विभिन्न जीवनों को फिर से जीने लगती है— परिवार और समाज में नारी की अनिवार्य भूमिकाओं को उजागर करते हुए और पीढ़ियों के अन्तराल को पाटते हुए।

'ऐ लड़की' के बीज-मंत्र की ओर लौटें तो कहना होगा कि जिन शब्दों ने इस कहानी की पहली आहट मुझे दी थी वे तो कहानी के बाहर ही खड़े रह गए। वे शब्द थे—'चिराग जलता रहेगा-चिराग जलता रहेगा-चिराग जलता रहेगा।' लेखक शब्दों से सरसरी तौर पर काम नहीं लेता। वह शब्दों और संवेदनाओं को एक-साथ चाहता है। शब्द ऐसे जो न भारी, न हल्के, न गहरे, न सतही, न मूक, न मुखर, न वजनी, न हवा में लहराते—भाषा गूँथती है, जिसे लेखक अपने अन्तर में महसूसता है और अपने बाहर को सोखता है, अपने में जज्ब करता है, गोचर और अगोचर को शब्दों में साधता है। इसमें निपुणता न लेखक की और न शिल्प के कौशल की ही। जाती हुई, विदा देती और विदा लेती स्त्री पुरानी है, पर उसमें की आहट नई है। उसके नए की आहट है। स्त्री न मात्र बेटी है, न पत्नी, न सिर्फ माँ। वह इन सब में गुँथा एक व्यक्तित्व है जो उसके गुण और उपयोगिता से, उसके वैयक्तिक मूल्यों से परे उसके निज के आत्मधर्म से गुँथा है और उसकी काया के नीचे छिपा है। अपनी पूरी उपस्थिति के साथ। यही स्त्री का भविष्य है। सम्बन्धों की सघनता के पार अब यही उसका वक्तव्य है। जीवन और मृत्यु के प्रतिपक्ष में, यही उसकी नई

चेतना की खोज है : बदलो, अपने देह-तंत्र के पार देखो, नई चेतना को स्वीकारो। अपने संस्कार की चेतना तुम्हें स्वयं होना है। स्त्री के जैविक स्वभाव को मात्र माँ का अक्स समझना, उसे अधूरा करके देखना है। उसके व्यक्तित्व की पहचान उसकी आर्थिक स्वतंत्रता से जुड़ी है। गद्य की स्पष्टता और उसके वैचारिक और सामाजिक खरेपन ने मुझे लगातार अपनी ओर खींचा है। अपनी कशिश विशेष से उकेरा भी है। एक ही मुखड़े और तेवर वाली भाषा में सोचना और लिखना मुझे उबाऊ लगता है। रचना के रचनात्मक केन्द्र में लेखक के संवेदन के साथ-साथ भाषा ही उसकी सीमाओं का अतिक्रमण कर रचना को व्यापक बनाती है। अपने को अपनी बँधी-बँधाई चौखट से परे सरका कर पात्रों के अनुरूप भाषा, मुहावरे और संवाद को ढालना मुझे मात्र प्रयोग नहीं, लेखकीय सामर्थ्य का अहसास भी करवाता है, नई भाषा गढ़ने का साहस भी देता है।

महत्त्वपूर्ण हो उठती है रचनाकार की बौद्धिक ईमानदारी जो उसे आग्रह और दुराग्रह से आजाद करती है।

स्मृति और इतिहास

आलोक भल्ला से बातचीत

विभाजन से जुड़े ज़्यादातर उपन्यास आत्मकथात्मक हैं और निजी स्मृतियों पर आधारित हैं। इससे कुछ दिलचस्प सवाल उठते हैं। उपन्यास महज वीभत्सता का दस्तावेज़ न बन जाए, बल्कि वह अपने-आपको समझने की एक कोशिश हो, इससे लिए लेखक किस तरह की भाषा तथा लहज़े का प्रयोग करता है? विभाजन पर लिखे गए अधिकांश उपन्यास 1947 के काफ़ी बाद लिखे गए। मसलन, भीष्म साहनी ने 'तमस' करीब 25 वर्षों बाद लिखा। एक काल्पनिक विषय में स्मृतियों को कल्पनाशीलता के साथ कैसे ढाला जाता है? और सबसे महत्त्वपूर्ण यह कि आपको क्या लगता है, विभाजन आख़िर क्यों हुआ?

भारत का विभाजन तीन पीढ़ी पुराना है। मेरी पीढ़ी के लेखकों के लिए वह किसी ऐतिहासिक घटना के बजाय जीवन्त इतिहास ज़्यादा है। यह एक तरह से व्यक्ति, समाज और राजनीतिक एजेंडा एवं विविधता की लम्बी परम्परा के बीच टकराव का एक विशाल अनुभव बन गया। दोनों ही तरफ़ के लेखकों ने महसूस किया कि इतनी नफ़रत, हिंसा और हत्याओं के बाद मानवीय मूल्यों को मज़बूत और बहाल किया जाना चाहिए।

बँटवारे के बाद हिन्दू तथा मुस्लिम संस्कृति के बीच भिन्नताओं तथा दूरियों के बारे में बहुत कुछ लिखा गया। परन्तु इसमें से कोई भी देख सकता है कि राजनीतिक अन्तर्धाराओं और धार्मिक रंगतों के बावजूद दोनों सम्प्रदाय भाइयों जैसे व्यावहारिक सौहार्द के साथ सदियों से साथ रह रहे हैं।

'झूठा सच', 'तमस', 'आग का दरिया', 'काले कोस' और 'उदास नस्लें' जैसी कृतियों में विभाजन पश्चात् के उपन्यासकारों ने इस सच को जाँचा-परखा है।

समाजशास्त्रियों के वाक्चातुर्य से हम बख़ूबी परिचित हैं। राजनीतिज्ञ भी यथार्थ को कल्पना का रूप दे देते हैं। वैचारिक झुकाव के हिसाब से उस समय की

स्मृतियों को हमेशा ही झुठलाया या तोड़ा-मरोड़ा जा सकता है। यही वजह है कि लेखकों ने अपने बड़े उपन्यास तभी लिखे जब उन्होंने खुद को मानसिक तथा शारीरिक अवरोधों से उबार लिया और विभाजन को स्पष्ट दृष्टि से देख सके।

एक रचनाकार को अपने अनुभवों को ऐसे रूप में ढालना होता है जो कि एक छिपा हुआ इतिहास होता है। जब राजनीति, धर्म और मानववाद साहित्य में तब्दील होता है तो मानव-आस्था रूपान्तरित होती है। आलोक, मैं अपने अन्दर एक ख़ास तरह की समृद्धि महसूस करती हूँ जो कि हमारी साझा विरासत का हिस्सा है। नानक, बाबा फ़रीद, अमीर खुसरो, जायसी, बुल्लेशाह, वारिसशाह, शाह लतीफ—क्या हम इन कवियों को हमारे-तुम्हारे में बाँट सकते हैं? इसमें शक नहीं है कि हमने धरती का बटँवारा कर लिया है, लेकिन परम्परा, संगीत, कला और साहित्य भौगोलिक क्षेत्र नहीं हैं—वे अविभाजित रहे और अविभाज्य रहते हैं।

एक उपन्यासकार घटना के कई वर्षों बाद अपने अनुभवों का उपयोग करता है। मैं हैरान हूँ कि हाल-फ़िलहाल तक मैंने इस तथ्य की तरफ ध्यान ही नहीं दिया था। यहाँ तक कि हाल ही में मैंने अपनी कहानी 'सिक्का बदल गया' को दोबारा पढ़ते वक़्त भी यह महसूस नहीं किया। मुझे नहीं पता कि अभी मैं रचना की प्रक्रिया को समझती हूँ। हो सकता है, पहले मैं घटनाओं के ज़्यादा निकट थी। मैं उनका हिस्सा थी और उनसे जूझने का हुनर मेरे पास नहीं था। बहरहाल, उस समय भी मुझे यह बोध था कि वर्तमान की बीभत्सता के आगे देखना ज़रूरी है, उसे बचाना ज़रूरी है जो हिंसा से अछूता रह गया है।

भारत और पाकिस्तान में विभाजन पर लिखे गए साहित्य में वीभत्सता के वर्णन तो हैं मगर उसमें मानवीय मूल्यों के संरक्षण के प्रयास किए गए हैं। ये प्रयास उल्लेखनीय हैं, क्योंकि सम्प्रदायों के बीच घृणा पक्के तौर पर मौजूद थी। इसी वजह से जायदाद नष्ट हुई, लोग दर-ब-दर हुए और हज़ारों मारे गए। इसके बावजूद लेखक मानते थे कि मानवीय मूल्यों को पुष्ट करने के लिए मानवता के बोध को संरक्षित करना आवश्यक है।

आपने अभी मूल्यों के संरक्षण की बात कही। इसके आलोक में 'सिक्का बदल गया' की पात्र शाहणी के चरित्र की व्याख्या आप किस तरह से करेंगी?

यह कहानी आत्मकथात्मक है और विभाजन के फौरन बाद 1948 में लिखी थी। कहानी मेरी नानी के बारे में है जिन्होंने पड़ोसी गाँवों में हिन्दुओं और सिखों के मारे जाने की ख़बरों के बावजूद विभाजन के दो महीने बाद तक अपना घर छोड़ने से मना कर दिया था। एक दिन दोपहर में उन्हें सन्देश मिला कि शाहजी के दोस्त और जालन्धर में एक पुलिस अधीक्षक चीमा साहिब उनसे मिलने आए हैं।

उन्होंने तुरन्त नौकरों को तन्दूर सुलगाने और चीमा साहब की पसन्द की चीज़ें बनाने के लिए कहा। लेकिन कुछ पकाने का समय ही नहीं था। चीमा साहब ऊपर आए और उन्होंने नानी से कहा कि जो भी क़ीमती सामान वह ले सकती हैं, ले लें और उनके साथ कैम्पस चलें।

जब वह घर से बाहर निकलकर एस.पी. की जीप में बैठीं तो गाँव के तमाम हिन्दू और सिख जो उनकी वजह से अभी तक रुके हुए थे, घर छोड़कर नंगे पाँव कैम्प की तरफ चलने लगे।

कहानी से ऐसा लगता है मानो वह एक भावशून्य शब्दचित्र हो, एक भयानक तटस्थता लिए हुए जो सम्भवतः अत्यधिक पीड़ा से उत्पन्न हुई हो। मानवीय भावनाएँ सूख गई नज़र आती हैं। इस विराट ऐतिहासिक विभाजन के अन्तिम निष्कर्ष को गाँव के बुजुर्ग मुसलमानों ने दो छोटे वाक्यों में इस तरह से कहा— शाहणी, हम तुम्हारी हिफ़ाज़त नहीं कर सके। 'जिन्दगीनामा' विभाजन के तीस साल बाद लिखा, जबकि इसका पहला ड्राफ्ट मैंने 1952 में ही तैयार कर लिया था। इस मर्तबा यह शान्ति के बीच स्मृतियों को एकत्र करने जैसा था। समय एक अनूठा रसायन है। पहले हम भूल जाना चाहते हैं और फिर गुज़री हुई जिन्दगी को फिर से जीना चाहते हैं।

कहानी की दो चीज़ों ने मेरा ध्यान खींचा। पहली बात तो यह कि जिस पुलिस इंस्पेटर ने उन्हें निकालने का फैसला किया, वह मुसलमान था। दूसरी चीज़ यह कि हिंसा के बावजूद शाहणी के दिमाग़ में पहली बात यह नहीं आई कि वह मुसलमान है, बल्कि यह आई कि उसकी आवभगत करनी है। दोनों के ही अन्दर एक गहन मानवीय बोध क़ायम है।

हाँ। उसने शाहणी को गुजरात के नज़दीक एक शरणार्थी शिविर में पहुँचा दिया। एक बार शरणार्थी शिविर में पहुँचने के बाद बिना किसी अपवाद के सभी लोगों के साथ एक ही तरह से गुज़री। यह कोई व्यक्तिगत त्रासदी नहीं थी। किसी के पास कितने भी खौफ़नाक और यंत्रणादायी अनुभव क्यों न हों, उसे हमदर्दी की दरकार नहीं थी। शाहणी के नौकरों ने दूसरे मुसलमानों के साथ मिलकर उनके ही घर को लूटा था मगर कैम्प मे राशन, कपड़े और ज़रूरत की दूसरी चीज़ें भी उन्होंने ही पहुँचाई थीं। जब नानी का काफ़िला पैदल चलकर अमृतसर पहुँचा और फिर वहाँ से दिल्ली लाया गया तो उनके दिमाग में जो सबसे महत्त्वपूर्ण बातें घुमड़ रही थीं, उन्हें उन्होंने अपने 'घरेलू मददगारों' को पत्र में लिखा। इसमें नानी ने उन्हें निर्देश दिए। इसमें अन्तिम वाक्य इस तरह था, 'प्यारे पुत्तर मोहम्मद दीन, जब चीजें ठीक हो जाएँगी और दोनों तरफ अमन कायम हो जाएगा, मैं वापस लौटकर तुमसे मिलूँगी। आखिरकार

वो मेरा घर है, शाहजी और उनके पूर्वजों का घर है। मुझे वहीं मरना चाहिए।'

'सिक्का बदल गया' उससे थोड़ी अलग है जो ब्यौरा आपने अभी दिया। कहानी में आपने यह नहीं बताया है कि गाँव छोड़ने और शारणार्थी शिविर में पहुँचने के बाद शाहणी के साथ क्या हुआ, न ही आपने पुलिस इंस्पेक्टर के बारे में कोई चर्चा की है। इसके बजाय आपने इसका वर्णन किया है कि नानी ने जिन लोगों पर भरोसा किया और जिन्हें अपना समझा, उन्होंने घर लूट लिया।

हाँ। हवेली और गाँव की ज़मीन की मालकिन में उनकी गहरी दिलचस्पी थी। अब जब मैं पीछे मुड़कर देखती हूँ और उन अनुभवों के बारे में सोचती हूँ तो मुझे लगता है कि उन दिनों जो कुछ हुआ या उन्होंने एक-दूसरे के साथ किया, उसमें कुछ भी व्यक्तिगत नहीं था। वे ऐतिहासिक घटनाएँ इतनी जबर्दस्त थीं कि छोटी-मोटी निजी त्रासदियाँ महत्त्वहीन हो गई थीं। जब मेरी माँ की चाची ट्रेन की मुश्किलों-भरी यात्रा करके दिल्ली पहुँची तो अपने बेटे को खो देने की वजह से सदमे की हालत में थी। दिन-भर वह चुपचाप बैठी रही। मेरी माँ ने उसे चाय-खाना दिया और उसे राहत देने के लिए जो कुछ भी किया जा सकता था, किया, मगर उस पर कोई असर नहीं था। आख़िर माँ उसे खींचकर गुसलखाने में ले गई और शॉवर खोल दिया। इसके बाद कड़े स्वर में कहा, ''जो कुछ हुआ, उसे भूल जाओ। सबने दुख झेला है। अब कपड़े बदलो, चाय पियो और कुछ खा-पी आराम करो।'' चाची ज़ोर-ज़ोर से रोने लगी।

आलोक, क्या आपने बलवन्त सिंह का उपन्यास 'काले कोस' पढ़ा है? उन्होंने विभाजन की कल्पना कितने निकट से की है और उसे कितने अच्छे ढंग से उतारा है! उन्होंने ग़ज़ब की अन्तर्दृष्टि और इतिहासबोध का परिचय दिया है।

तिरपाल से ढँके ट्रकों का एक काफ़िला हिन्दू शरणार्थियों को पाकिस्तान से सरहद की ओर ले जा रहा है। एक जगह ड्राइवर ट्रक से उतरकर सड़क किनारे जमा लोगों के पास जाता है। उनसे बात करके जब वह वापस लौटा तो शरणार्थियों ने पूछा कि वह किन लोगों से बात कर रहा था? वह चुप रहा। शरणार्थियों ने ज़ोर देकर पूछा, ''हमें बताओ कि तुम किन लोगों से बात कर रहे थे?'' उसने जवाब दिया, ''अजीब बात है, क्या मैं अपने मुसलमान भाइयों से बात नहीं कर सकता?'' ट्रक पर सवार लोग आतंकित हो गए। ट्रक एक बार फिर रुका। शरणार्थियों को लगा कि सड़क पर जमा लोग उन्हें मार देंगे। जब ड्राइवर वापस लौटा तो उन्होंने उससे फिर पूछा, ''वे लोग पुलिसवाले हैं कि सैनिक?'' ड्राइवर ने शरणार्थियों से कहा, ''तुम लोग घबरा क्यों रहे हो, भाड़े की पुलिसिया वर्दियों में वे बदमाश हैं। यार, इससे क्या फ़र्क़ पड़ता है, अगर वे थोड़े-से पैसे बना लेते हैं?''

हर शरणार्थी ने तीन या चार हज़ार रुपए ड्राइवर को दिए थे। शरणार्थियों को सुरक्षित निकल जाने देने के एवज़ में उन लोगों को भी हिस्सा मिल गया। यह सम्भव था कि असली पुलिस उन्हें इस तरह से जाने नहीं देती। वास्तव में इन लोगों ने सरहद पर शरणार्थियों की मदद की। तो आप देखिए कि एक समानान्तर अर्थव्यवस्था का अस्तित्व उन दिनों भी था।... ख़ैर जब ट्रक लाहौर की तरफ बढ़ रहा था तो शरणार्थियों ने ड्राइवर से निवेदन किया कि ''शहर के अन्दर मत जाओ। वहाँ पर मुसलमानों की भीड़ होगी और वे हमें मार डालेंगे।'' ड्राइवर ने मना कर दिया और ट्रक को शहर के अन्दर ले गया। अचानक उन्होंने अपने सामने एक विशाल भीड़ को देखा। किसी ने कहा, ''वहाँ भीड़ है, हम मारे जाएँगे। तुम ट्रक शहर के अन्दर क्यों ले आए?''

ड्राइवर ने कहा, ''चिन्ता मत करो। वे पाकिस्तानी नहीं, हिन्दुस्तानी हैं।''

''वे मुसलमान हैं?''

''हैं, मगर पंजाबी मुसलमान नहीं, हिन्दुस्तानी मुसलमान हैं।''

''तुम ऐसा क्यों कहते हो? मुसलमान कहीं भी हो, मुसलमान ही होता है।''

''नहीं, ऐसा नहीं है भाई! केवल पंजाबी मुसलमान ही अस्ल मुसलमान होता है।''

बलवन्त सिंह तात्कालिक समय तथा घटनाओं के पार देख रहे थे। वे धर्म द्वारा पैदा हुई धार्मिक तथा राजनीतिक जटिलताओं से वाक़िफ़ थे, पर वे जातीय तनाव से भी परिचित थे।

उन लोगों ने खुद को पंजाबियों, मुसलमानों और हिन्दुस्तानियों के रूप में परिभाषित कर रखा था?

हाँ, पंजाबी पाकिस्तान में सबसे ऊपर हैं और उनमें अक्खड़ता है। उनके पास सैनिक प्रभाव है। उन्होंने अभी तक गैर-पंजाबियों तथा भारत से आए शरणार्थियों को बराबरी का दरज़ा नहीं दिया है।

एक चीज़ मैं आज तक नहीं समझ पाया—कुछ इतिहासकारों के मुताबिक पाकिस्तान बनाने की मुहिम ज़मींदारों और नौकरशाही में जगह पाने को इच्छुक पढ़े-लिखे तबके ने ही मुख्य रूप से चलाई थी। ज़मींदार अपनी ज़मीन पर कब्ज़ा बनाए रखना चाहता थे, जिन्हें लगता था कि अगर कांग्रेस सत्ता में आई तो उनसे ज़मीन छीन लेगी। अत: यह आन्दोलन पैसेवालों और पढ़े-लिखे लोगों का था। आम आदमी या औरत ने इसमें कोई बड़ी भूमिका नहीं निभाई। मसलन, जब मैंने राही मासूम रज़ा का उपन्यास 'आधा गाँव' पढ़ा तो मुझे लगा कि अलीगढ़ में पढ़े और उर्दू बोलनेवाले लोगों ने पाकिस्तान बनाने के लिए आन्दोलन चलाया। ग़ाज़ीपुर में बोली जानेवाली

भाषा अलग थी और उसे हिन्दू तथा मुसलमान दोनों बोलते थे। इसलिए जब पाकिस्तान का प्रचार करने के लिए अलीगढ़ के छात्र वहाँ आते हैं तो गाँववाले उन्हें वापस जाने को कहते हैं। वे उसी जगह पर रहना चाहते हैं, जहाँ उनका जन्म हुआ और पले-बढ़े। फिर भी ऐसा नज़र आता है कि पाकिस्तान की माँग तो हो रही थी, मगर इसने आम आदमी को 1946-47 के पहले प्रभावित नहीं किया।

हाँ, यह सही है। पाकिस्तान के विचार के लिए अलीगढ़ एक ज़बर्दस्त केन्द्र बन गया था और मुसलमानों के लिए अलग देश के हो-हल्ले से मुसलमान जनता भी प्रभावित हो गई। निश्चत ही यह सही है कि बहुसंख्यक-अल्पसंख्यक का सवाल और मुसलमानों के लिए अलग देश की माँग बहुत महत्त्वपूर्ण आर्थिक मसले थे जिसने इस माँग को आधार दिया। एक बात मैं आपको बता दूँ कि एक समय ऐसा था जब हिन्दू और मुसलमान दोनों किसी भी दुकान से सामान ख़रीदते थे। लेकिन 1944-45 में यह बात नहीं रही। हिन्दुओं से कहा गया कि वे केवल हिन्दुओं की दुकानों से और मुसलमानों से माँग की गई कि वे मुस्लिमों की दुकानों से ही ख़रीदारी करें। 1944-45 के बाद मुसलमानों की सामूहिक मनोदशा में बहुत बड़ा बदलाव आया और वह हिन्दू विरोधी हो गई! उथल-पुथल से हिन्दुओं में घबराहट पैदा होने लगी। फिर भी उन्हें यक़ीन नहीं था कि पाकिस्तान सचमुच में बन जाएगा। अतीत की भाँति हिन्दुओं के पास पैसा था। वे बुद्धिमान और पढ़े-लिखे भी थे।

आपको टोडरमल के बारे में पता है जो पंजाब के ही थे?

उसने हिन्दुओं को सलाह दी थी, ''यदि तुम तरक्क़ी करना चाहते हो तो फ़ारसी सीखो, अरबी सीखो।'' हिन्दुओं ने दोनों भाषाएँ सीखीं। उन्हें भरोसा था कि वे किसी भी स्थिति का सामना कर सकते हैं। पर चालीस के दशक में जो कुछ हुआ, वह इतना अलग और महाप्रलय जैसा था कि उनकी राजनीतिक दृष्टि और बौद्धिक क्षमताओं से परे हो गया। मसलन, भूमि सुधार पर बहस के दूरगामी और गहरे प्रभाव थे। हिन्दुओं के पास पैसा था, ज़मीन थी और वे अखबारों के मालिक थे। कुछेक बड़े ज़मीदारों को छोड़कर मुसलमान बुनियादी तौर पर गरीब मज़दूर और किसान थे। उनकी रोज़ की कमाई मात्र चार आना थी। वे हर तरह के काम करते थे, फिर भी कर्ज़ में डूबे रहते थे। लारेंस बन्धुओं में से एक जिसे पंजाब के राजस्व का प्रभारी बनाया गया था, उसने कहा था कि मुस्लिम किसान इस क़दर कर्ज़ में डूबे हैं कि अगर पचास सालों तक भी काम करें तो भी वे साहूकारों का पैसा नहीं चुका सकते।

आपने अपना बचपन गुजरात में गुज़ारा है। क्या आपके परिवार की वहाँ ज़मीन थी? उसकी जुताई कौन करता था—मुसलमान या हिन्दू?

हाँ, वहाँ जमीनें थीं। मुसलमान मज़दूर और किसान उस पर काम करते थे। उन दिनों

गाँवों में रिवाज़ था कि किसान ज़मींदारों या शाहजी की मदद से सभी काम करते थे। वे उनसे उधार लेते थे। यदि राजस्व अधिकारी को देने के लिए उनके पास पैसे नहीं होते थे तो उनकी तरफ से शाहजी अदा कर देते। शादियों और दूसरे आयोजनों के खर्चे उठाने में भी वे उनकी मदद करते थे। वास्तव में किसान गुलामों जैसे थे, हाँलाकि उन्हें मुज़ारी और कम्मी कहा जाता था।

क्या पंजाब में किसानों के समर्थन के बल पर ही यूनियनिस्ट पार्टी सत्ता में नहीं आई थी ? उन दिनों पाकिस्तान आन्दोलन को ज़्यादा समर्थन हासिल नहीं था। हिन्दुओं, सिखों और मुसलमानों ने मिलकर यूनियनिस्ट पार्टी को समर्थन दिया था। यह सम्भव है कि यूनियनिस्ट पार्टी ज़मींदारों की पार्टी हो, मगर दिखाया यह गया कि यह किसानों की पार्टी है ?

हाँ, यह सही है। मगर तनाव को बढ़ाने में एक और चीज़ का योगदान था—धार्मिक पुनरुद्धार आन्दोलन जो कि बंगाल से शुरू हुआ। पंजाब के हिन्दुओं ने इसे सकारात्मक रूप में लिया। हिन्दुओं ने जिन पुनरुद्धारवादी कोशिशों को स्वीकार किया, उनमें से एक था आर्यसमाज आन्दोलन। एक समय ऐसा था जब आर्यसमाज तथा मुसलमानों के बीच गहरे सन्देह और तनाव थे। पूरा क्षेत्रीय प्रेस जिसमें ज़मींदार और पैसा अख़बार दोनों शामिल थे, ऐसी रिपोर्टिंग से भरा रहता था जिसमें हिन्दुओं और मुसलमानों की पहचान तीखी हुई और इससे दोनों के बीच के मतभेद भी बिलकुल सुस्पष्ट हो गए। धीरे-धीरे उन्होंने यह भी लिखना शुरू कर दिया कि दोनों स्वभाव और चरित्र से कितने अलग हैं। आर्यसमाज प्रेस और मुसलमानों द्वारा नियंत्रित प्रेस—दोनों ही ऐसा कर रहे थे।

क्या इक़बाल ने पाकिस्तान-आन्दोलन का समर्थन किया था ?

हाँ, बिलकुल। बहुत हद तक यह वह दृष्टि थी, ख़याल था जिसने मुस्लिम सोच को पुख़्ता किया।

यह इतिहास की एक विडम्बना है कि उसी शायर ने जिसने हमें हमारे हिन्दुस्तान का गौरवगान दिया, उसी ने बाद में पाकिस्तान की सजीव कल्पना भी की। उनके द्वारा लिखी गईं इन ख़ूबसूरत पंक्तियों को गाने के लिए हमें उस क्षेत्र को भारत से अलग करना पड़ा जो अब पाकिस्तान के नाम से जाना जाता है—

सारे जहाँ से अच्छा
हिन्दोस्ताँ हमारा
हम बुलबुले हैं इसकी
ये गुलसिताँ हमारा!

जैसाकि भीष्म साहनी ने मुझे बताया था, पंजाब में पहला दंगा सम्भवतः रावलपिंडी में 1926 में हुआ था। आप पंजाब में पैदा और बड़ी हुईं। आपने कभी यह महसूस किया कि हिन्दुओं और मुसलमानों के बीच वैर-भाव इतना ज़्यादा है कि वे कभी भी एक साथ नहीं रह सकते ?

नहीं, बिलकुल नहीं। लोग उस समय ऐसा नहीं सोचते थे। 'ज़िन्दगीनामा' में मैं यह जानना चाहती थी कि विभाजन क्यों हुआ और इसे क्यों होना था, हालाँकि उपन्यास विभाजन से पहले की पृष्ठिभूमि पर है।

उपन्यास में एक मुसलमान किसान दोनों सम्प्रदायों को देखता है और हैरत से कहता है, "एक बात मेरी समझ में नहीं आती। रब ने सूरज, धूप, हवा सबके लिए बराबर दी है, दौलत की बाँट में यह फर्क़ क्यों ?" इस सोच पर जो जवाब शाहजी ने दिया, वह कुछ ऐसे था—हाथ से मेहनत करनेवाले को कम और दिमाग से काम करनेवाले को ज़्यादा। जिन्होंने शाहजी को सुना, उन्हें यह ठीक लगा। बहरहाल, किसान वर्गभेद के आधार पर ही सवालिया निशान लगा रहा था। वह इस तथ्य से वाक़िफ़ था कि हर तरह की मेहनत करने के बावजूद किसान ग़रीब है।

एक बार फसल इकट्ठी हो जाती है तो फिर भोज होता है। ज़मींदार अपने प्रांगण में दरियाँ-खेस बिछाकर मज़दूरों को बेहतरीन बासमती चावल, शक्कर और घी परोसते हैं। ज़मीदार परिवार के लोग मज़दूरों को खाना देते हैं। खाना उदारता के साथ परोसा जाता है। मगर भोज के दौरान भी ज़मींदार और मज़दूरों के रिश्ते स्पष्ट होते हैं। लेकिन धीरे-धीरे यह पूरी शैली ही पटरी से उतर गई।

अंग्रेज़ी शासन के दौरान हिन्दुओं और मुसलमानों के आपसी मतभेद बहुत ज़्यादा उभरकर नहीं आए थे। जब तक अंग्रेज सत्ता में थे, हिन्दू जानते थे कि उनकी स्थिति में कोई बदलाव नहीं आएगा। पाकिस्तान का आन्दोलन शुरू हुआ तो हिन्दुओं ने सोचा कि वे मुग़ल शासन में रह चुके हैं, इसलिए मुस्लिम शासन से भी तालमेल बैठा लेंगे। वास्तव में उन्हें यक़ीन था कि उन्हें घर से बाहर नहीं निकाला जाएगा।

आपने यह सही कहा कि पंजाब में लड़ाई किसानों और ज़मींदारों के बीच थी। यह टकराव पंजाब तक ही सीमित नहीं थे। यह एक आर्थिक संघर्ष था। लेकिन क्या आपको कभी लगा कि आर्थिक संघर्ष धार्मिक संघर्ष में तब्दील हो जाएगा ?

हाँ, अतीत में यह सबसे बड़ा ख़तरा था और आज भी है। याद रखिए कि एक ग़रीब मुसलमान छात्र मेडिकल कॉलेज में सीट चाहता तो उसे मिलनी मुश्किल होती—इंजीनियरिंग कॉलेजों में भी ऐसा ही है। वास्तव में कुलीन मुसलमानों के बच्चे ही शिक्षा प्राप्त कर सकते हैं। गरीबों के बच्चे कभी स्कूल नहीं जा पाते।

क्या यह हिन्दुओं के बारे में भी सही नहीं है? गरीब हिन्दुओं के बच्चों को भी स्कूल जाने का अवसर कम ही मिलता है!

नहीं, बात वैसी ही नहीं है। गरीब हिन्दुओं के बच्चे स्कूल जा सकते हैं। एक औसत हिन्दू की प्राथमिकता होती है कि उसके बच्चे शिक्षित हों। (हँसकर) वह कड़ी मेहनत करता है और अपना पैसा बरबाद नहीं करता। वह कभी खुद से नहीं कहता कि मुझे आज ही एक बार में अपनी तमाम इच्छाएँ पूरी कर लेनी चाहिए। जो भी मुमकिन हो, वह बचाने की कोशिश करता है। एक आम हिन्दू अपनी ज़िन्दगी को सावधानी और बुद्धिमानी से गढ़ता है।

क्या बचपन में कभी आपके माता-पिता ने कहा, 'उस लड़की के साथ मत खेलो, क्योंकि वह मुसलमान है? उसके घर मत जाओ या उसके साथ मत खाओ?'

नहीं, मुझे ऐसा करने के लिए कभी नहीं टोका गया। दिल्ली और शिमला में मेरे घर में किसी तरह का भेदभाव नहीं था। न ही गुजरात में ऐसा कुछ था। घर में काम करनेवाले मुसलमानों को हम लोग मामू कहकर पुकारते थे। गाँवों में वे हिन्दुओं की रसोइयों में कभी भी दाखिल नहीं होते थे। सियासत में जब तक इसे हिन्दू अक्खड़ता के उदाहरण के रूप में पेश नहीं किया गया तब तक किसी ने भी इस पर ध्यान नहीं दिया। हम जब कभी भी अपनी मुसलमान सहेलियों के यहाँ जाते थे तो उनके साथ खाने में हिचकिचाते नहीं थे।

लेकिन 'हिन्दू पानी' और 'मुसलमान पानी' की चर्चा तो होती थी?

ओह, हाँ! हालाँकि हिन्दुओं तथा मुसलमानों के लिए अलग-अलग प्लेटें और गिलास होते थे, मगर वही ढाबे दोनों समुदायों के लोगों को खाना खिला सकते थे। किसी ने भी हमें मुस्लिम इलाकों में जाने से नहीं रोका। केवल यही था कि हमें फ्रॉक तथा स्कर्ट पहनने की इजाज़त नहीं थी। मुझे सन्देह है कि पंजाब के आर्यसमाज के प्रभाव में आने के बाद ही सामाजिक तनाव बढ़ा।

मैं इस बारे में थोड़ा और जानना चाहूँगा कि आप ऐसा क्यों सोचती हैं कि पाकिस्तान का बनना अपरिहार्य था? पाकिस्तान इतिहासकार जैसे आई.एच. कुरैशी का भी यही मानना है। वे दावा करते हैं कि ऐतिहासिक रूप से मुसलमान हिन्दुओं से विशिष्ट और अलग हैं, अत: आज़ादी के बाद पाकिस्तान का बनना तय था। क्या यह दावा ठीक है? क्या यह साबित करने के लिए पर्याप्त ऐतिहासिक सबूत हैं कि भारत के मुसलमान हमेशा से खुद को इतना विशिष्ट मानते थे कि उनका अलग से राष्ट्र राज्य होना चाहिए था? क्या यहाँ बहुसंख्यक मुसलमान धर्मान्तरित नहीं हैं? और क्या हमारे पास 1880 से पहले के साम्प्रदायिक दंगों का विश्वसनीय रिकॉर्ड है?

(हँसकर) मैं सोचती हूँ, जब एक इतिहासकार किसी का पक्ष लेता है तो वह कुछ भी सही ठहरा सकता है। उस दौरान की स्मृतियों को गोलमाल किया जा सकता है। विभाजन के इतिहासों में संस्कृति एक ऐसा शब्द है जिसका दुरुपयोग लगातार और निर्दयतापूर्वक किया गया। विभाजन के पहले जिस तरह की जीवन शैली मौजूद थी, उसे मैं मात्र 'सेक्यूलर' से अभिव्यक्त नहीं करना चाहूँगी। उस साझा संस्कृति के ताने-बाने इतने मजबूत और सघन थे कि एक स्मृति के रूप में नहीं बल्कि अन्दरूनी शक्ति के स्रोत के रूप में आज भी शेष हैं।

राजनीतिक रंगत के बावजूद लोग मिल-जुलकर रहते थे। हर कोई दूसरे के 'दूसरेपन' का सम्मान करता था। दोनों ही उस सूत्र को लेकर आश्वस्त थे जो उन्हें जोड़ता था। यह सूत्र एक भाषा, बोली और जीवन शैली का था और धार्मिक पहचान से उसका कोई सम्बन्ध नहीं था।

समुदायों के बीच के सम्बन्ध जटिल थे। यह तथ्य है कि जिन्ना ने कभी नहीं चाहा कि पंजाब और बंगाल का विभाजन हो। उसने कहा था कि वह इन क्षेत्रों के विभाजन की कल्पना भी नहीं कर सकते। हमारे लोगों ने उन बयानों को अनदेखा कर दिया था। यहाँ तक कि वायसराय तक इससे हैरत में थे।

कुछ साल पहले जब मैंने इन्तज़ार हुसैन का इंटरव्यू किया था तो उन्होंने इस बारे में दो महत्त्वपूर्ण बातें कही थीं। पहली तो यह कि वे खुद एक ऐसे आदमी हैं जिसका एक पैर अयोध्या में है और दूसरा कर्बला में। दूसरा, उन्होंने हमेशा से महसूस किया है कि एक हिन्दू उनके अन्दर बैठा हुआ है। मुझे लगता है कि ऐसा हिन्दू परम्पराओं में सम्बन्धों की वजह से है, क्योंकि जब वे परम्परा तथा इतिहास के सवाल पर सोचते हैं तो वे ज़ोर देते हैं कि हिन्दू और मुसलमान दोनों ही मीराबाई तथा कबीर, अमीर खुसरो और तुलसीदास की चर्चा एक ही विरासत के हिस्से के रूप में करते हैं। उन्हें भी भरोसा है कि हम अभी भी भारतीय उपमहाद्वीप की हिन्दू और मुस्लिम परम्पराओं से सीख सकते हैं।

यदि उनका यह कहना सही है कि अतीत में हिन्दुओं और मुसलमानों के बीच आदान-प्रदान इतना ज़्यादा हुआ है कि वे गहनतम दार्शनिक स्तर पर विचारों का आदान-प्रदान कर सकते हैं, तब यह कहना बहुत मुश्किल है कि पाकिस्तान का बनना अपरिहार्य था। यहाँ इन्तिज़ार हुसैन के भारत की साझा संस्कृति के नज़रिए और कुरैशी के मुस्लिम अलगाव के इतिहास के बीच विरोधाभास नज़र आता है।

आलोक, मैं इन्तिज़ार हुसैन की शुक्रगुज़ार हूँ कि उन्होंने सांस्कृतिक जटिलता को इतने शानदार तरीके से स्पष्ट किया। हमारी विरासत की चर्चा करते हुए उन्होंने जब कबीर और तुलसीदास, मीराबाई और बुल्लेशाह और बाबा फ़रीद का जिक्र किया

तो वह सही थे। सखी सरवर को हिन्दू और मुसलमान दोनों ही पवित्र स्थली मानते रहे हैं। लेकिन एक-दूसरे को कोई रियायत नहीं दी।

बहरहाल, आपको यह ध्यान रखना चाहिए कि एक बार लोग यदि अपनी पहचान और जीने के ढंग को लेकर सचेत हो जाते हैं तो उनकी उम्मीदें भी बदल जाती हैं। यदि हम पीछे जाएँ तो पाएँगे कि भारतीय राष्ट्रीय कांग्रेस और मुस्लिम लीग विपरीत दिशाओं में चल रही थीं। मुस्लिम कांग्रेस अपनी रक्षात्मक मानसिकता के साथ अपने कुछ आदर्शों को बचा रही थी। उनकी जो भी रणनीति हो, उनके प्रतीक भी बहुत अलग थे।

राजनीतिक जागृति के साथ-साथ मुसलमानों और हिन्दुओं के सम्बन्धों में भी बहुत बड़ा बदलाव आया। एक समय इन सम्बन्धों को परिभाषित करने का एक स्वीकृत और पारम्परिक तरीका था। अब राजनीतिक जागृति अपने साथ नई उम्मीदें और नई चुनौतियाँ लाई। इसने हमारी वंशानुगत मान्यताओं को लेकर भी नए सवाल खड़े किए।

आपके घर में क्या प्रतिक्रिया हुई जब यह घोषणा हुई कि भारत का विभाजन होने जा रहा है? आपने मुझे बताया था कि आपके माता-पिता पाकिस्तान में ही रहना चाहते थे, क्यों?

मार्च, 1947 में मैं थी। सभी सरकारी कर्मचारियों को एक फार्म भरने के लिए कहा गया था जिसमें पूछा गया था कि वे कहाँ रहना और काम करना पसन्द करेंगे। मेरे पिता ने पाकिस्तान को चुना। इसके पीछे दो वजहें थीं। वहाँ मेरे परिवार की ज़मीन-जायदाद थी। एक पुरानी हवेली और दूसरी सम्पत्तियों की देखरेख भी ज़रूरी थी। दूसरा कारण यह था कि हमारे परिवार के लोगों को लग रहा था कि पाकिस्तान में उनके लिए बेहतर अवसर होंगे। ज़ाहिर है, बहुत सारे मुसलमानों ने भी भारत में रहने का विकल्प चुना था, खास तौर पर उन्होंने जिनके पास जायदाद या थोड़ी-बहुत ज़मीन थी। मेरे ख़याल में हर कोई इस प्रभाव में था कि वे साथ-साथ रहे हैं और आगे भी रह सकते हैं।

ख़ैर मेरे पिता के एक मित्र ने उनके विचार बदल दिए। वह मुसलमान थे और गृह मंत्रालय में एक महत्त्वपूर्ण पद पर थे। उन्होंने सोचा कि मेरे पिता जटिलताओं को अनदेखा कर रहे हैं। इनसे बातचीत के बाद बहुत जल्द यह साफ़ हो गया कि पहले की तरह साथ-साथ रहना अब सम्भव नहीं है। जिन मुसलमानों ने यहाँ रहना तय किया था, उनमें से भी बहुतों ने कुछ समय बाद पाकिस्तान जाने का फ़ैसला कर लिया।

क्या लोगों को लगा कि नई सरहदें बनने और दो देशों के वजूद में आ जाने के लिए आबादी के आदान-प्रदान की ज़रूरत नहीं है?

शायद, हाँ। लेकिन पक्की तौर पर मैं नहीं कह सकती कि सभी लोग ऐसा महसूस करते थे। पंजाबी हिन्दू ज़रूर यह चाहते थे। उन्होंने सत्ता के कई परिवर्तन देखे थे। वे उस समय को याद करते थे जब अपनी ताक़त का इज़हार करने के लिए हमलावर एक गाँव में मार-काट मचाते थे। दूसरे को जला देते थे और तीसरे में धर्म परिवर्तन करवा देते थे। उन दिनों में मुसलमान शाही ताक़त थे, जबकि हिन्दू प्रजा। 1857 के बाद ही देश पर से मुसलमानों ने नियंत्रण खोया। अंग्रेजों ने उन्हें कुचल डाला था। इसके बाद उनका यह अहसास जाता रहा कि भारत उनका 'मातृ देश' है। हमारे पास हमारा देश है। हमारे पास हमारा देश था। हम कह सकते थे कि हम इसी भूमि के हैं। मुसलमानों में राजनीतिक महत्त्वाकांक्षाएँ थीं, मगर वे जानते थे कि दोबारा पुरानी सत्ता हासिल नहीं कर सकते।

क्या सभी मुसलमान ऐसा सोचते थे कि भारत उनकी भूमि नहीं है? निश्चय ही ऐसे कई राष्ट्रवादी मुसलमान थे जिनके लिए भारत ही घर था! डॉक्टर अंसारी, मौलाना आज़ाद आदि पर विचार करें?

हाँ, ख़िलाफ़त के समर्थकों के लिए यह सही है। ख़िलाफ़त आन्दोलन ने निश्चत ही हिन्दू तथा मुसलमानों के रिश्तों को जोड़ा मगर कुछ ही समय के लिए। बहुत-से मुसलमान कह सकते थे कि "यदि हिन्दू उनके उद्देश्यों का समर्थन कर सकते हैं तो हम भी उनके साथ रह सकते हैं, उनके साथ हो सकते हैं।"

लेकिन मुझे लगता है कि बंगाल के विभाजन को रद्द करने के बाद से दोनों समुदायों के सम्बन्ध बिगड़ने लग गए थे। इसने मुसलमानों को अहसास करवा दिया कि बहुसंख्यकों का राष्ट्रवाद ही हिन्दू राष्ट्रवाद है। इससे वे अगला क़दम उठाने यानी भारत के विभाजन की माँग करने के लिए बाध्य हुए। क्या आप सचमुच मानती हैं कि राष्ट्रीय स्वतंत्रता-संग्राम हिन्दू राष्ट्रवाद की ही अभिव्यक्ति थी?

हाँ, काफ़ी हद तक यह हिन्दू राष्ट्रवाद था। 'आनन्दमठ', 'वन्दे मातरम्' जैसे गीतों पर विचार कीजिए। हिन्दू बंगाल के पुनर्गठन से विचलित थे, लेकिन राज्यों का पुनर्गठन कोई नई बात नहीं थी। अंग्रेजों ने नॉर्थ वेस्ट फ्रंटियर प्रान्त को पंजाब से काटकर ही बनाया था। निश्चय ही बंगाल के विभाजन में कुछ भी गलत नहीं था इसको आसानी से मंजूर कर लिया जाता, अगर बहुत-सी पार्टियों ने इतनी उग्रता यहाँ तक कि उन्माद के साथ इसका विरोध न किया होता। इसने पक्की तौर पर मुसलमानों को अशान्त कर दिया। उन्हें लगा कि हिन्दू हर उस बात का विरोध करेंगे

जो मुसलमानों के पक्ष में होगी। यह सम्भव था कि अगर बंगाल का विभाजन वापस न लिया जाता तो बाद में मुसलमान भारत विभाजन की माँग नहीं करते।

आप निश्चय ही ऐसे कई मुसलमानों को जानती थीं जो महसूस करते थे कि उनका भी इस ज़मीन पर उतना ही हक़ है जितना कि हिन्दुओं का ?

हाँ, ऐसे बहुत–से मुसलमान थे जो हिन्दुओं की ही तरह महसूस करते थे। मग़र एक बार हमने अलग निर्वाचन मंडल आदि की राजनीति शुरू की तो अंग्रेजों को दोनों समुदायों के बीच दरार चौड़ी करने का मौक़ा मिल गया।

सामाजिक तथा सांस्कृतिक धरातल पर दोनों समुदाय एक–दूसरे के बेहद क़रीब थे। मैं एक बार फिर दोहराना चाहूँगी कि इस सियासी शोर के बावजूद हिन्दुओं और मुसलमानों, दोनों ने ख्वाज़ा खिज़र, बाबा फ़रीद और दूसरे सन्तों के प्रति आदर दिखाना जारी रखा। ख्वाज़ा खिज़र को ज़िन्दगी के पीर समझा जाता था। ऐसा कहा जाता था कि उनकी शाश्वत नाव, हालाँकि वह अदृश्य थी, हमेशा नदी में बहती रहती है और नदी पार करने में लोगों की मदद करती है। हमारा परिवार बाबा फ़रीद पर बहुत ज़्यादा श्रद्धा रखता था और उनके आशीर्वाद के बिना कुछ भी नहीं किया जाता था।

हाल में मैं सन्त सिंह सेखों से मिला था। उन्होंने मुझे हैरत में डालनेवाली एक बात बताई। उन्होंने कहा कि ग्रामीण पंजाब में किसी भी मुसलमान को सार्वजनिक तौर पर अज़ान नहीं देने दी जाती थी। क्या यह सही था ?

बिलकुल नहीं। मेरा उपन्यास 'ज़िन्दगीनामा' अज़ान के साथ ही शुरू होता है। ग्रामीण जीवन का यह एक महत्त्वपूर्ण हिस्सा है। इसको लेकर किसी तरह की नाराज़गी नहीं थी। हम इसका सम्मान करते थे। पूरी तरह से। ध्यान रखिए कि आशीर्वाद लेने के लिए हिन्दू हमेशा ही मुसलमानों के पवित्र स्थलों पर जाते थे। गर्भवती स्त्रियाँ पीरों के मज़ारों पर जाती थीं।

क्या मुसलमान हिन्दुओं के धार्मिक स्थलों पर जाते थे ?

हाँ, मैंने शहरों और गाँवों के गुरुद्वारों में मुसलमानों को लाल तुर्की टोपी लगाए दूसरों के साथ बैठे देखा है। यह कोई असामान्य दृश्य नहीं था, मगर हम बच्चों में इससे उत्सुकता और दिलचस्पी पैदा होती थी। यह उनका 'दूसरापन' था जो मुझे मोहित करता था।

अगस्त, 1947 में आप कहाँ थीं ?

15 अगस्त, 1947 को हमने लालकिला जाने पर ज़ोर दिया। जब हम दरियागंज

पहुँचे तो हमने मानवता का समुद्र देखा। उस दिन जामा मस्जिद थोड़ा उदास दिख रही थी। उसकी मीनारों पर कुछ लाइटें जल रही थीं, मगर वह इस तरह से लाइटों से सजी नहीं थी जैसे कि लालकिला या गुरुद्वारा शीशगंज। हम जब ट्राम की पटरियों के पास खड़े थे तो हमारा ध्यान एक सिख बच्चे पर गया, जिसका दायाँ हाथ नहीं था। वह किशोरावस्था में था या उससे भी छोटा। वह अपने चारों तरफ खड़े शरणार्थियों के एक समूह के लिए एक गीत गा रहा था। वह गीत मुझे आज भी याद है—

> जय-जय जवाहर लाल
> तूने कर दिया कमाल
> देस फाड़ के दिया
> हमारे हाथ में रूमाल
> जाओ, आँखें पोंछ लो!

जब लोगों ने यह गीत सुना तो उनकी आँखों में आँसू आ गए। यहाँ तक कि हम भी रोए। ज़ाहिर है, यह गीत बच्चे ने खुद बनाया था। सभी ने उसे सिक्के दिए।

विभाजन के नतीजों के बाद सीमा के दोनों ओर असहनीय तनाव था। हम तमाम चीज़ें पीछे छोड़ आए थे और हमने सब कुछ गँवा दिया था। इसके अलावा भारत में हमारे जो मुसलमान दोस्त थे, जिन्हें हम बेहद चाहते थे, वे भी पाकिस्तान जा रहे थे। फिर भी कोई भी हर किसी से इस स्थिति पर चर्चा नहीं कर सकता था। उन दिनों की घटनाओं ने हम पर भयानक प्रभाव डाला। दिल्ली में जब खून-खराबा शुरू हुआ तो हम दिल्ली और नई दिल्ली में रह रहे अपने मुसलमान दोस्तों के लिए बेहद चिन्तित थे। जब हमने सुना कि करोलबाग में दंगाइयों ने एक प्रसिद्ध मुस्लिम डॉक्टर के परिवार को मार डाला है तो हम अपने मित्रों को लेकर और भी बेचैन हो गए। हमारा घर बाराखम्भा की एक लेन में था और मैंने अपने दोस्तों के घर जाने का फैसला किया।

जब मैं उनके घर पहुँची तो दरवाज़े पर ताला देखकर मुझे धक्का लगा। तालाबन्द दरवाज़े हमेशा ही अजीब-सी भावनाएँ जगाते हैं। लेकिन उन दिनों यह एक अशुभ संकेत था। जब घर लौट रही थी तो रो रही थी। देर शाम को हमें हैदर साहब का छोटा-सा खत मिला कि हम लोग पुराना किला पहुँच गए हैं और सुरक्षित हैं। वे चाहते थे कि हम उनके परिवार के लिए खाना और कपड़े भेजें। हमारे परिवार में इस पर चर्चा हुई कि शरणार्थी कैम्प में उनसे मिलने किसे जाना चाहिए। यहाँ तक कि नई दिल्ली में भी हालत बहुत खराब थी और इतनी खराब थी कि इंडिया गेट का इलाका भी सुरक्षित नहीं समझा जाता था। लोग शाम को बाहर निकलने से डरते थे। ख़ैर, कुछ खाना और कपड़े पैक करवाकर उन तक पहुँचाने में कामयाब रहे।

कैम्प में हालात बेहद खराब थे।

वह बहुत ही डरावना समय था। हर समुदाय बहुत डरा हुआ था। लोगों के पास कुछ बोलने या करने की हिम्मत नहीं थी। दोनों तरफ कड़वाहट लम्बे समय तक बनी रही, खासतौर पर उनमें जो राजनीति में शामिल नहीं थे, मगर फिर भी इस झगड़े में फँस गए थे।

आपने कभी गाँधी को देखा था?

हाँ, दो बार। पहली बार मैंने उन्हें यहाँ शिमला में देखा था। दिल्ली के बिड़ला हाउस में मैंने उन्हें दोबारा देखा।

जब वे शिमला आए थे तो मैं बच्ची थी। बाकी बच्चों की तरह मैंने भी उनकी तस्वीरें देखी थीं और उनके चेहरे से वाक़िफ़ थी। मेरे पिता उन दिनों शिमला सचिवालय में काम करते थे। जब यह ख़बर आई कि गाँधीजी शिमला की यात्रा करेंगे तो सचिवालय में काम करनेवाले सभी लोगों ने उनकी प्रार्थना सभा में जाने का फैसला किया। अंग्रेज सरकार नहीं चाहती थी कि उसका कोई कर्मचारी इसमें जाए। इसलिए इसके लिए मनाहीवाला एक आदेश जारी कर दिया गया। बहरहाल, किसी ने देखा कि शाम पाँच बजे तक इसे घुमाया नहीं गया है! अतः दफ्तर बन्द होने के पहले इसे किसी ने नहीं 'देखा'। कर्मचारियों ने ब्रिटिश से यह भी कहने का संकल्प किया कि वे कहेंगे कि वे सभी प्रार्थना सभा में गए थे, न कि गाँधीजी को देखने।

गाँधीजी मोहनलाल सूद के घर पर रुके हुए थे, जोकि एक वकील थे और छोटा शिमला के रास्ते पर रहते थे। मैं अपने पिताजी के साथ सूद साहब के घर प्रार्थना सभा में गई और वहीं गाँधीजी को देखा।

आलोक, शायद आपको पता हो कि गाँधीजी की हत्या के बाद पहली अफ़वाह यह उड़ी कि किसी शरणार्थी ने उन पर गोलियाँ चलाई हैं। इसके बाद कानाफूसी हुई कि किसी मुसलमान ने उन्हें मारा है। गाँधीजी की हत्या के कई घंटे बाद उनके हत्यारे के नाम की घोषणा की गई। दिवंगत व्यक्ति को श्रद्धांजलि अर्पित करना हमारी साझी परम्परा का हिस्सा है। गाँधीजी की हत्या पर रेडियो पाकिस्तान ने जो कार्यक्रम प्रसारित किया, उसने लोगों को राहत पहुँचाई और कड़वाहट को कुछ समय के लिए धो दिया। उद्घोषक की सिसकियाँ साफ-साफ सुनाई दे रही थीं। आप देखें कि पाकिस्तान को भी सदमा पहुँचा था। उनके नागरिक भी गांधी को अपना समझते थे।

मैं सोचती हूँ कि उस समय यह एक ऐसी घटना थी जब आपस में बँट गए लोगों को इसने बिलकुल क़रीब ला दिया। त्रासदी ने उन्हें एक कर दिया। मुझे हैरत है कि उन उद्घोषकों के टेप हिन्दुस्तान में मुहैया क्यों नहीं कराए गए!

आपका मतलब है, पाकिस्तान के लोग भी उन्हें महात्मा मानते थे ?

एक महामानव। मुझे एक और छोटी घटना याद आती है। जब हमारे पड़ोसी पाकिस्तान जा रहे थे तो हम उन्हें विदा देने गए। उनकी बड़ी अम्मी ने रोते हुए कहा, "गाँधी के कहने पर हमने चरखा चलाया और खादी पहनी। कौन यह कल्पना कर सकता था कि एक दिन हमें अपना घर छोड़कर जाना पड़ेगा!" बदकिस्मती से वे चले गए। कई गए। हमें अपने मित्रों की सुरक्षा की चिन्ता थी।

विभाजन के बाद बहुत-से हिन्दू पाकिस्तान में भी रह गए। ज़िन्दा रहने के लिए उन्होंने इस्लाम ग्रहण कर लिया। लेकिन भारत में मुसलमानों को हिन्दू नहीं बनना पड़ा। क्या आप ऐसे लोगों को जानती हैं जिनके रिश्तेदार पाकिस्तान में ही रह गए ? क्या वे फिर दोबारा कभी मिल पाए ? उस समय उनकी भावनाएँ कैसी थीं, जब वे मिले ?

हाँ, मैं ऐसे कई लोगों को जानती थी जिनके रिश्तेदार पाकिस्तान में ही रुक गए थे। एक औरत थी जिसका परिवार डेरा ग़ाज़ी ख़ान में रहता था। उसके माता-पिता और भाई पीछे छूट गए। कई साल बाद पाकिस्तान की यात्रा करनेवालों से उसे पता चला कि उसकी माँ जीवित है तो उसने उनसे सम्पर्क किया और मिलने गई। उसकी माँ ने अपना नाम बदल लिया था और अगर मैं गलती नहीं कर रही तो उसने अपना नाम बदलकर फ़ातिमा रख लिया था। ख़ैर, फ़ातिमा के पड़ौसियों ने उसका स्वागत बेटी की तरह किया। उन्होंने उसे उपहार के रूप में कपड़े और पैसे दिए। वह कुछ समय अपनी माँ के घर पर रही। जब उसके भारत वापस लौटने का वक़्त आया तो उसकी माँ ने पिता की क़ब्र तक जाने को कहा। वह भी मुस्लिम बन गया था। उसने ऐसा करने से मना कर दिया। उसने अपनी माँ से कहा कि जहाँ तक उसका ताल्लुक है तो उसके पिता दंगों में मारे गए थे। वह खुद को पिता की क़ब्र पर जाकर फूल चढ़ाने के लिए तैयार नहीं कर सकी। जब मैंने उससे इस बारे में पूछा तो उसने कहा कि वह इसे स्वीकार नहीं कर सकी। उसके पिता को मुस्लिम रीति-रिवाज़ों के तहत दफ़नाया गया। "मैंने इसका कारण ढूँढ़ने की कोशिश की। मैंने इस छिपी हुई वजह को तलाशने के लिए आत्मा को टटोला। मैं यही कह सकती हूँ कि मैं यह नहीं कर सकी...।"

मैं एक मुश्किल और कष्टदायी प्रश्न पूछना चाहता हूँ। क्या आप जानती हैं या ऐसी औरतों से आपने बातचीत की है जो विभाजन की शिकार हुई हों ? वे अपनी पीड़ा से कैसे जूझती थीं ? एक उपन्यासकार के रूप में इन पीड़ित महिलाओं के अनुभवों की चर्चा करने के लिए क्या आप भाषा ढूँढ़ पाईं ?

आमतौर पर इसके बारे में मैं बात नहीं करती। ऐसा करना बहुत मुश्किल होता है।

शरणार्थियों के परिवार जब मिलते हैं तो वे विभाजन के बारे में बात नहीं करते, क्योंकि यह एक बेहद दुखद विषय है। यह सभी को कष्ट देता है, खासतौर पर महिलाओं को। ज़्यादातर परिवारों ने अतीत को भुलाने के लिए खुद को समय के हवाले कर दिया है। यहाँ तक कि उन्होंने पीछे छूट गई या मारी गई औरतों के नाम तक भुला दिए हैं। मैंने किसी को भी ऐसी लड़की का ज़िक्र करते नहीं सुना जिसने खुदकुशी कर ली या जिसको अगवा कर लिया गया। यह एक वर्जित विषय है। हमारे परिवार में दो लड़कियाँ पीछे छूट गई थीं। हमें नहीं पता, उनका क्या हुआ! हम यह मान लेना चाहते हैं कि वे मर गई हैं। विभाजन के दौरान महिलाओं का नसीब हिन्दू मस्तिष्क पर बहुत बड़ा बोझ था। केवल हिन्दुओं के दिमाग पर ही नहीं, बल्कि उन सभी के मानस पर जिन्हें एक जगह से दूसरी जगह जाना पड़ा।

पक्की बात है कि मुसलमानों को भी यही सब भुगतना पड़ा होगा?

हाँ, बिलकुल। इस पूरे मसले पर सोचना ही भयानक है। दोनों तरफ की औरतों को बहुत ही ज़्यादा क़ीमत चुकानी पड़ी। वे भीड़ की हिंसा की शिकार थीं।

भारत से मुक्त करवाकर पाकिस्तान भेजी गई औरतों को ज़्यादा सहजता से अपना लिया गया। किसी तरह से समाज में उनका पुनर्वास हो गया। हिन्दुओं ने अपनी औरतों को स्वीकार नहीं किया। कुछ ऐसे परिवार थे जो ऐसी औरतों को गहरी चुप्पी के साथ घेरे रहते थे।

मुझे ऐसा नज़र आता है कि जिन लोगों ने अपनी औरतों की हिफाज़त करने की कोशिश की—खासतौर पर सिख—उनमें ऐसा करने के पीछे पौरुष का दर्प था, वे पीड़ित महिलाओं की देखभाल दूसरों के बनिस्बत बेहतर ढंग से कर पाए। उन्होंने इस सच्चाई के प्रति ज़्यादा संवेदनशीलता दिखाई कि वे बदनसीब औरतें उनके परिवार का हिस्सा हैं, वे उनकी बीवियाँ, बहनें और बेटियाँ हैं।

सामाजिक तौर पर हमने इस पूरे मसले को किस तरह लिया?

वह असामान्य समय और असामान्य परिस्थितियाँ थीं। लोगों ने उनका सामना अपने तरीकों से किया। भारत और पाकिस्तान की सरकारें पीछे छूट गईं। महिलाओं को भेजने पर सहमत हुईं, पर हमें नहीं पता कि बच्चों के मामलों में क्या किया गया।

मैं बूटासिंह नामक एक आदमी की कहानी सुनाती हूँ। यह सच्ची कहानी है। जहाँ वह रहता था, एक दिन उस कस्बे में दंगे हो गए। पीछा कर रही भीड़ से भागकर एक जवान लड़की दौड़ती हुई उसके घर में घुस गई और आँगन में लगे भूसे के ढेर के पीछे छिप गई। शाम को जब बूटासिंह घर लौटा तो उसे लगा कि भूसे के ढेर के पीछे कोई छिपा है। उसने देखा कि चुन्नी का कोना बाहर निकला हुआ है। उसने

लड़की से बाहर निकल आने को कहा। उसने उसे भरोसा दिलाया, ''डरो मत, तुमको कुछ नहीं होगा। तुम यहाँ सुरक्षित हो। जब तक दंगे नहीं रुक जाते, घर के अन्दर रहो।'' लड़की उसके घर में कई दिन रही। इस दौरान दोनों ने कोई बातचीत नहीं की। बूटासिंह बूढ़ा मगर कुँवारा था। वही लड़की के लिए खाना बनाता था।

कुछ दिनों बाद पड़ोसी की छत पर खेल रहे एक जवान लड़के ने बूटासिंह के घर में लड़की को देख लिया। उसने अपने माँ–बाप को बताया। जल्दी ही पूरे पड़ोसियों को पता चल गया कि बूटासिंह ने एक मुसलमान लड़की को पनाह दी है। जब बूटासिंह घर वापस लौटा तो पड़ोसियों ने लड़की के बारे में पूछताछ की। उसने हिम्मत के साथ लड़की का बचाव किया और पड़ोसियों को चेतावनी दी कि लड़की को किसी तरह का नुकसान नहीं होना चाहिए। लड़की उसकी ईमानदारी और हिम्मत से प्रभावित हुई। वह बूटासिंह के साथ रहती रही। जल्द ही उनमें प्यार हो गया। वैसे भी उसकी स्थिति निराशाजनक थी और ज़्यादा विकल्प उसके पास नहीं थे।

एक पड़ोसी ने बूटासिंह से कहा, ''अब लड़की तुम्हारे घर में ही रहती है, तो शादी क्यों नहीं कर लेते?''

बूटासिंह ने कहा, ''मुझे कोई एतराज़ नहीं है, पर लड़की से भी पूछ लो।''

लड़की ने सोचा कि बूटासिंह अच्छा आदमी है और शादी के लिए तैयार हो गई।

गुरुद्वारे में विवाह सम्पन्न हुआ। कुछ समय बाद उनकी लड़की हुई और परिवार पूरा हो गया।

कुछ समय बाद उसके भाई सैनिकों के साथ तलाशते हुए वहाँ पहुँचे। जब उन्होंने उसे ढूँढ़ लिया तो उस पर पाकिस्तान चलने के लिए ज़ोर डाला। भारत तथा पाकिस्तान के बीच हुए समझौते के मुताबिक उसे वापस जाना चाहिए था। बूटासिंह ने अधिकारियों से निवेदन किया कि वे उसे उसके साथ रहने दें। उसने उन्हें बताया कि वह उसकी कानूनी ब्याही बीवी है और उसने स्वेच्छा से शादी की है। लेकिन उसे ज़बरन भाइयों के साथ भेज दिया गया।

कुछ समय बाद उसे वापस लाने की उम्मीद में बूटासिंह पाकिस्तान गया। उसने उसके भाइयों को शादी के सबूत दिखाए। लड़की ने भी कहा कि उसने उससे शादी की थी, पर उसके भाई उसे भेजने को तैयार नहीं हुए। मामला अदालत में गया। लड़की अदालत में आई मगर उसने एक भी शब्द कहने से मना कर दिया। बूटासिंह ने उससे विनती की। उसने उससे कहा कि वह उसकी पत्नी है और उसके बिना वह मर जाएगा। उसकी स्थिति दुखद थी, मगर लड़की ने कुछ नहीं कहा। ज़ाहिर है, उसको उसके भाइयों ने धमकाया था। उसकी मनोदशा को समझना मुश्किल नहीं

था। बूटासिंह इससे हिल गया और उसने खुदकुशी कर ली।

उन दिनों इस तरह की कई घटनाएँ हुईं।

भीष्म साहनी के उपन्यास 'तमस' में विभाजन के दौरान महिलाओं की स्थिति और नियति क्या थी, इसको विस्तार से देखा गया है। मैं उस खास दृश्य के बारे में सोच रहा हूँ जिसमें औरतें कुएँ में कूद जाती हैं। यह घटना ऐतिहासिक रूप में सच्ची घटना पर आधारित है।

भीष्मजी का उपन्यास असाधारण है। इससे लोगों को विभाजन को स्पष्टता के साथ देखने में मदद मिलती है। मसलन, यह उपन्यास अहसास कराता है कि घर छोड़कर जानेवाले और तमाम तरह की परेशानियाँ झेलनेवाले साधारण मनुष्य थे और उनकी जड़ें ज़मीन में थीं।

'तमस' में एक और विशेषता है। उदाहरण के लिए, जिस दृश्य में औरतें कुएँ में कूदती हैं, उसे बहुत ही संयम के साथ दिखाया गया है, जिससे वह सनसनीखेज़ नहीं बना। यह पाठक को रुला देता है, मगर उसमें बदला लेने की भावना नहीं जगाता। एक कम परिपक्व उपन्यासकार यह ग़लती कर सकता था।

विभाजन अब अतीत की चीज़ है। दोनों ओर की नई पीढ़ियों के लेखकों के लिए अब सम्भव है कि वे इसके बारे में ज़्यादा स्पष्टता के साथ लिख सकें, ख़ासतौर पर इसलिए कि भावनाओं की धुंध छँट गई है। एक दिन कोई मेरे पास आया। उसकी भाषा बहुत शुद्ध थी। निश्चय ही मेरी भाषा से ज़्यादा शुद्ध तो थी ही। मुझे यक़ीन था कि वह लखनऊ या इलाहाबाद का होगा। लेकिन वह पाकिस्तान से आए लोगों की दूसरी पीढ़ी का था। वह मुझसे बात करना चाहता था, क्योंकि 'ज़िदगीनामा' में गक्खड़ों के बारे में लिखा था। उसका दावा था कि उसके पूर्वज पाकिस्तान के थे। वह उनके बारे में ज़्यादा जानना चाहता था, क्योंकि वह उनके साथ एक तरह का जुड़ाव महसूस करता था। मैं कहना यह चाहती हूँ कि विभाजन उसके लिए पहले ही इतिहास बन चुका है और वह अब एक ऐसी चीज़ है जिसके बारे में कोई बिना भावुक हुए बात कर सकता है।

विभाजन पर लिखी गई ज़्यादातर रचनाओं में हिंसा पर ज़्यादा ज़ोर है?

हाँ, यह था। फिर भी अधिकांश लेखक इन्सान की मूलभूत मानवीयता पर ज़ोर देना भूले नहीं। उन्होंने यह बात विस्तार से कही कि विभाजन एक राजनीतिक फ़ैसला था।

क्या यह उपन्यासकार का काम है कि वह लोगों को तसल्ली बख्शे?

नहीं, लेकिन ऐसा है। शायद उपन्यासकार के लिए यह दिखाना महत्त्वपूर्ण है कि लोगों ने यह समझ नहीं खोई कि सही क्या है।

मंटो ने ऐसा नहीं किया। विभाजन पर लिखी गई उसकी रचनाओं में रोष भरा पड़ा है?

सच है। लेकिन एक बड़ा लेखक ही इस तरह के गुस्से को व्यक्त करने की क्षमता रखता है। मंटो जानते थे कि जब लोगों को घर से निकालकर शरणार्थी कैम्पों में रहने को विवश कर दिया गया हो तो उनके अन्दर तार्किक ढंग से सोचने-समझने की ताकत बची नहीं रहती। वे अपने घरों, अपनी मातृभूमि को याद कर सकते हैं,... लेकिन कुछ समय बाद यह सम्भव हो जाता है कि वे अतीत के बारे में अलग तरीकों से सोचें।

सम्भवतः दोनों समुदायों के बीच के सम्बन्धों पर सबसे महत्त्वपूर्ण और गम्भीर टिप्पणी यह है कि राही मासूम रज़ा ने टेलीविज़न धारावाहिक 'महाभारत' की पटकथा लिखी है। मैं सोचती हूँ, इसे एक बड़ी घटना के रूप में देखा जाना चाहिए। इसने सभी तरह की भिन्नताओं को खत्म कर दिया। यह ग़ौरतलब है कि उन्होंने कितनी गहराई से भारतीय संस्कृति को आत्मसात् किया है और कितनी गहराई से वे इसमें डूबे हैं।

कुछ साल पहले जब मैं पाकिस्तान गया था तो मुझे नहीं लगा कि मैं किसी दूसरे मुल्क में हूँ। चारों तरफ की हर चीज़ मुझे परिचित लगी। वास्तव में जब मैंने इन्तिज़ार साहब से पूछा कि क्या कोई ऐसी चीज़ मैं भारत से भेज सकता हूँ जो पाकिस्तान में न मिलती हो तो उन्होंने कुछ हिन्दी किताबें भेजने को कहा।

यह जानकर बहुत अच्छा लगा कि इन्तिज़ार साहब ने भारत से हिन्दी किताबें भेजने के लिए कहा। मैं उन्हें 'ज़िन्दग़ीनामा' और 'दिलो-दानिश' की प्रतियाँ भेजना चाहूँगी। आप अगली बार जब भी लाहौर जाएँ, कुछ उर्दू किताबें लाएँ। लाहौर और इन्तिज़ार को मेरा सलाम कहें। जब मैं लाहौर के बारे में सोचती हूँ तो विभाजन के तुरन्त पहले के जवानी के दिन याद आते हैं। उस समय ज़िन्दगी कितनी रोमांटिक, धीमी, गहरी और ख़ूबसूरत थी! सचमुच में वह अच्छा वक़्त था, वह महान समय था।

(अंग्रेजी से अनुवाद : मुकेश कुमार)

साहित्य का आकलन इतिहास के सम्पन्न ब्यौरों से कहीं ज्यादा गहरा और मुकम्मल होता है

गिरधर राठी से बातचीत

कृष्णा जी, देश-दुनिया में अनेक तरह की, भयानक रूप से निराशाजनक हलचल के बावजूद, आज भी हम अपनी भाषा और संस्कृति के समग्र संसार पर गर्व कर सकते हैं—क्योंकि आप जैसा कोई रचनाकार हमारे बीच मौजूद है। आपकी उपस्थिति-मात्र हमें समृद्ध कर देती है। लेकिन उससे भी आगे आप आज भी रचनारत हैं। सत्तर से अधिक बरसों में लिखी आपकी रचनाओं के बारे में कहा जा सकता है, बिना किसी अतिशयोक्ति के, कि उनमें से हरेक अपनी मिसाल आप हैं; न आपने खुद को दोहराया है, न ही रचना-भूमियों को दुबारा या तिबारा छुआ है। शायद आपने कुछ पिछली अधूरी चीजों को पूरा कर लिया है—और कुछ नई रचनाएँ भी शुरू कर रखी हैं...

गिरधर। सबसे पहले तो आपसे माफी माँगनी है। जितनी बार आपसे वक्त तय हुआ, उतनी बार मुलाकात न हो सकी। कसूरवार मैं ही हूँ। वजह इतनी ही कि अपने पर ठंडा पतझरी मौसम वक्त-बेवक्त आ उतरता है। वैसे पुरानी ढिठाई भी बीच-बीच में उभर आती है। पुरानी रूह की निगरानी ने अभी तक तो साथ दिया है—कल की बात कल जाने।

वैसे गिरधर पुरानी जन्म-तारीख भी अपना दबाव बनाए रखती है। सो जवाब में मेरी तरफ से आराम ही आराम।

कभी अपनी सुस्ती के बहाने और कभी स्टडी में मेज की बेतरतीबी में कागज फैले रहते हैं। इन्हें गड़बड़ में देखने की पुरानी आदत है।

यह गड़बड़ अगर है भी तो बाहर ही न! भीतर तो सब चाक-चौबन्द है...

चश्मेबद्दूर, मेज पर कुछ पुराना समय बरकरार है। कुछ तो करती ही रहती हूँ। जैसे ही कभी स्टडी में आती हूँ कहीं से पुराना वक्त पास आन खड़ा होता है और तीखी

नजर से लिखावट पढ़ने लगता है।

नई लिखत? अपने लेखक और लेखन पर कुछ विस्तार से कहें, आपको सुनने का मन है।

जी, दो छोटी-छोटी पांडुलिपियाँ प्रेस में हैं। उम्मीद है जल्दी प्रकाशित होंगी। मुक्तिबोध रचनावली पढ़ने लगी तो 'कल्पना' के ताजे दिन याद हो आए। इस बीच आग्नेश्का से भेंट हुई। हम देर तक चर्चा करते रहे। यह जानते हुए भी कि न मैं कवि हूँ और न ही आलोचक—मैं मुक्तिबोध पर कैसे लिख पाऊँगी। एक रात कुछ ऐसा कौंधा कि मैं एक चौकन्नी पाठक तो हूँ। मुझे अपने लम्बे अदबी सफर में इस बात का अहसास बराबर रहा है। सो मैंने एक सजग पाठक के रूप में पढ़ना शुरू किया। इस तरह 'मुक्तिबोध की काव्य-पंक्तियों को पढ़ने का एक रुझान' भी बनने लगा।

गिरधर, खुद ही अपनी मेज की खैर मना रही हूँ। मेज पर मौसम अभी तो पुराना ही लगता है। शायद इसलिए भी कि मैं और मेज-कुर्सी सभी पुराने हैं। हाँ, टेबल लैम्प जरूर बदलती रहती हूँ। यूँ तो कहने के लिए दिल-दिमाग भी खासा पुराना हो चुका है—फिर भी समय की हलचलों की संगत में रहता है। अपना मनोरंजन करता रहता है। नई-पुरानी हलचलें, सियासी सरगर्मियाँ, बदलती राजनीतिक पार्टियाँ, पुरानी विचारधाराएँ, अधकचरी सामाजिक व्याधियाँ, तकनोलॉजी की शक्तियाँ, नए-पुरानों की विभक्तियाँ—फिर इस लोक से उस लोक तक की आवाजाही, जन्म-मरण के पैमाने नहीं बदलते। भले ही नई मेडिकल इंडस्ट्री उसे अमरत्व की आँच से गरमाए रखे। लटकाए रखे। इन सबके बावजूद एक बात और भी अपने हक में कि मैं अपने से कभी ऊबती नहीं।

मानवीय देह धारण कर हम अपनी अन्तर्भाषा को चीन्हते हैं, अज्ञात दूरियों और निकटताओं को पहचानते हैं, सँवारते हैं—फिर प्रतिध्वनित करते हैं। उन आहटों को शब्द की विश्वसनीयता में अंकित करते हैं। मन की संवेदनात्मक गहराइयों से कभी न शेष होनेवाले इस जगत के कोलाहल को साहित्यिक ताने-बाने में बुनते हैं। एक ऐसा शोर जो अपने गुण-धर्म में हमारे जन-मन की बनावट और बुनावट को अर्जित करता है। हम जितनी बार पन्नों पर अंकन करते हैं—उतनी बार जीवन की देहरी पर नमन होते हैं, उतनी बार आदि और अन्त का स्पर्श करते हैं।

गद्य की स्पष्टता, उसके वैचारिक और सामाजिक खरेपन ने मुझे लगातार अपनी ओर खींचा है और रचनाकार के अन्तःकरण को अपनी कोशिश से उकेरा भी है।

भाषा के तेवर समझने-बूझने और शब्दों के व्यवहार, संस्कार जानने की जितनी औकात लेखक में होगी—प्रतिभा के अंश भी उसी अनुपात में उसके हिस्से में

आते हैं।

इसी के साथ जुड़ी-बँधी है लेखक की संवेदनशीलता, वैचारिक भूमि और उसकी दृष्टि की अथाह निर्ममता जिसके सन्मुख कोई भी अतिरेक बेमानी हो जाता है।

एक ही मुखड़े और तेवर वाली भाषा में सोचना और लिखना मुझे उबाऊ लगता है। रचनात्मक केन्द्र से होने के बावजूद मुझे ही अपना अतिक्रमण भी करना होता है। अपने को परे सरकाकर पात्रों के अनुरूप भाषा और मुहावरे को ढालना मुझे मात्र प्रयोग ही नहीं—लेखक की सामर्थ्य का अहसास भी देता है। नई भाषा गढ़ने का साहस भी। किसी भी रचनाकार में ऐसा कर सकने की सामर्थ्य लेखक और पाठक दोनों के लिए सृजनात्मक संवेदना का विस्तार करते हैं। लेखकीय आत्मविश्लेषण और आत्मान्वेषण इसी प्रक्रिया में से छनकर निपुणता का रूप धारण करते हैं।

सच यह भी है कि इसी निपुणता में मानवीय संवेदन के एकतरफा निर्णय अभिव्यक्ति को अतिरंजित कर देते हैं।

मैं अपनी संश्लिष्ट सृजन-प्रक्रिया के दरमियान अन्दर से बाहर और बाहर से अन्दर आती आहटों और टकराहटों को चुनती रहती हूँ।

किसी भी अन्तर्द्वन्द्व और अन्तर्विरोध को पहचानने के लिए स्थितियों के बुनियादी भूगोल और इतिहास को जानना जरूरी होता है। मात्र मनचाही कल्पना की उड़ान से आप उन्हें जिन्दा नहीं कर सकते। बड़ी उड़ान भरने के लिए मात्र कल्पना ही काफी नहीं है। हाँ, काव्य की संवेदना में नि:सन्देह कल्पना उसकी उपलब्धि है।

अपनी बात कहूँ तो मैं ऐसा कुछ नहीं लिख पाई जो मात्र कल्पना के बल पर कता-बुना हो। जो किसी स्वप्निल संसार से उभरा हो और जीवन के खुरदरेपन से दूर हो।

किसी भी विशिष्ट रचना के लिए लेखक की जीवन-दृष्टि महत्त्वपूर्ण है। महत्त्वपूर्ण हो उठता है यह तथ्य भी कि क्या आप अपनी आड़ से चीजों को देखने-परखने के आदी हैं या अपने से हटकर भी उनकी पहचान करते हैं।

गिरधर! जिस अकादमिक और रचनात्मक दृष्टि से आप मेरे लेखन पर आँख रखते आए हैं, वह मेरे लिए मूल्यवान है। जिस समरसता और विश्वसनीयता से आपने मेरे कम लिखने को न दोहराने से व्यक्त किया है उसके लिए तो मैं आपकी कृतज्ञ हूँ। इसे गम्भीरता से लेती हूँ क्योंकि साहित्यिक सन्दर्भ में आपके पठनीय और गम्भीर आलोचकीय मानदंड मुझे लेखक होने का साहस देते हैं।

मैं अपने लेखक को साधारण जन का ही विशेष मानती हूँ। वह जीवन की साधारणता को ही विशेष में परिवर्तित करता है। अद्‌भुत है शब्द का साम्राज्य। विस्मयकारी है साहित्य का विशाल प्रजातंत्र। कुछ भी कहें :

शब्द अर्थ की संगत को
समझता कोई और है
मानवीय संवेदन को भाव
तरंगों से जोड़ता कोई और है।

कृतिकार का भाषायी ध्वनि-संसार उसे उन सांस्कृतिक सूत्रों से जोड़ता है जो हमारी चेतना का मुखड़ा है। चैतन्य है और हमारी संस्कृति, हमारे सैद्धान्तिक और मानवीय मूल्यों का शास्त्र है।

लेखन या रचना या साहित्य मात्र के बारे में एक-दूसरे से गुँथे कई सवाल हैं : पक्षधरता और निष्पक्षता, कथ्य और शिल्प, यथार्थ और कल्पना, भोगा हुआ बनाम रचा हुआ सच...

किसी भी सृजनात्मक रचना में अगर सोच नहीं, जिन्दगी को समझने-महसूस करने के आग्रह नहीं, तो मात्र शिल्प के बल पर कोई जीवन्त रचना नहीं उभारी जा सकती। सत्य की खोज और मूल्यों की शिनाख्त कर उन्हें साहित्य में स्थापित करना जीवन और कला के सन्दर्भ में दो हिस्सों में नहीं बँटा है। एक होकर ही वह व्यक्ति के, समाज के, व्यापक सत्य को प्रस्तुत करता है। जीवन के किसी छोटे-बड़े टुकड़े को, स्थिति को, घटना को सिर्फ कलात्मक क्षमता से, शिल्प से प्रस्तुत-भर कर देने से कालजयी साहित्य नहीं गढ़ा जा सकता। साहित्य को तो उगना होता है रचनाकार की आत्मा में।

लेखक रचना के माध्यम से मानवीय मन की गहनतम भावनाओं का अंकन करता है। मन, तन की निगूढ़तम पहेलियों का विश्लेषण करता है। उसका काम शब्दों को पहचानना है। उनके मुखड़ों को, घरानों को जानना है। उनकी थाह मापनी है। उनके अर्थों की साख जाँचनी है।

हर शब्द का एक जिस्म, एक रूह, एक पोशाक होती है। ये सब मिलकर ही एक जीते-जागते जिन्दा विचार को वहन करते हैं। किसी भी खरे लेखक के सम्बन्ध भाषा और शब्दों से केवल सरसरी नहीं होते। उनका सगापन, टिकाऊपन, उनके अर्थों की गूँज, लय और सम्प्रेषण उनके संयोजन में जज्ब होता चला जाता है। लेखक शब्दों के बाहरी आवरण, देह और आत्मा के अलग-अलग स्वरूपों को समान भाव से चाहता है। प्यार करता है।

रचनाकार के निकट कोई भी अनुभव या तो उसके परिवेश से उभरकर उसके अन्तर की ओर सरकता है या उसके संवेदन में दुबकी हुई कोई अनुभूति अचानक बाहर की ओर लपकती है। कुलाँचें भरती है। इसी प्रक्रिया में अन्तर्मन और बाहर के यथार्थ से एक रिश्ता जुड़ता-उभरता है और समूचा अनुभव एकबारगी नया होकर

स्वतंत्र रूप धारण कर लेता है।

लेखक की तटस्थ नि:संगता या उसके अवचेतन का गहरा रसाव जब अनुभूति को अंकन के करीब लाता है, तो जिया हुआ अनुभव मथकर उसकी दृष्टि को एक साथ निखार और तराश देता है। अगर ऐसा नहीं होता, तो लेखक के अपने आग्रह मूल्य और सत्य बन जाने की उतावली में आधा सच और आधा झूठ बनकर रह जाते हैं। लेखक अपनी धारणाओं के अनुरूप ही रचना की बनावट और बुनावट बुनने लगता है। एक खास दृष्टिकोण से चीजों को देखने या जिन्दगी को पढ़ते रहने से लेखक की ईमानदारी में हेर-फेर होने लगते हैं। ये रद्दो-बदल जब बुनियादी सोच पर हावी हो जाते हैं, तो कम खतरनाक साबित नहीं होते।

सत्य, तथ्य और कलात्मक मूल्यों पर शिल्प का मनमाना दम्भी दबाव किसी भी सजग कलम को महँगा पड़ता है। लेखक को माप डालता है। यहीं पर अच्छे लेखक के लिए निर्वैयक्तिक और निरपेक्ष दृष्टिकोण उसके लेखन-कर्म से भी ज्यादा अहम हो उठते हैं।

किसी भी तरह की पक्षधरता जहाँ लेखक की वयस्क टटोल को सक्रिय करती है, वहीं वह जीवन से जुड़े-घिरे लोकतत्त्वों के स्वीकार के आड़े भी आती है। भिड़न्त, बहिष्कार और समझौतों के राजनीतिक आशय एक हैं और इन्हीं से अँटे पड़े जीवन के परिचित पक्ष के उत्तेजनाहीन सन्दर्भ कुछ दूसरे। सच तो यह है कि लेखक को इन दोनों में शरीक होना है। शरीक रहना है, महज तमाशबीनी के लिए नहीं—इसलिए कि लेखक पूरा वक्त अपने होने की हैसियत से अपने से जुड़ा है। मानवीय समाज से जुड़ा है। उसकी अभिव्यक्ति का स्रोत वही है। उसकी तलाश की मंजिल भी। लेखक के पास अगर देने के लिए कोई वक्तव्य है, तो वह वक्तव्य केवल मात्र उसका नहीं, उसकी रचना से जुड़े दूसरे साझीदारों का भी है। दूसरों की ओर से दूसरों के निमित्त। लेखक अपने आप में किसी विशिष्ट इकाई का प्रतीक नहीं। वह दूसरों के होने से लेखक है। वह स्वयं रचनाकार है, तो रचना का पात्र भी। शिल्पी है तो पाठक भी। वह सभी को अपनी आत्मा की विभिन्न दिशाएँ मानकर जीता है।

सच तो यह है कि कलाकार को, लेखक को, हर यात्रा में, टुकड़ों और समग्रता में, अन्दर और बाहर के अधूरेपन और समूचेपन में बार-बार लौटकर आना होता है। शायद इसी इम्तिहान के लिए लेखक लेखक है। नश्वरता का गहरा दर्द जो इंसान की धमनियों में बराबर बहता आया है, और एक दूसरा जो हमारे बाहर यहाँ-वहाँ सब कहीं बिखरा है—लेखक इन दोनों में से किसी एक से परिचय घटा-बढ़ा सकता है, पर यकीनन किसी एक पर आँखें मींचकर उसे अपनी चेतना से गायब नहीं कर सकता।

अगर ऐसा करे तो उसका समूचापन विभाजित होगा और उसकी आत्मा के साथ-साथ उसकी आँख बँट जाएगी और यह स्थिति अंग-भंग से कम गम्भीर नहीं। अन्दर से बाहर और बाहर से अन्दर तक का संवाद किसी भी मूल्य पर लेखक को जारी रखना है। यही लेखक के जिन्दा रहने की एकमात्र शर्त है।

सोच के स्तर पर परम्परा, घिसी-पिटी नैतिकता और धर्म अनुष्ठान के खूँटों से बँधी आस्थाएँ भी जीवन को पहचानने में असमर्थ रहती हैं। कानून की सचेत दृष्टि भी इससे बाहर नहीं। व्यक्ति और व्यक्ति, व्यक्ति और समाज, समाज और सत्ता के सन्दर्भ में कानून की बारीक-से-बारीक परिभाषा अपने तीखे पैनेपन और विस्तार में निरपेक्ष होते हुए भी एकतरफा होकर जाती है। कानून का अपना व्याकरण है, जो सख्ती और मजबूती से अपनी ही चौखट में कसा-बँधा है। साहित्य की सीमाएँ इन सबसे बड़ी हैं।

साहित्य की सीमाएँ कानून की हदों से कहीं बड़ी और विस्तृत हैं। तासीर में कहीं ज्यादा लचीली और संवेदनशील भी। इंसान की अस्मिता गरिमा के पक्ष में साहित्य समय और काल से भी बड़ा हो उठता है। इतिहास के प्रभुत्व से भी। साहित्य ही इंसान की नियति को उसके संघर्ष और सपनों को सँजोने की सामर्थ्य देता है। उसका आकलन इतिहास के सम्पन्न ब्यौरों से कहीं ज्यादा गहरा और मुकम्मल है।

साहित्य की सीमाएँ देश-काल के परिवर्तनों को अपने में समेटती चली जाती हैं और रेखांकित करती रहती हैं—सुख-दुख, हर्ष-विषाद को, जो मानवीय अस्तित्व में गुँथे-बुने हैं। वे बराबर व्यक्ति-समाज और वर्ग-व्यवस्था की टकराहटों में से उभरकर समय को चुनौती देते हैं और जीने के लिए उकसाते रहते हैं। यही वह तार है, जो हमारे अतीत और भविष्य को हमारे वर्तमान से जोड़े रखता है। उस बोध को भी जो निरन्तर नश्वरता के आतंक तले अपने को कायम रख सकने की कोशिश और कशमकश में मौत के हाथों भी जी जाता है, जिन्दा रहता है।

आप आलोचक विद्वान हम लेखकों से कहीं ज्यादा गहराई से बूझते हैं कि कृति कृतित्व और लेखकीय मनोभूमि उसके भावजगत को मर्यादित करते हैं।

यदि यह तीनों अपने-अपने सृजित स्थापत्य में एक दूसरे से सही दूरी पर स्थित हैं—इतनी दूरी पर कि एक दूसरे की रेंज के बाहर न जा सकें और आपस में इतने नजदीक भी न हों कि एक दूजे पर हावी हो जाएँ। ऐसे में तीनों की गहरी गूँथ सुरक्षित रहती है।

इन तीनों का सन्तुलित घनत्व और सम्मिश्रण एक ऐसा अदीखता रसायन है जो कृति को स्पन्दित करता है। शब्दों में धड़कता है। पंक्तियों में सरकता है और पाठ के मौन में गोचर होता है। जाने वृत्तान्त में संवाद में कौन-कौन से प्रभाव, भाव, अनुभाव,

प्रत्यक्ष और अप्रत्यक्ष, रचना के प्राण की तरह प्रवाहित होते हैं। शब्दों के पिछवाड़े से मौन की वैचारिक खामोशियों में व्यक्त होते हैं।

आपका एक मन है जो आज नई रचना को रचने में व्यस्त है। एक दूसरा मन है जिसमें विगत की, अतीत की झाँकियाँ झिलमिलाती रहती हैं। कुछ कभी-कभार...

गिरधर, याद कर रही हूँ कहानी-पत्रिका के विशेषांक 1955 को जिसमें एक साथ 'नई कहानी' ने ऊर्जा के साथ साहित्यकारों और पाठकों को एक नई दिशा का संकेत दिया था।

'गदल', 'दोपहर का भोजन', 'चीफ की दावत', 'कोसी का घटवार' और 'बादलों के घेरे'। भैरवप्रसाद गुप्त द्वारा सम्पादित 'कहानी' का यह विशेषांक अपने आपमें इस बात का प्रमाण था कि स्वतंत्रता प्राप्ति के बाद हमारी विधाएँ किस तरह अपने सामाजिक परिवर्तनों को टटोल रही हैं। याद करना चाहती हूँ—रांगेय राघव को। उनकी 'गदल' को भला कौन भूल सकता है। तमिल होते हुए भी उन्होंने हिन्दी का परिष्कार और विस्तार किया। नटों पर उनका उपन्यास, 'मुर्दों का टीला' साहित्य के सामाजिक भाष्य पर एक मील का पत्थर है।

एक दृश्य : सुनहले शैवाल

गिरधर एकाएक आँखों के आगे उन दिनों की एक खास शाम झिलमिलाई है। उस शाम का आयोजन किया था अक्षर प्रकाशन की ओर से राजेन्द्र यादव ने। कनॉट प्लेस के यॉर्क रेस्तराँ में।

यॉर्क मुगलई के लिए मशहूर था। ज्यादा लोग आमंत्रित नहीं थे। अज्ञेय जी और जैनेन्द्रजी दो वरिष्ठों की जोड़ी खासा गम्भीर समाँ बाँध रही थी। हम जैसे शुरुआती, उन पहुँचे हुओं के रचनात्मक रौब में। हाँ सत्येन्द्र शरत् पूरे दृश्य को अपनी चौकन्नी निगाहों और हल्की-सी शरारती मुस्कान से अपने अन्दर खींच रहे थे। 'सुनहले शैवाल' की नव-प्रकाशित प्रतियाँ बँटीं। अद्‌भुत साज-सज्जा। अज्ञेय जी की कविताएँ और उन्हीं के कैमरे से अंकित मेधावी कपिला जी की छवियाँ पन्नों पर, पंक्तियों में गुँथे गहरे रोमांस का सजीला मौन कृति और कृतिकार को 'विशेष' से मंडित कर रहा था। वह ऐतिहासिक शाम रात में बदलने लगी—यॉर्क के मालिक लम्बे-चौड़े सरदार साहिब की तजुर्बेकार आँखों ने अज्ञेय जी को नायक जानकर बड़े अन्दाज से धन्यवाद के लिए तनिक-सा सिर हिलाया और शायस्तगी से कहा—उम्मीद है, आपकी शाम सुखद रही।

अज्ञेय जी हल्का-सा मुस्कराए—

शुक्रिया—

गिरधर, अब आज की शिष्टाचारी भंगिमाओं को केन्द्र में रखकर पीछे लौटें तो लगता है कि वात्स्यायन जी का भाषायी रचाव और उनके डील-डौल से उभरती देहभाषा भारतीय पांडित्य और इंग्लिश शिष्टाचार का परिष्कृत सम्मिश्रण था। यह कुछ ऐसा प्रभावशाली दिखता था कि ऊँचे-लम्बे केशव मलिक नक्श-नैन और चेहरे की बनावट में अज्ञेय जी की दर्शनी गरिमा कम न कर सके। कपिला जी को इस गुच्छे में नहीं देख रही हूँ। शायद वह उस शाम दिल्ली से बाहर थीं।

गिरधर आज यह सोचना विस्मयकारी है कि शैवाल में गुँथी अभिव्यक्तियों की रोमैंटिक सूत्र और स्रोत कपिला को उस आयोजित शाम से बाहर रखना दोनों ही की अस्मिता का समादर और सुरक्षा करना था।

कनॉट प्लेस की ही एक और शाम : रीगल बिल्डिंग

कनॉट प्लेस की रीगल बिल्डिंग में जहाँ कभी ब्रिटिश टाइम में एक बड़ा रोबीला आर्मी नेवी स्टोर हुआ करता था, वहाँ आजादी के बाद के बरसों में कुछ नया घटित हुआ। खासे खुले लम्बे-चौड़े रकबे में नया रेस्तराँ खुला। नाम था—टी-हाउस। बगल में था—'गेलार्ड'। कनॉट प्लेस के रेस्तराँ में शाम को भीड़ की कमी न थी। आप क्नॉट प्लेस के बरामदे में पूरा हिन्दुस्तान देख सकते थे। उत्तर और दक्षिण की मर्दानी धोतियाँ नजर आने लगी थीं। ऐसी ही एक शाम हम सहकर्मियों ने टी-हाउस में प्रवेश किया। टी-हाउस हिन्दी बिरादरी को खास पसन्द आ रहा था।

टी-हाउस का मुकाबला कॉफी हाउस से था। टी-हाउस ने एक बढ़त और की थी—एक दीवार के साथ लगे एक बड़े काउंटर पर अंग्रेजी पत्रिकाओं के साथ हिन्दी पत्रिकाएँ भी नजर आने लगीं।

हम चाय के बाद उठे तो यादव ने आवाज देकर कहा—अंग्रेजी मैगजीन के साथ 'हंस' भी है। हम काउंटर की ओर लौटे और हाथ में 'हंस' लेकर दूर से यादव को हाथ हिलाकर चले आए। उसके बाद हम लगातार 'हंस' को पढ़ते रहे।

उस शाम हमने पहली बार 'हंस' लिया और राजेन्द्र को बाई-बाई कर टी-हाउस से बाहर निकले तो हमारे सहकर्मी माथुर साहिब ने कहा—यार कमाल हैं हिन्दीवालों के कायदे-करीने। आवाज देकर कहा जा रहा है कि आप भी मैगजीन खरीदो। मैं ताव खा गई। देखिए माथुर साहिब, ये लोग हिन्दी अफसर नहीं। हिन्दी के जाने-

माने मशहूर लेखक हैं।

हमें मालूम था कि दिल्ली के पुराने बाशिन्दे एक ओर शरणार्थी और दूसरी ओर हिन्दी पट्टी की भीड़ को एक खास तरह के परायेपन से देख रहे थे। गिरधर! जाने क्या है कि हम भारतीय दूसरों को कुछ डर और शक की नजर से देखते हैं। हम ही नहीं, विश्व-भर में कई देश इन आतंकी सम्भावनाओं से ग्रस्त हैं।

हाँ, प्रेमचन्द द्वारा सम्पादित 'हंस' अब राजेन्द्र यादव के हाथ में था। राजधानी में, हिन्दी बिरादरी में, राजेन्द्र और मन्नू भंडारी ने कुछ खास रंग दिए। वह बंगाल कलकत्ता का भी भाषायी बन्धुत्व साथ लाए थे। हमारे यहाँ बहुत कुछ बदलने की जरूरत है। लेखक होने का परचम पुरुष लेखक के हाथ में है। बराबर की नागरिक होते हुए भी महिलाओं की रचनात्मक प्रतिभा का व्याकरण गृहस्थी के 'अ, आ' और 'ई, ऊ' से ही जुड़ा रहता है। यह एक लम्बा प्रकरण है। मेरा अपना लेखकीय अनुभव इसके बाहर है। मैं अपने लम्बे सफर में एक लेखक नागरिक के व्यक्तित्व को जीती रही हूँ। कुछ थोड़े समय जो शिव के साथ बीता, उसमें भी बदलाव नहीं आया। न उनकी ओर से, न मेरी अपनी ओर से।

शायद इसलिए कि हम दोनों लम्बे समय तक अपने और अपने समय को अपने व्यक्तित्व में आजादी के बाद संविधान से मिली राष्ट्रीय नागरिक की संज्ञा के साथ जीते आ रहे थे।

मैंने अपनी जन्म-तारीख के बल पर देश के लम्बे इतिहास को जिया है। मैं और मेरा नागरिक एक ऐसे समय की पौद हैं जिसमें लगभग तीन पीढ़ियों ने देश के इतिहास को मुखर किया। अपने होश-हवास में, आँखों के सामने घटित हो रहे को देखा। बीच की दूरियों और नजदीकियों के स्वरूप को अरखा-परखा। विचारोत्तेजक राजनीतिक और धार्मिक पक्षों के शोर-गुल को अपनी समझ में समेटा। पक्षधरता के दबावों को घिरते-घिरते देखा। नागरिक समाज पर पड़ते खतरों का अहसास मुझे है। मैं इतिहासकार नहीं पर 'दूसरों' की परिभाषा के साथ उभरते खतरों को तो जानती हूँ।

बचपन में विदेशी सत्तातंत्र में दिल्ली-शिमला की राजधानियों में ब्रिटिश सरकार का बोलबाला—उसके साथ-साथ देशभक्ति का जोशीला शोर और हम बच्चों में उभरती देशभक्ति की भावनाएँ, घटनाएँ अपने में जज्ब होती रहीं। अन्दर ही अन्दर देसी भारतीय रूह तक को संचारित करती रहीं।

राष्ट्र-प्रेम की कविताएँ, बहादुरी के आख्यान और जेल के सींकचों से झाँकते हमारे बहादुर—

शिमला काली बाड़ी में सुना बंगला का राष्ट्रीय गान—'आमार जन्मभूमि सेजे आमार जन्मभूमि।' इन बोलों की तर्ज, लय और उच्चारण में कुछ ऐसा कि हम लोग आँखें भर लाते।

आजादी और विभाजन के साथ ही दिल्ली का भूगोल और इतिहास भीड़ों से खचाखच बदला नज़र आने लगा। कनॉट प्लेस के रजधनियाँ रेस्तराँ अलग-अलग पीढ़ियों की झाँकियाँ-सी बन गए थे। शरणार्थियों की भीड़ें कॉफी हाउस पर; लम्बी लाइनें इन्तजार करतीं। देखते ही देखते कनॉट प्लेस में एक से एक रेस्तराँ—क्वालिटी, स्टैंडर्ड, वैंगर्स, लक्ष्मी, युनाइटेड कॉफी हाउस, वोल्गा, गेलॉर्ड, एम्बैसी, यॉर्क खुल गए। नरुला ने अपने 'चाइनीज रूम' के साथ हल्की रोशनी वाला 'ला बाहेम' खोला जो दिल्ली के बौद्धिक समाज का केन्द्र बना। टी हाउस; जनपथ पर खुला बैंकुरा।

देश का विभाजन मानवीय आधुनिक इतिहास की बड़ी विभीषिकाओं में से एक है। वह विभीषिका आज तो विश्वव्यापी हो गई है—हर जगह शरणार्थियों की त्राहि-त्राहि छाई हुई है। उस विभीषिका की आप स्वयं भुक्तभोगी हैं। विभाजन पर लिखित रचनाओं को देखते हुए कोई यह नहीं कह सकता कि हमारे लेखकों ने आगाह नहीं किया...

विभाजन पर लिखी कृतियों की पड़ताल विशेषज्ञों पर छोड़कर इतना ही जोड़ूँगी कि दशकों के आर-पार फैले दोनों ओर के लेखकों में—मंटो, अब्दुल्ला हुसैन, यशपाल, कुरर्तुल ऐन हैदर, भीष्म साहनी, बलवन्त सिंह, कृष्ण बलदेव वैद, अज्ञेय, मोहन राकेश, राजी सेठ, राही मासूम रजा, और भी अनेकों अनेक लेखक राजनीतिक दलों की युद्ध-नीतियों को समझते-बूझते हुए भी रचनात्मक वृत्तान्तों, उपन्यासों और कहानियों में मानवीय मूल्यों को अंकित करते रहे हैं। हमारे रचनाकार जनमानस को सचेत करते रहे हैं उन विद्रूपों और विसंगतियों से, जो मानव-समाज की प्रगति के आड़े आती हैं। लेखकों ने भारत जैसे ही विशाल फलक पर भारतीय जीवन की छवियाँ जो वृत्तान्त में प्रस्तुत की हैं, वह किसी भी मनगढ़ंत इतिहास से कहीं ज्यादा प्रामाणिक मानी जाएँगी। विभाजन की दर्जनों महत्त्वपूर्ण कहानियों के नाम गिनाए जा सकते हैं—'शरणार्थी', 'मलबे का मालिक', 'पुल', 'इन्तजार हुसैन सुनो', 'अमृतसर आ गया', और भी अनेकों। विभाजन को लेकर लिखे उन उपन्यासों की भी कमी नहीं जो विभाजन की हिंसा के बावजूद मानवीय मूल्यों को लेकर लिखे गए।

दिलचस्प है यह सोचना भी कि देश के भूगोल, इतिहास के साथ-साथ उसके नागरिक व्यक्ति का, उसकी अपनी निष्ठा का एक अपना इतिहास भी नत्थी होता

है जो उसके जीवन की गतिविधियों और उसकी बौद्धिक सोच को गठित करता है।

गिरधर मैं भी एक साधारण व्यक्ति हूँ जो भारत का नागरिक होने के नाते असाधारणता के उस विशेष तक पहुँचना चाहता रहा है जिसके द्वारा देश की संवैधानिक प्रशासनीय प्रणाली के अन्तर्गत हर भारतीय उन तक पहुँच सकता है। हमें समानता का यह लोकतांत्रिक अधिकार देनेवाला संविधान ही है।

कभी अक्लमन्दी काम नहीं आती और कभी मुझे अपनी बेवकूफी ऐसी लगती है कि अक्लमन्दी हो। जैसे-जैसे वक्त गुजरता जाता है वह और भी चमकने लगती है।

विभाजन में लाहौर भारत में जाएगा कि पाकिस्तान में, हॉस्टल में यह चर्चा खूब थी। दूर-दूर से आई लड़कियों के घर से खत आते ही इसकी चर्चा शुरू हो जाती। धीरे-धीरे किसी न किसी बहाने से लड़कियाँ घरों को लौटने लगीं। डेरागाजी खाँ की शल्लो जब कमरे में सामान समेट रही थी तो उसे बाइ-बाइ की और अपने कमरे में पहुँचते ही अपने फार्म की याद हो आई। खड़े-खड़े सोचा इसके पहले कि दिल्ली के लिए तैयारी करूँ—एक चक्कर ऐमनाबाद का। वार्डन मिसेज पंडित से परमिशन लेने गई तो वह थोड़ी हैरान हुईं—ऐमनाबाद के फार्म पर क्या करोगी? वहाँ कौन है?

—दादी माँ है और छोटे चाचा हैं।

गिरधर वह तीन दिन अपने फार्म पर ऐसे लगे ज्यों मेरी तवारीख में सबसे कीमती दिन हों जो मूल्यवान बरकत की तरह मेरे साथ जुड़े रहे। धूप और छाँह का मजा लिया। खेत, खेतियों की हरियाली झलक, टाली के ऊँचे पेड़ जैसे फार्म की लम्बी कच्ची सड़क के किनारे कोई ऊँची इबारत लिखी गई हो।

रात छोटी-सी कॉटिज पर लटकी लालटेन—आँखें कभी लालटेन की मद्धम-सी रोशनी देखें और कभी आसमान पर चाँद को। हँस-हँसकर दादी माँ से कहा—जरा देखें तो इन दोनों का क्या मुकाबला है।

मालूम ही न हुआ और तीन दिन पखेरुओं की तरह उड़ गए। जी भरकर तबीयत खुश हुई।

वापिस लाहौर पहुँचते-पहुँचते गाड़ी में दिल-दिमाग में जो पहुँचता रहा, उसने फार्म पर चुने हुए हुलास को उदास कर दिया। गाड़ी के साथ-साथ दौड़ते खम्बे डरावने लगने लगे।

जिन्दगी के लम्बे सफर में मुझे वह दुपहरिया कभी नहीं भूली। वह आखिरी दर्शन मेला था—क्यारियों, खेतियों, पेड़-पौधों और उस सुहानी धूप-छाँह से। और उस

लालटेन से जो रात-भर अँधेरों को चुनौती देती रही।

लेखक से जुड़े अनगिनत सवाल हैं, लेकिन शब्दों में उन्हें बाँधते ही एक संकोच-सा होने लगता है—कहीं हम पिटे-पिटाए जुमले तो नहीं बोलने लगे! मसलन, रचना-प्रक्रिया। प्रतीत होता है कि आप—यानी लेखक—एक व्यक्ति है, लेकिन कृष्णा जी आप सैकड़ों पात्रों के मुँह से बोलती दीख पड़ती हैं। और, हर एक पात्र जैसे अपने-आप में स्वतंत्र, मौजूद, व्यक्ति है!

फिर वही पात्र हर पाठक के मन में अलग-अलग रूप-आकार पाते रहते हैं! किताबों के भीतर असंख्य संसार—उन असंख्य संसारों के समान्तर, जो 'बाहर' मौजूद हैं!

अपने और अपने में दूसरों के होने की प्रतीति और दूसरों में अपने को अपना व्यक्ति समझकर पहचानने की समझ अपने को दूसरों में ढूँढ़ने की ललक—यही—यही है इस लोक की परिक्रमा, बार-बार ओझल हो जाने के बाद भी बारम्बार। भला इसे 'माया' के नाम से क्यों पुकारा गया! सम्बन्धों के स्वीकार और इनकार, दोनों में से हम क्या-क्या ढूँढ़ते हैं, कितना पाते और खोते हैं—अपनी निजता में क्या-क्या गढ़ते और घढ़ते हैं—इसलिए कि अस्तित्व के भूगोल और इतिहास, दोनों दो छोरों पर आर-पार फैले रहें। नहीं, इतना ही नहीं। इसलिए भी कि यहीं और यहीं, इसी लोक में जीवन की मृत्यु से मुखामुखी है। टकराहट है। भिड़न्त है। इसी लोक में। फिर भी विस्मयकारी है कि न सिर्फ आरम्भ ही शुरुआत है और न अन्त ही मात्र अन्त है। जी सकना ही इसका शुभ है। इसका परम है। इसकी परिणति है।

गिरधर, जो कह रही हूँ—वह सिर्फ जीने का अनुभव है। अध्यात्म का गहरा गम्भीर निचोड़ नहीं। लेखक का शिल्प, कथ्य और विचार का रचनात्मक विमर्श समाज के ऐन बीचो-बीच से गुजरकर उसके पन्नों तक पहुँचता है। अनुभव की संज्ञा ग्रहण करता है। अपने बचपन में जो उसने जाना है, देखा है उसे वह कब और कहाँ भूलता है। अपने-अपने शहर और गाँव की धूल, दुपहरों की धूप, पेड़ों और गलियों की छाँह—वह नटखटपन, वह शरारतें जो बालिग होने से पहले की जाती हैं—वह भूल नहीं जातीं—पिछवाड़े में जा लगती हैं। वहीं जहाँ हर आत्मा का भंडारघर है। धीरे-धीरे बरसों के अन्तराल में कुछ रंग-कुछ चेहरे, कोई भाव, कोई शोर, कुछ आहटें, तल्खियाँ, उदासियाँ, उगास, खुशियाँ सिर उठाती हैं। और लेखक की कलम में घुल-मिल जाती हैं। अचानक अनायास कुछ घटित होता है, प्रस्फुटित होता है और कागज पर ओस चमकने लगती है और शब्दों की गरमाहट पसर जाती है।

गिरधर, ताजिन्दगी अपने लेखक की सोहबत में रही हूँ, विश्वास के साथ कह सकती हूँ कि लेखक के वजूद और व्यक्तित्व में अगर कुछ संचित है तो वह साधारण का

ही विशेष है। शायद यही वह बिन्दु है जहाँ एक बड़ी बिरादरी सोच-विचार के माध्यम से उसके साथ जुड़ती है। अनोखा है यह खेल भी कि लिखता कोई और है, लिखवाता कोई और है, और पढ़ता कोई और है। पाठक और लेखक की जुगलबन्दी विचित्र है। मौजूद नहीं है और मौजूद है। पास नहीं है, दूर है मगर नितान्त निकट है। यह खेल लेखन का है। कृति-कृतिकार और कृतित्व के प्रतीकों में पाठक का अपना संवेदन अनुभव दूर बैठकर लिखे गए शब्दों के अर्थ में प्रवाहित होने लगता है। और, लेखक जाने किस असमंजस में अपना सामना करने से कतराता है। कभी अपने को अपने से बचाता है। अपनी दोस्ती को दुश्मनी समझने लगता है। अकेलेपन से घबरा अपने को भीड़ में खड़ा पाता है। भीड़ में अपने को ढूँढ़ने लगता है और अपने को खोकर दूसरे को पा लेता है। कथा-कहानी-नाटक और उपन्यास के पात्र यहीं से जन्म लेते हैं। कतई न सोचें कि इस सारी प्रक्रिया में वह अनुशासन का निशान हथिया लेता है। वह परिश्रम वह साधना इससे अलग है। अभ्यासवश जहाँ-तहाँ देखे, जितना महीन काते—जितना खुरदरा मापे—दु:ख-रोग, हर्ष-विषाद के स्वरूपों की पहचान के बदले तल्खियों को बुलाता फिरे—ऐसे अक्खड़-फक्कड़ लेखक को भला कहाँ से हाथ देंगे आप। वह तो अनुभव लेकर सरकता जाएगा आगे की ओर। किसी से दूर हो जाएगा और किसी के पास।

स्थितियाँ, पात्र, चरित्र, देश, समाज—ऐसा कुछ नहीं जो उसकी दौड़ से बाहर हो। नहीं, इसको लेकर गलतफहमी न हो। लेखक हाशिए से न पन्ने को झाँकता है, न जिन्दगी को। यह बात एक अच्छे और खरे लेखक के सन्दर्भ में कही जा रही है। साहित्य विशेष है फिर भी उसका अपना लोकतंत्र है। इसी में सर्वसाधारण से जुड़ा अधिकार-बोध निहित है—इसकी स्वायत्तता भी। इसी मूल स्रोत से उपजे छोटे-बड़े पुंज हम लेखकों के बौद्धिक अस्तित्व में पलते हैं और विचार और संवेदन के रूप में दूर तक प्रवाहित भी होते हैं। इसे हमारा अहंकार न समझें। मानवीय बराबरी में हमारी आस्था है। दोस्तो, जिन मूल्यों और मान्यताओं की हम सुरक्षा करना चाहते हैं—वही 'विचार' के रूप में हमारे लेखन में उजागर होते हैं। शब्दों के मुखर में और मौन में धड़कते रहते हैं। यह मात्र 'लिखित' की—लिखे हुए की नहीं—विचार की गुणात्मकता है।

लेखक के पाठ से अनेक बरसों तक युगों तक प्रवाहित होता है 'विचार' का तरल अमरत्व।

साहित्य की सम्पदा, सर्जनात्मक लेखन मात्र भाषा की कौशलपूर्ण अभिव्यक्ति ही नहीं—शब्द, अर्थ और विचार के गुन्थन द्वारा की गई वह वैचारिक प्रस्तुति है जो अपने होने में स्वयं अपनी सत्ता है। परम सत्ता।

'लोक' लोकान्तर के दृष्टा और स्रष्टा के रूप में लेखक सिर्फ इसलिए स्तुत्य और

प्रशंसनीय नहीं कि वह जनमानस में अपने को स्थापित करता है, कि समय-काल, काल-कालान्तर के तप, तेज को, तन्मयता से जीता और अंकित करता है। सामूहिक चेतना को प्रभावित करता है। प्रसारित करता है।

लेखक अगर समाज, सत्ता-व्यवस्था या किसी भी राजनीतिक खेमे की सर्कस पार्टी का गम्भीर चेहरेवाला बिचौलिया नहीं तो क्या अपने खुद के अस्तित्व में अपनी निर्धारित शर्तों पर खड़ा रह सकता है! भला यह शक-शुबह आज की तारीख में किस लेखक को न हो! यह एक वह सवाल है जो हममें से हर लिखनेवाला आज के दबावों और तनावों को अपने में जज्ब करते हुए करता है। कुछ ऐसे भी तत्त्व होते हैं जिन्हें अपने से बाहर रखना होता है।

अति संगठित सहमति, सत्तारूढ़ता, राजनीतिक छल-कपट, प्रचार-प्रसार, लेखक की शब्द संस्कृति को घेरकर उसे 'गौण' का दर्जा देने में सक्षम हैं। इसीलिए खबरदार। प्रभुसत्ता एक ऐसी सत्ता है जो शक्ति और बल प्रयोग का शास्त्र है। आज की तारीख में शस्त्र ही शास्त्र है। शक्ति-संरचना के घटक कहाँ-से-कहाँ तक फैले हैं—इसका अन्दरूनी जायजा लेखक अपनी तटस्थ चौकसी से करता है। अगर वह ऐसा नहीं करता तो वह लेखक नहीं है, मात्र कलमखोर है। अपनी-अपनी सीमाओं और सामर्थ्य को सामने रखते हुए आज भी हमारा लेखक-समाज चौकस है। यह महत्त्वपूर्ण इसलिए कि साहित्यकार के लिए अब कठिन और संकटपूर्ण समय है।

राजनीतिक संस्कृति ने और, उससे लिपटे उपभोक्ता बाजार के सरोकारों ने साहित्य और कलाओं को अपने बारीक सूक्ष्म तंत्र में घेर लिया है। इन्हीं परिवर्तन-सन्दर्भों ने साहित्य को एक बड़ा व्यापार भी बना दिया है।

फिर भी हम लेखक—अब तक भी, विश्वास करना चाहते हैं कि लेखन मात्र धन्धा नहीं—वह 'विचार' में आस्था के हक में संयम और संघर्ष की प्रतिबद्धता का दस्तावेज भी है। इसी में हमारी निज की नहीं, 'मानवीय विचार' की अटूट श्रृंखला प्रवाहित है।

लेखक और व्यक्ति। हाड़-मांस का व्यक्ति, जिसकी अपनी आकांक्षाएँ और मानसिक उठा-पटक है। और लेखक जिसे उस 'व्यक्ति' से भी निपटना है जो कि वह खुद है; और 'लेखक' का जीवन भी जीना है। क्या ये दोनों हिस्से एक-दूसरे के विरुद्ध हैं?

इस लोक में रहनेवाले हर इनसान की तरह मैं भी हर दिन धरती और आकाश को जीती हूँ। सूरज और चाँद को जीती हूँ। अपने शहर की सड़कों को, चौराहों को। पैदल पार-पथों को। पेड़ों के झुरमुटों को। चौराहों की बत्तियों को। कतारों को। पुलों

के विस्तारों को। शहर की खूबसूरत इमारतों को। पोस्ट ऑफिस और बैंकों को। रेस्तराँ के अलग-थलग कोनों को। मेजों पर महकती सुगन्ध को। गर्म खाने को। पकवानों को। करीने से लगे गुलदानों को। उनमें इतराते फूलों को। ढाबों पर लहकते चूल्हों को। चमचमाते मँजे हुए पतीलों को। मैं अपने बहाने दूसरों के वक्त को जीती हूँ। दूसरों के लिए अपने वक्त को जीती हूँ। मेरे पास एक अपना बनाया हुआ पुल है। जब चाहूँ उसके आर-पार हो आऊँ। वही मुझे दूसरों की बस्तियों और वहाँ रहनेवाली हस्तियों से जोड़ता है। मैं वहाँ पहुँचना पसन्द करती हूँ जहाँ हवा खुली और दिल की किवाड़ियाँ बन्द न हों। खुली हवा, खुला दिल और धूप हो। सीलन नहीं। पेशेवर मुसाहिब नहीं कि हाँ में हाँ और न में न। मुझे मेरे 'मैं' से लगाव है, पर दूसरों की कीमत पर नहीं। मुझे दूसरों का 'अहम्' स्वीकार है, पर मेरी अपनी कीमत पर नहीं।

मेरे परिचित ज्यादा हैं और दोस्त कम। अपनी सोहबत में मैं कभी ऊबती नहीं। रातों में मैं ज्यादा चुस्त-दुरुस्त होती हूँ। दिन से कहीं ज्यादा ऊर्जा समेटती हूँ। सोच-विचार में दिन से बिलकुल अलग! रात का रहस्यमय शोर—हल्की-धीमी आवाजों का मौन एकान्त। उन्हीं में से उभरते चले आते हैं शब्दों के राग, लय, ताल और अर्थ। जो जीती हूँ, वही लिखती हूँ।

कार्यकारी लेखक की इस साधारणता को असाधारण करता शब्द-संस्कृति का कड़ा अनुशासन उसके अन्दर-बाहर को घेर लेता है।

पिछली शती के लम्बे आख्यान को जिया है। गाँव की खुरदरी हरियाली को, लहरों की लय को, चनाब के पानियों में जी भर-भरकर डुबकियाँ लगाई हैं। कपास की डोडियाँ बीनी हैं। घुड़सवारी की है। पटकनियाँ खाई हैं। चर्खा काता है। लिपाई की है। गुजरात के ऐतिहासिक शहर में पुरानी हवेली को नीचे गिरते देखा है। ड्योढ़ियाँ, पसार, तहखाने और लकड़ी का विशाल कीलों वाला फाटक।

तहखानों में पुरानी तलवारें, साँप और कभी-कभार मिल जानेवाले हरीसिंगे सिक्के। और तहखानों का उजाड़, कबाड़, तलवारों के टुकड़े कुश्ते मारने के काम आते। उघड़ती शती ने हमारे बचपन में विभिन्न रंगों की झिलमिली दिखा दी।

पहले कलकत्ता फिर छह महीने नई दिल्ली और शिमला। बिलकुल लीक पर चलनेवाला उन दिनों का मध्य वर्ग। न कुछ ज्यादा, न कम लेकिन राजधानी का पूरा ठस्सा।

गिरधर! अगर आप राजधानी की बारीक स्थानीयता को जी चुके हैं तो बहुत कुछ गैरजरूरी से निपट चुके हैं और चौकन्नी चौकसी में भी अपने में मस्त हैं। स्थितियों और दूसरों में न कुछ ज्यादा पढ़ना और न खोज-खबर का नित नया जाल बुनना।

लेखक अगर इसे अपना पेशा बना ले और लेखकीय अन्तर्दृष्टियों से इस तालीम को भुना ले तो उसकी रचनात्मकता की पट्टी पर लगातार एक परछाईं, एक साया सटा रहेगा। बेशक यह पेचीदा समय है। मगर राजनीति के बरक्स शब्द संस्कृति अपनी पहचान बनाए रखती है! और विचारक लेखक वर्ग ऐसी उम्मीद करता है कि यह पहचान बनी रहेगी।

जिस जोखिम, खतरों और चुनौतियों से आज का लेखक और लेखन दोनों घिरे हैं, उनमें हर कलम को अपने को याद दिलाते चले जाना बहुत जरूरी है कि लेखक से बड़ा लेखन है और लेखन से भी बड़े वे मूल्य हैं, जिन्हें जिन्दा रखने के लिए इनसान बराबर संघर्ष करता आया है, बड़ी-से-बड़ी कीमत चुकाता आया है।

लेखक व्यक्ति की, समाज की, देश और काल की आहटों को, टकराहटों को सुनता है, उनकी तलाश करता है, जायजा लेता है और सृजन के स्तर पर उन्हें अपनी रचना में अंकित करता है, परिभाषित करता है। देश-काल की स्थितियों की, तल्खियों को अपने में जज्ब करके पन्नों पर उतारने में सफल भी होता है।

लेखक सिर्फ अपनी निज की लड़ाई, न केवल अपने दुख-दर्द, हर्ष-विषाद का ही लेखा-जोखा पेश करता है, वह उन सबको खोजता है, जो संघर्ष करते हैं, झेलते हैं और अनाम ही बीत जाते हैं।

लेखन मात्र, लिखना नहीं; जीना है, भिड़ना है, सामना करना है, उगते चले जाना है। लेखक को उगना होता है हर समय, हर मौसम और हर स्थिति में अलग-अलग पीढ़ियों के साथ। नजदीक और दूर होते रिश्तों के साथ। इतिहास के फैसलों और फासलों के साथ, जिन्दगी के व्यापक सरोकारों के साथ।

लेखक का रचना-धर्म और कर्म दोनों ही अन्दर और बाहर के, व्यक्ति और समाज के, सत्ता और व्यवस्था के तनावों, दबावों से ही समय के संकेत लेते हैं, समय को संकेत देते हैं।

चिन्तन साहित्य की आत्मा है, तो भाषा उसकी देह। भाषा की जड़ों को हरा करनेवाला रसायन, जो किसी भी भाषा को जिन्दा रखता है, जिन्दा करता चला जाता है, उसका स्रोत हमारा लोकमानस है। लोकभाषाएँ, बोलियाँ अपनी ताकत धरती से खींचती हैं। इतिहास भी इसी लोकमानस की भागीरथी के साथ-साथ बहता है और अपने सांस्कृतिक पुख्तापन में समय को अर्पित होता चला जाता है।

रचनाकार का एकान्त उसका चिन्तन है। उसका चिन्तन उसकी सोच है, जो गहरे में उसकी मानसिकता से जुड़ी है। उसमें खूबी है। उसकी मानसिकता, उसके परिवेश, वर्ग और मूल्यों में भी रची-बसी है। वही लगातार उसकी कलात्मक रुचि और आन्तरिक सँवरन को सींचती चली जाती है।

रचना आँखों के सामने, अपने आसपास घट रहे का मात्र ब्योरा नहीं। रचना घुली-मिली अभिव्यक्ति है मानवीय अन्तर्मन की और बाहर फैले यथार्थ की। लोकतत्त्वों की।

राष्ट्रीय स्वाधीनता और लोकतांत्रिक समाज की रचना के लिए आप की पीढ़ी के लेखकों ने बहुत संघर्ष किया है और अब भी कर रहे हैं। लेकिन पिछले बीसेक बरसों से राजनीतिक और बौद्धिक माहौल कुछ ऐसा बनाया जा रहा है कि हम अपनी असली विरासत को भूल जाएँ! अपने तमाम बलिदानी पुरोधाओं की बुनियादी चिन्ताओं को भूल जाएँ! और अपनी पीढ़ियों की रही-सही लोकतांत्रिक निष्ठाओं को भी जड़ से उखाड़ फेंकें!

आज मैं अपनी पुरानी पीढ़ी के गुजरे हुए वक्त को साफ-शफ़्फ़ाफ़ निगाह से देख रही हूँ, बीते हुए अतीत की तरह भी। स्वाधीन राष्ट्र की पौध के रूप में उन विकासशील परिवर्तनों की ओर भी जो किसी भी समाज में लोकतांत्रिक मूल्यों के रूप में प्रवाहित होते हैं और एक पुख्ता, सेहतमन्द नागरिक समाज को प्रतिष्ठित करते हैं। ऐसा इसलिए कर सकी क्योंकि उम्र की लम्बी अवधि मुझे मिली। लम्बे समय के बीच उभरे परिवर्तनों को देखा है—गहरे विश्वास के साथ कह सकती हूँ कि हमारी युवा पीढ़ी संविधान द्वारा दिए गए राजनीतिक विवेक और सन्तुलन से राष्ट्रव्यापी लोकतांत्रिक संस्कार के विरुद्ध नहीं है। इसके हक में है, क्योंकि वह अपनी महत्त्वाकांक्षाओं को संवैधानिक कार्यशीलता, अपने कर्तव्यों और अधिकारों से जोड़ती है। आज के भूमंडलीय समय में युवा पीढ़ी अपनी साहित्यिक सोच में इतनी खुली है कि नए परिवर्तनों को सहज स्वीकार कर लेती है। साम्प्रदायिकता, तानाशाही, धार्मिक विद्वेष को वह आसानी से स्वीकार नहीं करेगी।

गिरधर एमरजेंसी में आप अपने लेखकीय विश्वासों के कारण एक बरस से ज्यादा कारावास में रहे हैं। सत्तातंत्र में लेखक की सैद्धान्तिक संहिता क्या सचमुच इतनी शक्तिमान या खतरनाक हो सकती है कि उसे इतना गम्भीर कदम उठाना पड़े। आप जैसे सुलझे लेखक को, जो मात्र विचारधाराओं के साथ ही नहीं चलता—विवेक से, गहरी आँख से स्थितियों को देखता है—जो वह अपने में, अपनी सोच के साथ एक बड़े जन-मन को भी देखता है, उसके लिए जेल में रहकर भी अपने को प्रताड़ित नहीं समझता। कौन नहीं जानता कि प्रतिक्रियावादी राजनीतिक शक्तियाँ अपनी सुरक्षा हेतु इसे अपनी विरासत का अंग समझती हैं। अगर जनता जन-मन से सहमत नहीं तो उसे किसी आन्दोलन का प्रारूप समझना भी सही नहीं, विशेषकर लोकतंत्र में। आप असहमति रख सकते हैं—सामाजिक मुद्दों को उलट-पलटकर देख सकते हैं। विचार की शक्ति लाठीचार्ज या मार-पीट से हमेशा के लिए दुबकती, मरती नहीं—दुनिया विचार से बदलती रही है। अब विचार के, सम्प्रेषणीयता के

साधन भूमंडलीय बाजार की गिरफ्त में हैं।

एमरजेंसी में आप जैसे सुलझे हुए लेखकों का बड़ा बौद्धिक समूह, इसका विरोध करने के लिए कारावास में रहा। अगर मानवीय मूल्यों में इतनी आस्था नहीं हो तो कोई बुद्धिजीवी मुँह मुलाहजे के लिए ऐसे कदम नहीं उठाता। सत्तातंत्र की शक्ति लोकतंत्र में भी कम नहीं। मगर राष्ट्र का बुद्धिजीवी वर्ग इसका सामना कर सकने की सामर्थ्य रखता है। उसके पास तमाम बाहर की आर्थिक विषमताओं के बावजूद ऐसी शक्ति है जो ऐसी स्थितियों, परिस्थितियों को चौकसी से देखती है और जन-मन को सावधान करती है। चेतावनी देती है। हमें याद रहता है—इसलिए कि यह हमारे अस्तित्व के लिए, मानसिक पर्यावरण के लिए एक मूल्यवान धरोहर है जिसे लेखक संसार का हर रचनाकार जानता है। जब वह इससे पदच्युत होता है, वह इसकी असलियत की कीमत जानता है जो लेखक के रूप में हमने अदा की है।

राष्ट्र की बौद्धिक बिरादरी के लिए लोकतंत्र को लगातार विज्ञापनों में दोहराते चले जाने से राष्ट्रीय लोकतंत्र की प्रणाली अपने सत्य स्वरूप में उद्घाटित नहीं होती। भारत का नागरिक समाज आज इतना अनजान नहीं कि वह सत्तातंत्र के कार्य-कलापों से अनभिज्ञ हो, शक्ति गलियारों द्वारा चालित सन्दूकची और बन्दूकची के खेलों से वाकिफ न हो।

लगता है कि हम परस्पर प्रेम पर आधारित 'राष्ट्रप्रेम' और घृणा पर आधारित 'राष्ट्रवाद' का फर्क भूलते जा रहे हैं। शायद पूरी दुनिया में?

गिरधर, आप जिस ओर संकेत कर रहे हैं, उसे गम्भीरता से लेना हम सबके लिए एक चुनौती है। विश्व-भर की सीमाओं में एक दूसरे से लगे आपसी विरोध, नीतियों और क्रूर विषमताओं के चलते, दो महायुद्धों के विनाशकारी परिणामस्वरूप कंकालों के ढेर देखे—मृत्यु का भयावह खेल—तो बचे-खुचे मानवीय विवेक ने इनसानी परिवार की सुरक्षा हेतु साझेपन की ओर कदम बढ़ाया। राष्ट्रव्यापी आपसी सहमति से विश्व-परिवार की सुरक्षा हेतु संयुक्त राष्ट्रकुल के निर्माण का निर्णय लिया। छोटे-बड़े देशों की सम्प्रभुत्तापूर्ण शक्तियाँ—कुछ एक दूसरे पर निर्भर—कुछ अपने-अपने इतिहास-भूगोल की संगतियों और धार्मिक विश्वासों से जुड़ी-बँधी—कुछ बड़ी शक्तिशाली देशों की सहयोगी हो उनकी छाँह में पनप रही हैं। सभी छोटे-बड़े देशों की नागरिक व्यवस्था अपने-अपने सत्तातंत्र द्वारा उन्हें दिए गए अधिकार और कर्तव्य को लेकर सजग हैं। कुछ देशों ने नागरिक आतंक के अमानवीय को भी राजशक्ति का व्यवसाय बना रखा है।

प्रश्न मात्र धर्म सम्प्रदाय का नहीं। भारत देश मात्र प्रशासनीय व्यवस्था और सत्ता के

तंत्र में बुना कोई बड़ी आबादी का सर्कस नहीं है।

नागरिक संस्कृति लोकतांत्रिक आकांक्षाओं और सम्भावनाओं की अपनी अधिकार संहिता है जो अपनी संवैधानिक चौखट से न्याय की माँग कर सकती है। चुनौती दे सकती है।

हमारे राजनीतिक दलों को इतना तो समझ ही जाना चाहिए कि उन द्वारा प्रचारित और प्रसारित धाँधली के खेल नागरिक समाज की आँखों को शीशे की तरह साफ नजर आते हैं। भूमंडलीकरण के असाधारण दौर में हमारी शब्द-संस्कृति का पेचीदा स्वरूप भी लोकतंत्र के 'लोक' और प्रबुद्धों के द्वन्द्वात्मक दोहरावों की बारीकियों से उलझा हुआ है। हमारी बौद्धिक बिरादरी मात्र अपने अन्तर के एकान्त में ही विस्मृत नहीं। वह समय की क्रूरता और विषमताओं को पहचानने की अन्तर्दृष्टि रखती है, शब्द में संयोजित अपने-अपने पाठ से अपने और समाज में समझ जुटाती है। आतंक और घृणा को अगर आप अलग-अलग सांस्कृतिक खाँचों में डाल कर व्यवस्था की शक्तियों की मदद से, किसी कल्याणकारी विकास योजना की तरह जनमानस में प्रवाहित करते हैं तो आप बाबरी मस्जिद का विध्वंस करने जैसे तथाकथित ऐतिहासिक दृश्य प्रस्तुत करते हैं।

ऐसे रास्ते से निर्णायक नतीजों पर पहुँचने से पहले इतना तो जानना-पड़तालना जरूरी है कि इस तरह के हादसों से आप देश की राष्ट्रीय चेतना को जख्मी करने जा रहे हैं।

मध्यकालीन रूढ़िवादी सोच की ओर उन्मुख होना और नई लोकतांत्रिक शक्तियों को पीठ दिखाना किसी पुराने अभ्यास की पुनरावृत्ति लगती है।

आपने ब्रिटिश गुलामी की घुटन देखी है। मेरे जैसे लोगों ने 1975-77 के बीच, आपातकाल घोषित होने से पहले ही बेहद घुटन महसूस की थी। कुछ वैसा ही माहौल आज है। साहित्य, चित्रकला, फिल्म, परिसंवाद, वाद-विवाद, नाटक...किसी भी क्षेत्र में जैसे बोलने-सोचने की आजादी पर नए-नए अंकुश लग रहे हैं। साहित्य और कला और बौद्धिक जाति के सैकड़ों लोगों ने बेशक तेज आवाज उठाई थी—मसलन, सैकड़ों पुरस्कार वापस किए गए थे...क्या कोई सत्ता अपने को लोकतांत्रिक कहती रह सकती है—मत-भिन्नता और अभिव्यति के अधिकार को कुचलते हुए...

साहित्य और साहित्यकारों को लेकर यह सोचना कि लेखक समाज खेमेबाजी और विविध विचारधाराओं की प्रतिद्वन्द्विता में लिप्त है—राजनीतिक दल साहित्य और साहित्यकारों को कुछ ऐसी संकीर्णता से देखता है मानो वह उनकी प्रभावी भावधारा के लिए कोई बड़ा खतरा, उनकी तथाकथित विचारधारा के लिए कोई संकट हो।

लेखक की वैचारिक क्षमता अपनी अभिव्यक्ति में, दिल-दिमाग में, अपनी सोच, विश्वास और आस्था के बिना ही पंक्तियाँ नहीं जोड़ती।

शब्द-संस्कृति की सृजनात्मक गम्भीरता को संकीर्णता का पर्याय समझना कितना हास्यास्पद है और लेखक बिरादरी उस फासीवाद से अपने को दूर रखकर अपनी सुरक्षा मानवीय मूल्यों के हवाले नहीं करती, उसका सामना करती है। राजनीतिक शक्तियाँ अगर लेखक समाज से नारेबाजी की अपेक्षा करती हैं तो वह उस सही रास्ते पर नहीं जो सत्तातंत्र का दायाँ हाथ होता है। तमाम विषमताओं के बीच लेखक अपने पाठकों और आलोचकों द्वारा पहचान लिया जाना चाहता है। विचारधाराओं के सैद्धान्तिक मूल्यों में विश्वास रखना या उनसे दूर रहना यह भारत जैसे वैचारिक लोकतंत्र की कर्त्तव्यशील समृद्धि का सूचक है। नागरिक समाज के सभी वर्ग यह जानते हैं कि इससे उभरने के रास्ते उन विचारधाराओं की सैद्धान्तिक हठधर्मिता में नहीं होते।

गिरधर मैं याद कर रही हूँ कलबुर्गी, पंसारे और डाभोलकर को, उनकी हत्या किसी भी लोकतांत्रिक राष्ट्र के लिए शर्मनाक है। हम सत्तातंत्र की बात नहीं कर रहे—यह लोकतंत्र पर काला चिह्न है। हम किस संस्कारी संस्कृति की स्थापना करना चाह रहे हैं जो लेखकों को प्रबुद्ध होने की सजा दे।

हम गहरे सन्ताप से अनन्तमूर्ति साहिब को याद कर रहे हैं। साहित्य अकादमी भारत के विशाल देश की प्रखर वैचारिकता का प्रतीक है। गिरधर आप जानते ही हैं कि मैं किस ओर संकेत कर रही हूँ। क्या आपके साहित्यिक अस्तित्व को, किसी दबाव को पिचकाया जा रहा था। क्यों और कैसे ?

क्या सचमुच इसलिए कि समग्र भारत के प्रबुद्धों की समूची सोच को आप बदल लें। उसे निस्तेज करें, उस बौद्धिक अस्मिता की निधि को जो भारतीय मन का स्वाभाविक गुण है। वह शब्द जिसे असहमति कहते हैं।

अगर भारतीय स्वभाव की मुख्यधाराओं का यह शब्द अपनी-अपनी निजता के साथ प्रवाहित न होता तो हिन्दू धर्म एक होता। हम सब जानते हैं कि हिन्दुत्व के कितने आकार-प्रकार, रंग-रूप हैं।

हिन्दुत्व का इतनी धाराओं में बहना वैचारिक अन्तर्विरोध नहीं—अपनी-अपनी दृष्टि की वह निजता थी, जिसके लिए भारत देश जाना जाता है। हम ऐसा क्यों कर रहे हैं ? हम मनमाने ढंग से बीते हुए समय की, इतिहास और भूगोल की मनमानी छवियाँ क्यों पकड़ना चाहते हैं।

मौलिक साहित्य की विविध प्रस्तुतियों का उद्‌देश्य न तो पाठकों को उपदेश देना है, न किसी नियमावली से आदेश देना। कथा-कहानी, कविता-कहानी को पढ़कर

पाठक जो कुछ पाठ की पंक्तियों से अपनी समझ के मुताबिक अपने में खींच सके, अपने संवेदनीय स्रोत में जोड़ सके, वही उसे वैचारिक स्तर पर उसकी आन्तरिक अभिव्यक्ति की प्रस्तुति की प्रेरणा देता है। वह उसे नागरिक समूह की पक्षधरता को समझने-बूझने की सामर्थ्य देता है।

राजनीति के वैचारिक संगठन साम्राज्यवाद, फासीवाद, सम्प्रदायवाद, धार्मिक विरोध-तंत्र से जुड़ी हिंसक, क्रूर प्रवृत्तियों का नैरेटिव पाठक दूर से पहचानता है। रचनाकार कितना भी छोटा हो, नया हो वह किसी भी संगठन की मुख्य अवधारणाओं और कथ्य को पहचानने की सैद्धान्तिकता को जानने की तौफीक रखता है।

आज की तारीख में किसी भी विचारधारी दल का एक दूसरे के प्रति घृणा फैलाना लोकतांत्रिक मूल्यों के खिलाफ है। विभिन्न वैचारिक विचारधारी संस्थानों का अपनी-अपनी तर्क मर्यादा में दूसरों का खयाल रखना भी राजनीति को परिपक्वता देता है; अपने सामाजिक, राजनीतिक मूल्यों को प्रमाणित करता है।

आज के नए युग में विकसित हो रही मानवीय जीवन की नई इबारत क्या पिछले समयों से अलग नहीं? तकनोलॉजी ने, विश्व-विचार ने जो विस्तार किया है, क्या हम नई संस्कृति, संस्कार की प्रतिच्छाया उसमें नहीं देख रहे? देशों के सत्तातंत्र और नागरिक समाज की प्रतिछवियाँ हमारे सामने खुल रही हैं। जिस भारत देश में वेदों जैसे महान ग्रन्थ लिखे गए हों, वहाँ भी विचार क्रान्ति के पैमाने बदल रहे हैं। वैचारिक धारणाएँ विस्तृत हो रही हैं।

विचार की विकास प्रकियाएँ बदल रही हैं। बदलती रहती हैं। इनकी टकराहट से ही किसी न किसी रूप में क्रान्ति होती है। हम विभिन्न नामों से उन्हें विभिन्न खाँचों में स्थित करें—किसी भी नाम से पुकारें, देश का नागरिक समाज उसके दाएँ-बाएँ खड़ा होता है। नागरिक समाज की धड़कन उसे प्रमाणित करती है। जोर-जबर से प्रजाओं को सुझाना, दबाना तानाशाही का हुकूमती धन्धा बनता है।

समूचे राष्ट्र के बौद्धिक संस्थान साहित्य अकादमी ने इधर के वर्षों में कुछ ऐसा किया जो दशकों-दशकों तक भारतीय लेखक वर्ग को याद दिलाता रहेगा कि तंत्र की तनातनी और बुद्धिजीवी समाज को अपनी राजनीतिक नारेबाजी के लिए इस्तेमाल करना दरअसल लोकतांत्रिक मूल्यों को जख्मी करनेवाला है। खासतौर पर दारूखोरा जैसे शब्दों का इस्तेमाल करके लेखकीय अस्मिता और समाज में तनातनी का माहौल पैदा करना और वैचारिक संस्कृति को खंडित करने की मुद्राएँ प्रसारित करना है। नहीं तो अपने राष्ट्रीय बौद्धिक समाज का अपमान करना कहाँ तक उचितहै?

स्वतंत्रता प्राप्ति के बाद भारत की बौद्धिक वैचारिकता को गूँथने के लिए साहित्य

अकादमी का निर्माण हुआ।

इस संस्थान की सांस्कृतिक सम्भावनाओं, आत्मविश्वास, संवेदनात्मकता से बौद्धिक उत्थान में सहयोग मिला। बौद्धिक उत्तेजनाओं और राष्ट्रीय उत्थान को बल मिला। वैचारिक और भावनात्मक स्तर पर साहित्य अकादमी ने राष्ट्र की लोकतांत्रिक वैचारिकता को एक-दूसरे से जोड़ दिया। दशकों के बाद साहित्य अकादमी ने सत्तातंत्र के निर्देश पर ऐसा किया जो उसके अस्तित्व को अपमानित करता है।

लेखक का 'मन्तव्य' आधुनिकोत्तर आलोचना में कोई विशेष महत्त्व नहीं रखता। कभी आपको लगता है कि अपनी रचना में आप जो कहना चाहती हैं वह पाठक तक नहीं पहुँचा ? या आप यह अपेक्षा ही नहीं रखतीं; आप पाठक को खुली छूट देना पसन्द करती हैं! वह जो चाहे ग्रहण करे!

गिरधर, मैं अपने को साधारण का ही विशेष समझती हूँ। और यह भी कहूँ कि उस दौरान जब लिख रही होती हूँ तो दोनों ओर से साधारण और विशेष पर आँख रखती हूँ। सच यह भी कि मध्यवर्ग की जैसी भी जीवन शैली रही उसने दोनों सामाजिक छोरों को चौकस रखा।

आखिर लेखक का रचनात्मक अनुशासन और धन्धा इतना ही कि अपने को दूसरों में देखे और दूसरों को अपने में। इन्हीं दोनों के ऐन बीचोबीच वक्त-बेवक्त बेमेल टुकड़ों का तारतम्य कभी किसी फन्तासी की तरह और कभी यथार्थ की झलक लिये लेखक के सामने आन खड़ा होता है। इसकी संज्ञा लेखकीय स्वभाव से जुड़ी-बँधी होती है। उस गुथीली बन्दिश से भी जिसे इनसान की मानव किस्म कहते हैं—वंशावली।

इस अनुशासन से जुड़ा हर छोटा-बड़ा लेखक सजग-सतर्क होकर अपने से इतना भर चाहता है कि उसका पाठक और आलोचक उसके पाठ की रचनात्मक ऊर्जा को महसूस करें। मानवीय अस्तित्व के भूगोल, इतिहास के दोनों छोरों को कुछ ऐसे देखे कि यही रचना का आरम्भ है और वही उसका अन्त भी। लेखक के निकट न आरम्भ ही शुरुआत है और न ही अन्त। यह दोनों शायद वहाँ मिलते हैं जहाँ किसी महाकाव्य की अन्तिम पंक्ति लिखी जाती है। यही इस लोक की परिक्रमा है और यही इसकी मुखामुखी। मेरे निकट यही वह परम है जिसे हम अनुभव करते हैं।

आखिर लेखक अपने तईं इतना भर ही तो करता है। आन्तरिक वैचारिक ध्वनि संसार को आत्मीयता से सहेजता-समेटता है, फिर उसे ही अपनी सीमाओं में अव्यक्त और अमूर्त को व्यक्त करता है।

रचना लेखक के हाथ का खिलौना नहीं। रचना की अपनी धूपघड़ी होती है। पहली पंक्ति लेखक और कथ्य के लिए दूरगामी परिणाम लिये रहती है। लेखक उन सब सम्भावनाओं से अनजान होता है जो कहानी या उपन्यास में से खुद-ब-खुद उभरते हैं।

अपनी बात करने की इजाजत दें तो कहूँगी कि पन्ने पर पहली पंक्ति लिखते ही लेखकीय रचनात्मक सत्ता दो भागों में बँट जाती है। अब लेखक मनमानी नहीं कर सकता।

वह दूसरे की जमीन पर पाँव रखे है। वह अपना वृत्तान्त प्रस्तुत नहीं कर रहा। वह अब अपने से विलग किसी दूसरे की पहचान करने जा रहा है। अजीब स्थिति है जिसे हमारी बिरादरी का हर लेखक जानता है। जो लिख रहा है, वह लेखक है और जो लिखा जा रहा है वह भी उसी पेशे में माहिर है।

एक आख्यान वह है जिसे लेखक जीता है, दूसरा आख्यान वह है जिसे वह रचता है। लेखक को कभी पहले से तो कभी दूसरे से असन्तोष हो सकता है। कभी-कभी एक साथ दोनों से या किसी से नहीं।

अपने जीवन के आख्यान को आज किस तरह देख रही हैं आप? और, लेखक-रचित आख्यानों का, साहित्य का जनजीवन पर, जनता-जनार्दन पर कैसा असर आँकती हैं?

गिरधर, इन दिनों मैं ऐसा महसूस कर रही हूँ जैसे अपार्टमेंट के वाक-वे पर चल रही हूँ। एक ब्लॉक से दूसरे ब्लॉक की ओर। जाने के लिए पृथ्वी के इस नक्षत्र से किसी दूसरे नक्षत्र की ओर। कुछ ऐसे कहूँ कि इस लोक से उस लोक की ओर—यहाँ से विदा होने के खयाल से कुछ अटपटा भी नहीं लग रहा। शायद इतनी लम्बी जीवन-यात्रा का सन्तोष ही होगा।

इस लोक में जीते हुए अपनी आँखों ने हजारों-हजारों सूर्योदय देखे और हजारों ही सूर्यास्त, त्रिकाल के साँझ-सन्ध्या, सुनहले रंगों के अंकन। ताजी निथरी धूप की संगीन-सुहानी छाँह। आकाश में फैली पड़ी सूर्य की मनभाती गरमाहट। ऋतु मास के अनुरूप तीखी सर्द गरमाहट। फिर वसन्त की फुहार—मन-तन को सरसाती हमारी यह भारत धरती। मेघ-मालाएँ, झम्मा-झम्म पनीली धाराएँ टीलों और मँझली पहाड़ियों को थपथपाती, गुनगुनाती—जिस महाशक्ति ने आँका होगा इस ब्रह्मांड का लैंडस्केप वह कोई साधारण चितेरा न होगा। अब वैज्ञानिक भी छू रहे हैं—इन रहस्यों को।

यह सुहाना लोक है जो इस भारत धरती के हिस्से में आया—उसका महिमागान भला हम क्यों न करें। और जो इनसानी प्रतिभा ने इस धरती के स्रोत में सुविधाएँ

बनाईं, उसके लिए भी क्यों भाव न लें।

साहित्यकार और अगर साहित्य को देखें, तो साहित्य (और साहित्यकार) जनता-जनार्दन के जन-मन का मात्र मनोरंजन ही नहीं करता, वह देश की नागरिक प्रजाओं में सकारात्मक चेतना को स्फूर्ति देता है और सजग करता है। चौकस रखता है। साहित्यकारों का शब्द-संसार और उसका विस्तार प्रकाशित सामग्री में उद्घाटित और प्रसारित होता है। वही राष्ट्र की संवैधानिक अवधारणाओं से नागरिक समाज को जोड़ता है। राजनीति द्वारा नियंत्रित विशाल देश के प्रशासनीय तंत्र को प्रतिध्वनित और प्रतिबिम्बित करता है। देश के सर्वसाधारण व्यक्ति समूह की सामाजिक स्थितियों को रेखांकित करता है।

यहाँ पहुँचकर मैं एक साथ अपने में नया और पुराना महसूस करती हूँ। कुछ ऐसा कि जिसने दशकों फलाँग कर दोनों सदियों के अगले-पिछले मुखड़े इकट्ठे देखे हों, वह लम्बे समय की आहटें ही नहीं—उस राष्ट्रीय कोलाहल, शोर-गुल और उससे जुड़ी भावनात्मक संवेदनशीलता को भी अपने अन्दर सोखता है जो बाद में कहीं न कहीं उसकी पीढ़ी की पहचान बनती है।

यह सोचना सुखद है कि मुझ जैसे पुराने नागरिक ने इस लोक में रहते-रहते बेहिसाब सूर्योदय देखे, सूर्यास्त देखे। दुपहरें, साँझें और रातें। खूब तो सुहाती धूप सेंकी—तलवों में स्पर्श की ओस की तरावट, सुहाती हवाएँ, बरखा की बूँदियाँ, धवल-शुभ्र बर्फबारी, निःशब्द, पतझरी पत्तों के मौन संवाद—फिर सर्दी, फिर गर्मी वह तपिश और बरसात में झम्मा-झम्म पानी।

हर बरस, पिछले बरस, अगले बरस लगा ही नहीं इस सुहाने लोक से कहीं और भी जाना है। कैसे हम भूल जाते हैं इस मुकाम को। वहीं जहाँ हमारी मंजिल तय है।

रहते-रहते समय की सुगन्ध समेटते इतने बड़े जहान के मुखड़े भेंटते—रात-दिन, तिथिवार, सप्ताह, मास, दशक फिर वही बरस-दर-बरस। बरस-दर-बरस चलती तिथियों के साथ लटकती साँसों की लड़ियाँ।

उपन्यासों में आपने बहुत झिझकते हुए कविताएँ भी दी हैं। अधिकांश शैली में उत्कट काव्यात्मकता के अलावा सूरजमुखी तो जैसे पूरे कविता में ही है। अपना कवि-रूप आप छिपाती रही हैं?

धन्यवाद गिरधर! जानती हूँ आप मुझे कुछ कहने के लिए उकसा रहे हैं।

लेखक होने के नाते जिसने तीन साहित्यिक पीढ़ियों की सोहबत की हो, वह अपनी क्षमताओं और सीमाओं के चलते गहरे तक यह भी जानती है कि उसकी

बौद्धिक बिरादरी जिस चेतना को प्रवाहित करती है उसका स्रोत भारतीय विविधता का पर्याय है।

इसी वैचारिकता की सर्जनात्मक विरासत मुझे उनसे जोड़ती है जो मेरे समकालीन हैं। गिरधर अपनी कृतियों और अपने कृतिकार होने की निगरानी करूँ तो मुझे कहना होगा कि जो कुछ भी मैंने अर्जित किया है, वह मेरा निज का ही नहीं—उसकी सम्भावनाओं को पन्नों तक 'लिखित' में पहुँचानेवाले आप जैसे मित्र और सम्पादक समकालीन भी हैं।

गिरधर, अज्ञेय मेरे पहले सम्पादक थे—'प्रतीक' में प्रकाशित 'सिक्का बदल गया' उन्हीं की देन है। विभाजन के बाद लिखी गई इस कहानी में कुछ शब्द पंजाबी के थे, जिन्हें सम्पादकीय अधिकार से बदला नहीं गया था। मुझे कुछ हैरानी हुई, कुछ विश्वास बढ़ा। कहानी को लिखते हुए मुझे लगातार लगता रहा था कि यह शब्द बदल दिए जाएँगे—बार-बार पन्ने पर निरखती रही पर विभाजन जैसे घटित पर वही मुनासिब लगते रहे।

दिलचस्प है कि बरसों-बरसों के बाद यह पंक्तियाँ मेरी आँखों के आगे से गुजरीं। उन्हें पढ़कर विश्वास हो गया कि कवि और कविता गद्यकार से कहीं ज्यादा उत्कृष्ट है और हम गद्य लेखक बिचारे कहानी और उपन्यासों के मारे। बस इतनी ही तुकबन्दी। जी—मुलाहजा हो, अज्ञेय के ये शब्द :

शब्द को ध्वनि से
ध्वनि को शब्द से
शब्द को अर्थ से
अर्थ को सत्य से
सत्य को तथ्य से
तथ्य को अनुभव से
अनुभव को अनुभूतियों से

साहित्य की यह प्रतिष्ठा है जहाँ शब्द का परिवार बसता है।

लद्दाख यात्रा पर आपकी बहुत ही सुन्दर पुस्तक देखने और पढ़ने के बाद, पाठक की अपेक्षाएँ भी बढ़ जाती हैं। क्या ही अच्छा होता कि आपके कथा-साहित्य के भीतर पैठकर अपने देश का इतिहास-भूगोल देखने के साथ-साथ, हम यात्रा-वृत्तान्तों के जरिए भी आपके साथ-साथ देश-विदेश की सैर कर पाते ?

गिरधर! मुझे सैलानी स्वभाव मिला है मगर घूमने की सहूलियतें कुछ कम रहीं। मैं

इससे कभी परेशान नहीं हुई। टोली, पहाड़ों की थपथपाती, गुनगनाती हवाएँ, सागर में एक दूसरों को छेड़ती, थपथपाती लहरें, अँधियारे में झम्म-झम्माते पेड़ों की कतारें। इस मंडल को सजाए हुए ऊँचाइयाँ, गहराइयाँ, भूरे पहाड़ों पर बिछी बर्फीली चद्दरें—धूप में पिघलती पानी की धाराएँ—मैं इन सबको अपने जीवन का सबसे बड़ा उपहार मानती हूँ कि इन्हें देख सकी। क्या कंचनजंघा और क्या हिमालय!

दार्जिलिंग को याद कर रही हूँ। आकाश मंडल को सजाए हुए ऊँचाइयाँ, गहराइयाँ, आकाश छूते पर्वत-पहाड़ धवल बर्फीले, धूप में उजराते। भूरे हरियाते पहाड़ों पर बिछी बर्फीली रुई की चादरें। सूरज की दुपहरिया। ताप से उनमें से पिघलती नीली धाराएँ दिख रही हैं। आँखों में दार्जिलिंग की हरित में से फूटते चाँदी के पगले झोरे। सूरज से दमकते पनीले बाके। हवाओं में उछलते-कूदते। वह रही हिमालय महाराज की दुल्हनियाँ—कंचनजंघा। रूठकर लेटी है सिर पर चाँदी के चौक फूल पहने। रात-भर हिमालय के उजरे प्रकाश की प्रतीक्षा में। हिमालय ठीक भोर से पहले अम्बर में अपनी खिड़की खोलेंगे। कंचनजंघा को लाड़ से देखेंगे। चमकती रहो कंचनी। मेरी ओर से तुम्हारे लिए सदा के लिए शुभकामनाएँ। अँधेरे में उगते भोर से पहले देखना मेरी पूर्व दिशा में! यही इतना ही खेल है दिन-रात की आँख मिचौनी का। यह रहा दिन और वह रही रात।

हमें जो यह सुहाना लोक बरकत में मिला है—उसका महिमा-गान भला हम क्यों न करें? और जो हमने इस नक्षत्र पर अपने लिए सुविधाएँ जुटाई हैं भला उनको लेकर भी क्यों हुलसित न हों।

गिरधर पहाड़ों की बात करते-करते मैं शिमला जा पहुँचती हूँ। बचपन की खूँटी वहीं बँधी है। आँखों के आगे खुलने लगती हैं—चढ़ाइयाँ, उतराइयाँ, वह लम्बी झम्मझमाती माल और पहाड़ों की छाँव में खड़ा गिरजाघर। समय-समय पर बजती हैं गिरजाघर की घंटियाँ जो चौकस और चौकन्ना हो जाने को उकसाती थीं।

दिल-दिमाग पर दूर से दीखती पहाड़ की ऊँचाई। गिरजाघर हिमाचल की शान है। बचपन में सुनी यह घंटियाँ कभी-कभी अब भी सुनना चाहती हूँ।

निर्मल की पंक्तियाँ आँखों में घूम रही हैं—निर्मल, रामकुमार ने जो हिमाचल की धरती से लिया और दिया वह सचमुच अपूर्व बना।

हम बच्चे उन दिनों चुपके-चुपके दोहराया करते थे—

अप-अप है
गांधी सच्चा
डाउन-डाउन है
टोडी बच्चा।

कविता की अपेक्षा गद्य-लेखन में शारीरिक श्रम भी कुछ अधिक लगता है। पाठक के रूप में जिज्ञासा होती है कि आप अपनी कृतियाँ एक ही बार में लिख लेती हैं, या...

मैं अगर किसी रचना पर हूँ तो तीन ड्राफ्ट लाजमी हैं।

पहले, ड्राफ्ट को रचना का अपना मूल समझकर उसको गम्भीरता से लेती हूँ।

दूसरे में, जरा लापरवाही बरतती हूँ ताकि मेरा दिल-दिमाग बदगुमानियाँ न करने लगे।

तीसरा, कुछ ऐसा कि रचना के सन्दर्भ में हलीमी बदस्तूर रहे।

एक दिलचस्प बात आपसे बाँटूँगी।

रचना पूरी हो जाने पर मैं उसे जरूर सस्वर पढ़ती हूँ। किसी पंक्ति में कोई झोल हो तो वह ठीक किया जा सकता है।

'जिन्दगीनामा' को लेकर एक दिलचस्प तीर-तुक्का—

उपन्यास खत्म हुआ। एक ही बैठक में पूरा पढ़ा। पढ़कर मेज पर ही रहने दिया। उस पर दो-चार बड़ी किताबें—न तो जल्दी मैं इसे देखूँ और न ही इसे भूलूँ। हफ्ता गुजर गया।

सुबह सोकर उठी तो एक खयाल कौंधा कि खेत बेटों में बँटते हैं—बेटियों को अकसर नहीं दिए जाते।

कानूनन फारखती बेटे को दी जा सकती है—उसके हक से उसे बाहर रखा जा सकता है, मगर पौत्र को नहीं।

अपने को समझाया—खबरदार, अब उस लिखित की ओर मत देखो—

पछताओगी—

गिरधर अगली रात मेज पर बैठी तो मैंने बिना किसी झिझक के वह टुकड़ा लिखा—जो गाँव के बड़े लाला बच्चों को सुना रहे हैं—

हर पुत्र अपने पिता का अवतार होता है।

> याद रखो अवतार वह जिसके दो हाथ हैं
> अवतार वह जिसके दो पाँव हैं
> अवतार वह जिसका मुँह, माथा है।
> धड़ है-आगा है-पीछा हैं
> मेरे बच्चो अवतार वह

जो हल से धरती जोत कर
पानी से सींचता है
तृप्त करता है, बीज बोता है
फसलें उगाता है।

गिरधर, हम सभी जानते हैं कि उपन्यास कहानी के मुकाबले में काव्य-पंक्तियों की उजास कुछ और ही होती है। गहरी तरल और आन्तरिक को स्पन्दित करनेवाली।

हाल ही में कवि महाराज कृष्ण सन्तोषी के काव्य-संग्रह में मेरी नजर पड़ी इन शब्दों पर—'आत्मा की निगरानी।' गिरधर आप गहरे तक कविता से जुड़े हैं—मेरी बात से सहमत होंगे। दरअसल आज के वैज्ञानिक भूमंडलीय युग में भाषा मात्र साहित्यिक विधाओं से अलग और आगे संवाद, विवाद, विमर्श और शक्तिशाली सत्तातंत्र के सम्प्रेषण की भी वाहक है। भाषायी भंगिमाएँ विश्वव्यापी विज्ञापन की मुद्राओं से भी जुड़ी हैं। आज विज्ञापन मात्र प्रवाहित होनेवाला बिकाऊ साधन नहीं वह विभिन्न देशों की सीमाओं की ओर एक दूसरे को आतंकित करनेवाला बेजोड़ हथियार भी है।

देखा गया है कि लिखने के लिए लेखकों को कुछ खास ढंग का माहौल चाहिए, कुछ खास किस्म की कलम या टाइपराइटर या कम्प्यूटर...। 'हशमत' और कृष्णा सोबती की शैलियाँ...

इन दिनों स्टडी की हालत तो भला आपसे क्या बयान करें। कागज बिखरे हैं, मेज पर। एक ढूँढ़ो तो दूसरा गायब, चलो दो-चार बार और देख लो। अगर नहीं तो साहिब मेज पर पूरा गदर मचा है। उसे अनदेखा कर दुबारा फिर वही पंक्तियाँ जोड़ती। खोजने में वक्त क्यों बर्बाद किया जाए। सो नया पन्ना शुरू। फिर किसी दिन मेज को तरतीब देने की कोशिश में एक-एक करके सभी दीखने लगते हैं।

अब मेज़ पर पेपरवेट गायब है। पार्कर, शैफर कब से रिटायर हो चुके हैं। हाँ एक बात हमेशा याद रखती हूँ कि मेरा पहला पैन शैफर था जो मुझे मेरे जन्मदिन पर मिला था और उसी से मैंने 'सिक्का बदल गया' लिखी थी। वह कहानी प्रतीक में छपी थी और प्रतीक के सम्पादक अज्ञेय जी थे। साहित्यिक संयोग ही समझिए कि मेरे जन्मदिन पर उस शाम वात्स्यायन जी, भगवतीचरण वर्मा, बालकृष्ण 'नवीन' जी और बम्बई के मोतीलाल जी थे। उन दिनों नवीन जी अतुल ग्रोव के टेलीग्राफ लेन के बँगले में रहते थे जहाँ से कैनिंग लेन खत्म होती थी। इसी के ठीक सामने पुरुषोत्तमदास टंडन रहते थे। साथ की कोठी में श्री अचिन्तराम। बाद में नवीन जी को 5, विंडसर प्लेस एलॉट हो गया जहाँ अब वुमन प्रेस क्लब है।

लेकिन गिरधर, मेज और कागजों के दरमियान बहती लिखावट और पंक्तियों की लय अपने पुरानेपन में से भी कुछ नई टेढ़ी-मेढ़ी रेखाएँ निकालती रहती है। कभी लिखने में शैफर और पार्कर इस्तेमाल करती थी। अब खासी मोटी नोक वाली पैंसिलें।

कम्प्यूटर पर कुछ दिन हाथ फिराया। दिलचस्प है अपने पुरानेपन के ग्राफ पर नजर रखना भी। मेरी आज की लिखावट का तो पूछिए ही नहीं। 36 पाइंट्स से भी बड़ी। पुरानी पांडुलिपि देखने से यकीन नहीं होता कि यह मैं ही हूँ। समय के साथ-साथ लिखित की बारीकी पीछे छूटती रही है।

सम्पादक और आलोचक की हैसियत से गिरधर यह तो आप बताएँ कि ऐसा थुलथुला विकास लेखक की सोच पर तो नहीं चढ़ गया! हाँ एक और बेकार आदत। उपन्यास-कहानी बारीक अक्षरों में और 'हशमत' के टुकड़े खासी बड़ी लिखावट में। हमशत को लेकर इतना तो जरूर कहना चाहूती हूँ कि यह पुरुषोचित बनने की लालसा नहीं—एक 'अनुशासन' भर है।

आपने आग्नेश्का जी का ज़िक्र किया था। पोलैंड से आकर भारत में उन्होंने कई दशक पहले मुक्तिबोध पर विशेष रूप से लिखा था...

संयोग ही समझिए कि बरसों-बरसों के बाद विदुषी आग्नेश्का से भेंट हुई। हम लोग आज के उजाले-अँधेरों की बात करने लगे। बातचीत में कुछ ही विरामों के बाद मुक्तिबोध ऐसे शामिल हुए जैसे खामोशी से हम लोगों की योग्यता जाँच रहे हों। उनकी छाया बराबर संवाद में तैरती रही। हम लोग राष्ट्रीयता और संस्कृति की ओर मुड़े। इसी दरमियान आग्नेश्का ने नेमिजी द्वारा सम्पादित मुक्तिबोध रचनावली का ज़िक्र किया। हैदराबाद से प्रकाशित होनेवाली 'कल्पना' का जिक्र हुआ जिसमें प्रयाग शुक्ल ने सम्पादन किया है। हम 'अँधेरे में' की बात करने लगे। कहा जाता था कि आग्नेश्का के पास शायद उस कविता की मुक्तिबोध द्वारा हस्तलिखित प्रति है। आज की राष्ट्रीय जलवायु और संस्कारी तापमान को लेकर आग्नेश्का ने मुक्तिबोध की एक किताब का जिक्र किया जो मेरी जानकारी में नहीं थी। इस तरह मुक्तिबोध की कविता पर कुछ लिखा है। देखें...

उस पुस्तक का शीर्षक तय हुआ?

'मुक्तिबोध : एक व्यक्तित्व सही की तलाश में।'

इधर आपने दो नई कृतियों का जिक्र किया था। दूसरी... ?

जी मेरी दूसरी रचना—मतलब कि अन्तिम कृति है—

गुजरात पाकिस्तान
से
गुजरात हिन्दुस्तान

दरअसल कायदे से यह मेरी पहली रचना होनी चाहिए थी। लेकिन ठीक विभाजन और आजादी के बाद लिखना नहीं—बहुत कुछ करना था। उन खतरनाक हादसों को यहीं छोड़ते हैं।

हंस, जून, 2017

मेरे अन्दर एक गहरी उदासीनता का सोता है

अनामिका से बातचीत

जब मैं कृष्णाजी से मिलने चली, मेरे दिमाग़ में उनकी पंक्तियाँ अलग-अलग दिशाओं से ऐसे टार्च जला रही थीं जैसे एक बार अँधेरे तहख़ाने में माँ ने जलाई थीं—नानी की चिट्ठियों का बंडल ढूँढ़ने के बेचैन उपक्रम में। हम सब थे उनके साथ, पर टार्च वह खुद थामे थीं! नानी को गुज़रे कुछ दिन ही हुए थे और उनका एक-एक स्मृतिचिह्न समेट लेने की सकदम-सी गुमसुम-सी व्यग्रता माँ के दिलो-दिमाग़ पर हावी थी—इस तरह कि उन्हें कुछ और न दीख रहा था, न सुनाई दे रहा था।

सुख और दुख के अतिरेक का रंग एक ही होता है। एक ही होती है उनकी प्रकृति! सुख-दुख का ऑल्टर इगो ही शायद, जैसे कृष्णाजी का ऑल्टर इगो हैं हशमत साहब। गम्भीर चिन्तन का ऑल्टर इगो होता ही है मलंग लीला-भाव! तभी तो जीवन जगत् की जटिल विडम्बनाओं के सप्राण विश्लेषण में तल्लीन कृष्णाजी सिर उठाकर अचानक हँस पड़ती हैं और कट्टर दुश्मनों या 'यारों के यार' की याद में सुन्दर उँगलियोंवाले कोमल हाथ बिदोड़कर कहती हैं—'अरे!' ऐसा लगता है, जैसे एक लहर में सारा राग-द्वेष बह गया! तट पर जो बची है—सृष्टि की पहली सुबह है वह!

जो लोग जीते जी अमर हो जाते हैं, उनसे मिलते डर भी लगता है। कहीं ठंडी निगाह से देख लें तो? कुछ ऐसा कर गुज़रें कि वर्षों से रच-रचकर बनाई छवि ताशमहल-सी? गन्ध-वृत्त से मिलने के पहले झूठी-सच्ची कहानियों की इतनी मायावी सुरंगों से गुज़रना होता है कि 'क्या भूलूँ क्या याद करूँ' की स्थिति भी घिर जाती है। मन-ही मन मीलों चल लेते हैं हम, और कुल मिलाकर स्थिति यह घिर आती है कि मिलने के पहले ही हम थक जाते हैं और 'कौन जाए' का आलस्य घेर लेता है।

कृष्णाजी से मिलने के क्रम में ऐसा डर-अपडर चित्त पर हावी नहीं हुआ। यह मेरे लिए आश्चर्यजनक था। प्रिय से प्रिय व्यक्ति के दरवाजे जाते समय आज के ज़माने में 'अनचाहा' होने का ख़ौफ़ सताता है और कई बार अपने आहत स्वाभिमान की पीठ सहलाते हुए खुद को समझाना भी पड़ता है—'मैं न आया था तुम्हारे द्वार, पथ ही मुड़ गया था!' कृष्णाजी के दरवाज़े आने से पहले ऐसा जो न लगा, उसके दो कारण हो सकते हैं। एक तो दूरभाष पर हुई बातचीत की निष्कंटक सहजता और दूसरी 'सर्जक की आँख'

के शब्द-शब्द की ओस-सी टपकती निस्संग आत्मीयता...'महज़ जानकारी और सूचनाएँ लेखकीय अनुभव नहीं। अनुभव अतिरिक्त विशिष्ट हैं। इसी से उपजता है रचना को आलोकित करनेवाला आलोक। आप बाट जोहते हैं, आहट सुनते हैं उस पाहुने की जो अपने घर से चल चुका है!'

मैं भी घर से चल चुकी थी! मैं भी पाहुना ही थी! मेरी भी बाट जोही जाएगी। आहट सुनी जाएगी। यह सोचकर ही मैं निहाल थी। जो आलोक की बाट जोह सकता है, वह तिमिराच्छन्न के प्रति तो और भी सदय होगा। सो, डरने की कोई बात नहीं। चियर अप! मैंने खुद से कहा और चल पड़ी। और वहाँ वर्षों बाद घर आई बेटी-सा जो अपनत्व और खुलापन मिला, उससे यही बात नए सिरे से सिद्ध हुई कि सबसे कठिन होता है सरल होना। टेढ़ी लकीर तो बच्चा भी खींच ले, पर सरल रेखा खींच पाना किसी पिकासो के लिए ही सम्भव है। जीवन की सारी जटिलताएँ पी-पचाने के बाद ही कोई ऐसा हो सकता है जैसी कृष्णादी हैं। प्रस्तुत हैं उनसे हुए प्रश्नोत्तर के महत्त्वपूर्ण टुकड़े!

किसी-किसी लेखक का आवर्ती जमा-खाता होता है जिसकी स्मृतियों का ब्याज उसके जीवन-भर का पाथेय जुटा जाता है अकसर। और आपके 'ज़िन्दगीनामा' का जो महाकाव्यात्मक वितान है—उससे यह बात और स्पष्ट हो जाती है कि अनूठी कौंधों से भरा हुआ एक स्पन्दित बचपन था आपका—इतिहास के एक विकट मोड़ (विभाजन) का सजग साक्ष्य, जिसमें एक खास तरह का आलोड़न भी भर गया था। बाद के लेखन में विभाजन आपका केन्द्रीय रूपक बन गया—बटँवारा-दिलो दानिश-दिलो दिमाग, भाव और विचार, आवेग और तर्क, कल्पना और यथार्थ, अन्तःप्रज्ञा और दुनियादारी के बीच का बँटवारा, कालबोध और स्थानबोध के बीच की फाँक, औरत और मर्द के बीच की फाँक और उससे जुड़ी विडम्बनाएँ आपने लगातार टटोलीं—और खासे संवेदनशील ढंग से। आज आँखें मूँद बैठने पर कौन-सी कन्दराएँ, कौन-से रास्ते, कौन-सी पगडंडियाँ, कौन-से लोग सबसे ज़्यादा याद आते हैं?

अनामिका, तुम्हारे प्रश्नों से उत्तेजित हूँ और उत्साहित भी। अपनी और तुम्हारी पीढ़ी के बीच की दूरी को मापते हुए मैं नितान्त निर्मल-निर्मम आँखों से इन दोनों मुखड़ों का फ़र्क़ देख पा रही हूँ। एक मुझ-सा प्राचीन और दूसरा तुम-सा ताज़ातरीन, फिर भी मेरा समकालीन। इस क्षण अपने में ऐसा अहसास भी कि पिछली शती की ऐतिहासिकता को कुछ तो मैं भी अपने में सँजोए हूँ। क्योंकि इतिहास को घटित होते देखा है। एक नागरिक इकाई के रूप में एक बड़े परिदृश्य को अपने साथ जुड़ते भी देखा है। एक लेखक की हैसियत से अपने में उस कालखंड की गुणा और विभक्ति के दो धुरों को अपने में जज़्ब होते भी देखा है। राष्ट्र के क्रांतिकारी और कार्यकारी

दशकों का ब्यौरा मेरी रचनात्मक दौड़ की मंज़िल रही है।

अनामिका, तुममें अपनी तीसरी पीढ़ी को सम्बोधित करते हुए भी मैं अपने को इतना प्राचीन नहीं समझ रही जितनी उम्र के लिहाज़ से हूँ। इतना विश्वास भी रखती हूँ कि तुम्हारी ताज़ा पौध की आवाज़ को पहचानने की समझ मुझमें अब भी बनी हुई है। यह मात्र आत्ममुग्धता नहीं, लेखकीय अन्तर्दृष्टि है जो व्यक्ति के संघर्ष में किसी बड़े भविष्य का आख्यान देखती है।

मेरी विस्थापित पीढ़ी में अनेक गुणा और विभाजन एक साथ इकट्ठा हुए। 1925 में जन्मी। इस जन्म तारीख ने एक साथ ब्रिटिश साम्राज्य का उत्कर्ष और स्वतंत्रता के लिए भारतीय जनता का संघर्ष देखा। बच्चे के रूप में मैंने शनिवार को शिमला के गिरजा मैदान में होनेवाले हाईलैंडर्स बैंड के भव्य प्रदर्शन देखे और उसी रिज़ पर महात्मा गाँधी को भी देखा। विपरीत दिशा से सरकारी नौकरशाही और आज़ादी के लिए देसी आन्दोलन की तनातनी का स्वरूप भी देखा। ये दोनों ओर के दबाव बराबर आँखों के सामने बने रहे। दादा साहिब गुजरात से रावलपिंडी और रावलपिंडी से कलकत्ता पहुँचे। राजधानी जब कलकत्ता से दिल्ली हो गई तो दिल्ली से पहुँचे शिमला। शिमला और नई दिल्ली की जीवन-शैली का परिष्कार और गुजरात के तवारीख़ी शहर में अपनी पैतृक हवेली का दबदबा भी हमारे बचपन पर छाया रहा। उसके साथ-साथ शिमला और नई दिल्ली जैसे सफ़ेदपोश शहर, इसके बाहर गाँवों की ज़मीनें, कुएँ, खेत-खलिहान, कच्ची राहें, खुरदरे लोगों की गरमाहट और किसी जोरावर पुरखे की तरह बहता कश्मीर की पहाड़ियों से उतरा मनमौजी दरिया चनाब! हम बच्चों का बचपन गुंजान रहता नई दिल्ली-शिमला की सफ़ेदपोश स्वच्छता में। गुजरात हवेली की ड्योढ़ियों और तहख़ानों से, गाँव के हरे-भरे खेतों और गाय-घोड़ों से।

हर छह महीने में हम लोग शिमला से दिल्ली और दिल्ली से शिमला आते। राजधानी 'मूव' करती और सेक्रेटेरिएट के अलग-अलग विभागों की तारीखें निकलतीं और घर के सामान बँधने लगते।

दिलचस्प था सामना बाँधनेवाला बॉक्स। सुतली-सूए-गोंद-रीलें-पेन। मोटी कलमें और टाट पर स्याही से पते लिखनेवाले ब्रश। कैंची-चाकू और दिल्ली-शिमला के पतोंवाले प्रिंटेड कार्ड। हम भाई-बहन चुपके-चुपके बहुत-सा सामान बक्सों और सूटकेसों में डालते रहते जो ताली लगाने के वक़्त बेकार समझकर निकाल लिए जाते। गाड़ी की रिजर्वेशन की तारीख़ मिलती और फिर हम रास्ते के लिए अपनी तैयारी करते। क्या सफ़र की उतावली और क्या उछाह! बड़ोग पर चाय, कालका पर रात का खाना और सुबह दिल्ली पहुँचने की खुशी। नई दिल्ली कितनी सुन्दर और ख़ूबसूरत! सड़कें सुबह-शाम टैंकरों से धुलतीं। तारकोल की सड़कें साफ ग्रे

रंग में चमचमातीं। पैदल चलने की पटरियाँ, पेड़ों की लम्बी कतारें, हरी-भरी दूब-भरे चौराहे। मगर पहाड़ों में बसा शिमला भूलने में न आता।

इतना मोहक व्यक्तित्व है आपका-ऐसी निश्छल हँसी-इतने लोग चाहते होंगे आपको। सबको कैसे टैकल किया-टाला। निभाया। बहलाया। दहलाया-चाहे जो किया, मगर कैसे ? धीरज से निबटाया। समझाया कि एकदम गोली दागी ? इस प्रश्न का उत्तर नहीं दे सकती हैं—मगर दे दें तो बेहतर-बहुत सारी स्त्रियों को इससे सम्बन्धों का मर्म परखने में मदद मिलेगी। समझिए कि एक बेटी पूछ रही है—'ऐ लड़की' में जैसे व्यावहारिक परामर्श माँ ने दिए थे, उससे कुछ अलग तरह की दृष्टि आपकी होगी, क्योंकि आपका आधुनिकताबोध जटिलतर है और इसलिए शायद आप हमारे अधिक करीब हैं—माँ बनने के लिए आज द्वैत के प्रश्न पर...

एक आत्मस्वीकृति ज़रूरी है, खासतौर पर जब मुझ पर गोली दागने का गुनाह चस्पाँ किया जा रहा हो।

साफ़ कर दूँ कि मैं अच्छे-खासे सन्तुलित स्वभाव की हूँ। मेरी निज की दुनिया कभी इतनी छोटी नहीं थी कि प्रतिक्रियाओं और शिकायतों की भरी थैली अपने साथ रखे रहूँ। मैं न आतंकवादी हूँ और न किन्हीं दूसरों की रणनीतियों से आक्रांत हो गोली दागने को तैयार! मैं अपने स्वभाव और अनुशासन से बँधी हूँ। साहित्य की दुनिया छोटी नहीं। अनेक दोस्त, समकालीन सहयोगी, सम्पादक, आलोचक और अनाम-अनाम पाठक एक परिवार के सदस्यों जैसे हैं। किसी भी एक के अच्छे गरमाहट-भरे शिष्टाचार को सराहती हूँ। हालाँकि जानती यह भी हूँ कि परिचय की सीमा से आगे बढ़ने के लिए मुझे दिन, मास, बरस नहीं, दशक चाहिए होते हैं। जानने की सीमा को फलाँगकर निकटता का प्रवेश-द्वार अकसर एक-दूसरे को निराशा ही देता है। हम अकारण ही एक-दूसरे से बहुत-कुछ की उम्मीद करने लगते हैं और मन में तकलीफ जुटाते हैं। मित्रताओं की ऐसी पेचीदगियाँ मुझे रास नहीं आतीं। हाँ, परिचितों और मित्रों से अगर किसी गम्भीर बात पर मनमुटाव हो तो मैं किसी भी क़ीमत पर उसे सुलझा देना चाहती हूँ। गुमसुम शिकायतों, उलाहनों को दिल ही दिल में पालना मुझमें न समझदारी जगाता है और न सहानुभूति। मैं बहुत जल्दी इससे ऊब जाती हूँ। मैं अपने अधिकारों के प्रति सजग हूँ। दूसरों के अधिकारों के प्रति भी उतनी ही। यह अच्छी बात है, बुरी नहीं। हम या तो दूसरों के मामलों में हस्तक्षेप करते हैं, बाक़ायदा दखलअन्दाज़ी और उसके प्रतिरोध करने पर उसके दृष्टिकोण को समझने की कोशिश करने के बजाय, खिल्ली उड़ाते हैं। इसी पर अपने बौद्धिक संसार का अहंकार टिका रहता है।

गुजरात आपके जन्मस्थान का भी नाम है। गुजरात के दंगे आपके अपने गुजरात की कौन-सी स्मृतियाँ आप में जगाते हैं? साम्प्रदायिक सद्‌भावना और बाहरी-भीतरी शान्ति की छटपटाहट हर संवेदनशील व्यक्ति में होती है, पर किया क्या जाए तनातनी से निबटारे के लिए—इस बात पर कम लोग बोलते हैं। आप कुछ कहें।

आज के गुजरात-परिदृश्य को देखकर मैं विक्षुब्ध हूँ। मार-काट, आगजनी, बलात्कार, जिन्दा नागरिकों को आग में भूनना-हमारे पिछले पचास वर्षों पर कलंक है। हम कैसे भूल रहे हैं कि यह अलगाववादी ताकतें जब सिर उठाती हैं तो दंगों की हिंसा हक़ीक़त बनकर न सिर्फ नागरिक जीवन की शान्ति भंग करती है, वह राष्ट्रीय जीवन की नींव में दरार डालकर उसे उस खौफ़नाक मंज़िल की ओर भी धकेलती है जहाँ कोई भी राष्ट्र बिना घायल और जख्मी हुए अपनी पुरानी जगह पर नहीं लौटता। कोई भी राजनीतिक दल हो, सरकार हो, किसी भी विचारधारा और खेमे से जुड़ा हो, उसे नागरिक विरोधी होने का अधिकार नहीं है। भारत जैसे बहुलतावादी धर्मनिरपेक्ष लोकतंत्र में राजनीतिक विवेक को बलाए-ताक रखकर ऐसे प्रसंगों की पुनरावृत्ति अक्षम्य है। पुराने बँटवारे की स्मृतियों ने अन्दर उथल-पुथल मचा दी है। जाने किस तलघर में पड़े थे वे दृश्य, एक-एक करके पूरी शृंखला आँखों के सामने चलचित्र की तरह घूम रही है। इन्हीं दिनों एक छोटा टुकड़ा लिखा है : गुजरात से गुजरात। 'तद्‌भव' लखनऊ के लिए।

आपकी हर बड़ी रचना में एक नई तरह की भाषा कल-कल, छल-छल करती बढ़ आई है—अलग-अलग स्रोतों से—बाज़ार, पंचायत, कोठा, कचहरी, लाहौर, उर्दू, कैथी, मरजानिया पंजाबी, नफीस खड़ी बोली, देहलवी, हिन्दुस्तानी, अकादमिक विमर्श, सूफियाना कहावतें, पहेलियाँ, सधुक्कड़ी भाषा, लोकप्रिय गीतों के मुखड़े... सब घुमड़े आते हैं पर एक जैसेपन में नहीं—हर रचना में एक नया भाषिक ठस्सा—यह कैसे सम्भव हुआ?

भाषिक क्षमता की रचनात्मकता का श्रेय सिर्फ लेखक को ही नहीं जाता। उसका ताना-बाना उन पात्रों से गूँथा जाता है जो अपने आन्तरिक स्थापत्य को शब्दों में रूपान्तरित करते हैं। यह प्रयोग चातुर्य से कहीं ज़्यादा गहरे और बारीक ढंग से लेखक के रचनात्मकता संवेदन को ही तरंगित करता है। हमारे रंग-बिरंगे विविधता भरे संस्कृति-संस्कार का भाषायी वैभव बहुत विस्तृत और रंगीन है। उसमें निहित है हमारे प्रदेशों का भावनात्मक और सांस्कृतिक घनत्व। अनेक-अनेक रंग-रूपवाले भारतीय परिधानों की तरह खुरदरे गाढ़े, मुलायम, सुनहरे, रुपहले, तिल्ले के तारों से चमत्कारी रंगों वाले शब्द हमारे स्वभाव को जाने किन-किन झलकों में प्रस्तुत करते हैं—ध्वनियों से उभरते स्वर-ताल की तरह! शुष्क-चिकना, पीठदार, घना

इन्द्रधनुष्य के लहरिए-सा जाल, विचार-भाव-अर्थ को सँजोता प्रेम-प्यार, घृणा, युद्ध-शान्ति का सन्देश देते शब्दों के गुच्छे। पंक्तियाँ। यह सब उन रहस्यमयी तरंगों पर उभरते हैं जिसका आभास लेखक को अपने पर्यावरण से मिलता है।

समय के इस मोड़ तक आते-आते आपको अनेक लोगों का साथ मिला होगा और छूटा भी होगा—आज आप उन सम्बन्धों को किस रूप में देखती हैं?

अनामिका, तुम्हारी इस बात का जवाब इतना ही कि समय के इस मोड़ पर अपने को एक पात्र की तरह देख कह सकती हूँ कि ताज़िन्दगी छोटी-बड़ी, नई पुरानी और नितान्त नई मित्रताओं को बड़े सलीके से जीती रही हूँ। परिचितों को मित्र और मित्रों को सगा-सम्बन्धी बना लेने की कोशिश मैंने कभी नहीं की। हलकी-फुल्की या गम्भीर बातचीत में भी किसी को अगले-पिछले अन्तरंग ब्यौरों का विषय नहीं बनाया। कह सकती हूँ कि मैं ऐसे संवाद की ओर पहले नहीं बढ़ती। हो सकता है, मानसिक रूप से मैं ऐसी दिलचस्पियों में हिस्सा नहीं लेती। एक हद तक अपने में इतनी मस्त हूँ कि इस सबको अपने से बाहर रखने की बाक़ायदा क्षमता रखती हूँ। जितना अपने मित्रों के बारे में जानना ज़रूरी है, उतना ही मेरे निकट महत्त्वपूर्ण है। ज़्यादा ज़मीन घेरने की न तो इच्छा होती है और न भावनात्मक ज़रूरत। इसमें अपना कामकाज करने का व्यावहारिक पक्ष भी हिस्सेदार हो जाता है। हर मित्रता का अपने ही ढंग का मैत्री ग्राफ बनता है। इसके उच्च बिन्दु को एक बार छूकर दुबारा दोहराया नहीं जा सकता। उसके बीत-व्यतीत जाने पर आप दोनों ओर की सद्‌भावना-सुरक्षा सिर्फ कुछ यादों में, मौकों की स्मृति में ही करते हैं। मित्र शब्द की गरिमा को शायद ऐसे ही बचाया भी जा सकता है। एक-दूसरे पर आँखें लगाए एक-दूसरे को पढ़ने की लत मुझमें खीज पैदा करती है।

मैं ऐसी निगरानियों से अपने को दूर रखती हूँ, कर पाती हूँ क्योंकि मैं अपने को अपनी जगह पर स्थिर रखती हूँ। न आगे बढ़-चढ़कर सगापन समेटने की ललक और न पीछे हटने की घिसी हुई भंगिमाएँ।

एक दिन, एक शाम, एक शनिवार एक ऊर्जा भरा वैचारिक संवाद। उसी सीध में रखकर उसकी सराहना और फिर अपनी ओर वापसी।

मैं अपने से कभी ऊबती नहीं। अपने को अपने लिए निकटतम समझकर उसे अपनी और परायी आँखों से समझने-बूझने के प्रयास जारी रखती हूँ। दोस्तियों को निभाने की तौफ़ीक़ और तालीम मैंने अपने में जुटाई है। दोनों ओर के वैचारिक भावनात्मक घुलते न दीखें तो उस पर बेकार की लीपा-पोती से हमेशा के लिए छुट्टी।

वैसे मैंने अपने या दूसरों के ऊपर ऐसी ज़्यादतियाँ कमतर ही की हैं। 'मेरा तुम्हारा, तुम्हारा मेरा' का मैदान सम्बन्धियों के लिए ही रिज़र्व है। परिवार की सम्मिलित

छोटी-बड़ी रणनीतियाँ और एकजुट होकर उसका मंचन और सही वक़्त पर पर्दा गिराना—एक साथ प्रहसन और ट्रैज़डी का दृश्य प्रस्तुत करता है। कह सकती हूँ, मैं काफी हद तक इसके बाहर हूँ पर अछूती नहीं। मैं संयुक्त परिवार की उपज नहीं हूँ फिर भी गुरुदास और धनवन्ती के पारिवारिक सम्वाद में मैंने दिलचस्पी ली। लिखते हुए नहीं-लिखकर पढ़ते हुए। अगर बात हद से गुज़र जाए तो शान्तिपाठ काम नहीं करता। अपने अनुशासन और संयम के तहत मुझे अपने में गहरी प्रतिहिंसा की कमी बहुत खलती है। उसके बिना कोई 'युद्ध' कारगर तरीके से नहीं लड़ा जा सकता। बार-बार एक ही तरह के हथकंडे देखकर मैं उन्हें रचनेवालों को 'सरहद के पार' समझ लेती हूँ। बस। फिर मेरा दिल कभी नहीं पसीजता।

लेखकीय व्यक्तित्व को विचार देनेवाला, उसकी आत्मनिष्ठा को परिभाषित करनेवाला उसका साहित्यिक परिवार होता है। इसी की सकारात्मक मैत्रियाँ लेखक की आन्तरिकता और उसकी क्षमताओं को प्रासंगिक बनाती हैं। हिन्दी की बड़ी बिरादरी ने मुझे जितना भाव दिया है, मैं शायद अपने को उसका हकदार नहीं समझती। एक बड़े प्रबुद्ध पाठक वर्ग की सामूहिक सद्भावनाओं से ही मैं, मैं हूँ। मेरी वैचारिक तत्परता और बौद्धिक संलग्नता के कुछ अर्थ न निकलेंगे, अगर उसे ग्रहण कर अर्थ देनेवाली पाठकीय बिरादरी न होगी।

उत्पीड़न की हाय-तौबा और सुबकनेवाली जलवायु का गीला तापमान मुझे रास नहीं आता। इसे मैंने अपने से बाहर ही रखा है। सच यह भी कि सम्बन्धों की गरिमा न भावात्मक विस्फोटकों में है, न रागात्मक मूक बहरेपन में। वह उस ईमानदारी में पनपती है जहाँ दोनों ओर बराबरी और समझदारी का साझापन हो। इसी की नमी उसे लचकीला बनाए रखती है।

बहुत महत्त्वपूर्ण है कि आपने अपने वक़्त को कैसे जिया है। कितना जिया है। यही है जो आपको वह जज़्बा देता है जहाँ अगर आप खुद अपने खिलाफ खड़े हो सकते हैं तो आप दूसरों की तरफ़दारी भी कर सकते हैं।

सृजन-प्रक्रिया एक रूढ़ और पगलेट प्रश्न है। कोई एक सृजन-प्रक्रिया होती नहीं। हर रचना अलग-अलग ढंग से आपके भीतर पकती है—कभी कोई विचार, कभी चरित्र, कभी झुंझलाहट, कभी द्वन्द्व-क्या-क्या अलग तरीके होते हैं इनसे निबटने के ?

अपने मिज़ाज की बात करूँ तो मेरे अन्दर एक गहरी उदासीनता का सोता है। यह मेरी अन्य वृत्तियों को घेरे रहता है। कहीं कोई अपवाद हो सकते हैं, पर स्वभावानुसार बहुत कम मुखड़े ऐसे हैं कि मैं उन्हें इतना चाहूँ कि उनके बिना परेशान हो जाऊँ। अपने स्वभावगत ठहराव से दूर हो जाऊँ। इस पर भी जब कभी लिखने पर हो जाऊँ

तो पात्रों को छोड़कर मुझे कम ही दिलचस्पियाँ रहती हैं। इसे भी अपने पर बहुत कड़ेपन से लागू करती हूँ। जितना कुछ, जो कुछ भी कृति में रात को लिखा गया है—मेज़ पर से उठ जाने के बाद उसके बारे में सोचने की इजाज़त मैं अपने को नहीं देती! अगली शाम दुबारा मेज़ तक पहुँचकर ही वह खाता खुलेगा! मेरी इन्वॉल्वमैन्ट इतनी गहरी होती है कि उसे अपने से दूर कर उसी के मौसम में बाँधना ज़रूरी होता है। कड़े संयम का अनुशासन है यह। लेखक को गौण कर दिया जाता है। रचना स्वयं अपने बलबूते पर अपनी संज्ञा ग्रहण करती है। ऐसे में लेखक की ओर से कोई भी हस्तक्षेप उसे अपनी सीध से सरका सकता है।

लेखक पाठ में उस प्रतीति को आकार-विचार देता है जो रचनाकार के सोच-संवेदन, उसकी प्रकृति और प्रवृत्ति में निहित है। भाषा का विन्यास जो मात्र लिखित के वैचारिक चिन्तन से नहीं उपजता, जीवन की क्रियात्मक ऊर्जा से गरमाहट उठाता है, उसे शब्द और अर्थ देता है। कृति के नेपथ्य से कृति को झाँकता है। रचना और रचनाकार दोनों के बीच वैचारिक स्तर पर जो भी घटित हुआ है, एक खनक-टकराहट, टटोल, मैत्री, द्वन्द्व, प्यार, घृणा, हिंसा, अपनापन-परायापन, दूरी-नज़दीकी-सभी लेखक के बौद्धिक सहमूल्यन की प्रक्रिया में से छनकर ही शब्द ग्रहण करते हैं।

लेखकीय अभिव्यक्ति मात्र शैली और भाषा-कौशल नहीं। रचना में पाठ का वजूद जो कुछ भी ग्रहण करता है, उसे रूपायित करता है, जाग्रत् करता है—उसमें अनेक सम्भावनाएँ एकत्र होती हैं! ऐसे में लेखक का अपने को पाठ का रचयिता मानना, मुझे अटपटा लगता है।

कोई समझदार लेखक अपनी सीमाओं और सम्भावनाओं का जायज़ा लेकर ही अपनी रचनात्मक ज़मीन पर हदबन्दी करता है। अनुभव द्वारा अर्जित कच्चा माल समेटता है और मानसिक पर्यावरण के भाषायी तापमान के बल पर अपनी आन्तरिक क्षमताओं का अतिक्रमण करता है।

अब इसी का दूसरा पक्ष देखें। एक स्तर पर रचना और रचनाकार के सम्बन्ध बाक़ायदा प्रतिद्वन्द्वी के तेवरों की तरह तीते होते हैं। और रागात्मक सम्बन्धों की तरह हद तक गहरे भी। इन दोनों की टकराहट और निकटता ही विपरीत दिशाओं से एक-दूसरे को चुनौती देते हैं। अगर सब ठीक-ठीक जुड़ जाए तो परिभाषित होते हैं, और परिभाषित कर लिए जाते हैं। रचना मात्र ऊपर का खोल नहीं होती जिसे शिल्प और शैली से पंक्तियों में बुन लिया जाता है। यह मात्र कौशलपूर्ण अभिव्यक्ति भी नहीं। शब्द और विचार से गुँथी वह वैचारिक कलात्मक प्रस्तुति है जो अपने होने में स्वयं अपनी सत्ता है। परम सत्ता। लेखक द्वारा लिखे जाने के बावजूद। रचना का अस्तित्व और रचनाकार की अन्तर्दृष्टियाँ समानान्तर बहती हैं और दोनों की साझी

ज़मीन से ही उभरती-हरियाती हैं पाठ की पंक्तियाँ। दिलचस्प यह भी कि दोनों अपने-अपने हिस्से की ज़मीन एक-दूसरे की विशेषताओं के लिए छोड़ देती हैं। इसीलिए कि रचना के 'अन्दर' और 'बाहर' की लय न टूटे और एक-दूसरे से दूरी बनी रहे। इनमें से कोई भी एक-दूसरे पर हावी हो तो परिणाम घातक ही होंगे। रचना की प्रतीति रचनाकार को, अपने बारे में विश्वास के साथ कह सकती हूँ— उस क्रियाहीन अनजाने एकान्त में होती है जहाँ कोई से भी बेमेल टुकड़ों की फन्तासी रहस्य को विस्मयकारी ढंग से अपने को दूसरों के बहाने उद्घाटित कर जाती है।

कहना होगा कि हर लेखक के निकट उसकी रचनात्मक प्रक्रिया नितान्त उसकी निज की होती है। भाव-जगत की ये तरंगें एक ओर गूढ़ और उलझी हुईं, दूसरी ओर भौचक सपाट। मैं ऐसे दोहरे समय में अपनी लेखकीय सजगता में नितान्त नई ताज़ी मैत्री के कोण से रचना को हलकी-सी आवाज़ देती हूँ—इतने धीमे, जैसे कोई बन्द दरवाज़ा है और रचना का अनजान मुखड़ा उसके अन्दर है। लेखक की ओर न ध्वनि इतनी हलकी कि अगर वह इस संकेत को सुनना न चाहे तो न सुने! रचना की सुरक्षा की यह पहली शर्त है। लेखक उसे आज्ञा नहीं देता, वह उसका प्रार्थी है।

कितनी ऊर्जस्वी भाषिक परम्पराएँ आत्मसात् किए बैठी हैं आप! मिल्यू और पात्रों के हिसाब से अलग-अलग तरह की तबोताब लिए हर बार एक नई तरह का गद्य। 'जिन्दगीनामा' का गद्य 'मित्रो मरजानी' के गद्य से, 'सूरजमुखी अँधेरे के' का गद्य 'दिलो-दानिश' और 'समय-सरगम' के गद्य से कितना अलग है? यह जादू कैसे सम्भव हुआ?

अतिशयोक्ति न होगी अगर कहूँ कि मेरी स्मृतियों के बही-खाते मेरे साथ बहुत दूर तक नहीं चलते रहे। कुछ है ऐसा मेरे मिज़ाज में कि तत्काल की उपस्थिति पर निगाह रखती हूँ। जो पीछे सरक गया, वह किसी नेपथ्य में गया। उसे आवाज़ देने के लिए वक़्त चाहिए होता है। मेरे पास पिछवाड़ों को पालने-सालने के लिए कोई वक़्त नहीं था। मेरी निज की छोटी दुनिया बड़ी हो गई और एक बड़ी दुनिया छोटी होकर अन्तर्मन में सिमट गई। मर्म को समझती-बूझती हूँ पर पछतावों से दूर रहती हूँ। कोई एक आहट-खटखटाहट, शब्द, इमेज, व्यक्तित्व एक बार स्मृति में अंकित हो जाने पर अमिट हो जाता है। इसका चमत्कार मैंने तब जाना जब 'ज़िन्दगीनामा' की खुरदुरी भीड़ मेरी मेज़ के आसपास आ जुटी थी। सैकड़ों पात्रों के नाम-चेहरों में कोई भुलेखा नहीं था। सब साधारण जन। मेरे निकट हर चेहरे की अलग पहचान थी। मात्र कल्पना और जानकारियों से 'ज़िन्दगीनामा' का वृत्तान्त नहीं बुना जा सकता। 'ज़िन्दगीनामा' के प्रकाशन के बाद नागरजी से भेंट हो गई। उन्होंने बड़े बड़प्पन से मेरा ध्यान उपन्यास की भाषा की ओर दिलाया। यह कहकर कि अगर

मैं सिर्फ़ संवाद में पंजाबी शब्द इस्तेमाल करती तो पाठक के लिए सुविधा होती। भाषा में अशुद्धता भी सीमित रहती। बोलियों के अपरिचित शब्द पढ़ने और चीन्हने में अटपटे लगते हैं।

उस शाम हमारी बातचीत कम दिलचस्प न थी। जो मुझ तक पहुँचाना चाह रहे थे, मैं उसे एक सजग पाठक और तथाकथित नौसिखिए लेखक की तरह समझ रही थी। उत्तर में जो मैं कह रही थी, उसे नागरजी मुस्कुराते हुए सुन रहे थे—जैसे पंडित लोग खड़ी बोली के लेखकों को सुनते हैं। उन्होंने बता दिया कि वह मुझसे सहमत नहीं हैं।

हमने एक-दूसरे से विदा ली तो मैंने उन्हें हँसकर चुनौती दी—नागरजी, यह न समझिए कि 'ज़िन्दगीनामा' की भाषा के बचाव में कह रही हूँ लेकिन आप देखिएगा, अगले दस-पन्द्रह वर्षों में हमारी बोलियाँ ही हिन्दी को समृद्ध करेंगी, और आप कोई ऐतराज़ न कर सकेंगे। नागरजी ने हँसकर कहा—'शेखर : एक जीवनी' पढ़ने में हमें कोई दिक़्क़त नहीं हुई।

माफ़ कीजिए नागरजी, खेतिहर लोगों का अपना भाषा-संस्कार, संसार है। पहले तो उन्हें अपनी पाठशालाओं और विद्यालयों में धकेलिए, वह तब जाकर 'अज्ञेय' की भाषा सीखेंगे, चीन्हेंगे। उनके पास अपनी अपार सम्पदा है। शब्द संस्कार है। प्रबुद्धों को भी उनसे कुछ सीखना होगा। अज्ञेय के अनुभव का इतना विस्तार था कि अगर वह अपनी 'जीवन भाषा' को नए ढंग से रूपायित करते तो 'लोक' का 'मैला आँचल' उन्हें भी छूता।

नागरजी ने मुँह में पान रखा और मन्द-मन्द मुस्कुराते रहे, जैसे कहते हों-अभी तुम्हें बहुत कुछ सीखना है।

उस रात घर लौटकर मैंने एक बार फिर 'मैला आँचल' के पन्ने पलटे। पंक्तियों में ढूँढ़ने लगी कि 'मैला आँचल' में ऐसा क्या घटित हुआ, जिसने हिन्दी के 'लिखित' पाठ को एक नया स्वरूप दे दिया!

अनामिका, एक शाम शीला सन्धू के यहाँ रेणु से मिलने का मौक़ा मिला था। यही पहली और अन्तिम बार थी। मैं मन-ही-मन 'मैला आँचल' के शोर को दोहराती रही थी। इसके साथ-साथ उस ऐतिहासिक हस्ती को निरखकर यह भी सोचती रही थी कि रेणु जैसे चेहरे पर रिम-लैस फ्रेम चाहिए। पर, सच यह भी था कि 'मैला आँचल' के शोर में सब गाँव-गँवई, कस्बा-शहर मिलकर एक हो चुके हैं तो यह शहराती अदा लेखक के चेहरे पर भी क्यों नहीं?

उस रात अपने लिए चाय बनाकर लाई तो 'चित्रलेखा' पर नज़र पड़ी। पढ़ने लगी। अद्भुत! क्या इस उपन्यास को वर्माजी 'भूले-बिसरे चित्र' की भाषा में प्रस्तुत कर सकते थे? हिन्दी प्रदेश के गद्य की तराश, रवानगी, प्रदेश की व्यावहारिक संस्कृति,

शिष्टाचार, वाचन सब मिलाकर चुस्त-दुरुस्त—उन्हें 'ज़िन्दगीनामा' पढ़ जाने में क्यों खास दिक्कत नहीं हुई, जबकि लखनऊ की ही एक विदुषी बहन ने 'ज़िन्दगीनामा' के गद्य को 'फूहड़' के नाम से पुकारा!

ये पुराने किस्से हैं। अब जो 'भाषा' के समक्ष बोलियों की स्थिति है, वह साहित्य में अपनी मौजूदगी से आश्वस्त है। उन्हें परे ठेलने की औक़ात सिवाय 'चिन्तकों' के और किसी के पास नहीं। साहित्य में 'जातिवाद' की राजनीति दूसरी किसी भी राजनीति से जटिल और पेचीदा रही है। 'लोक' ने अपनी सामर्थ्य से उसका अतिक्रमण किया है।

दिलचस्प यह देखना है कि इन दिनों चिन्तन के नाम पर बहुत-सा 'चलताऊ माल' पेश किया जा रहा है। ख़ुदा ख़ैर करे!

गेटे ने कहा था कि दुनिया का ऐसा कोई अपराध नहीं जिसे करते हुए मैं अपनी कल्पना न कर पाऊँ। दुनिया का कौन-सा अपराध आपको सबसे ज़्यादा क्षम्य और प्यारा लगता है, और कौन-सा अक्षम्य और दंडनीय?

गेटे का कथन बहुत गहरा है, फिर भी कुछ कहना ही है तो यह कि बच्चों को लाड़-प्यार से बिगाड़ना अपने-आपमें बहुत प्यारा और क्षम्य गुनाह है। हालाँकि शिक्षाविद् इसके पक्ष में कभी नहीं होंगे।

हाँ, सबसे अक्षम्य अपराध है किसी भी व्यक्ति, समूह, जाति का मनोविज्ञान बदलना। हम भारतीय इसके विशेषज्ञ हैं। हम पचास वर्ष पुराने लोकतंत्र में आज भी इसका दर्शन पाल रहे हैं। चित्तपावन बिन्दु को केन्द्र में रखकर बराबर के नागरिकों को विभाजित करने पर तुले हैं। पुरानी वर्ण-व्यवस्था को दुबारा स्थापित करने की कोशिश में। डंके की चोट पर कह रहे हैं कि हम हम हैं, तुम तुम हो। तुम तुम रहोगे—हम हम रहेंगे। लोकतांत्रिक मूल्यों के ठीक विपरीत। इसका हश्र—फिर एक और विभाजन। याद रहे, इतिहास को दुबारा लिख-लिखकर, उसके शब्दों में फेर-बदल कर आप जातीय या राष्ट्रीय दुर्बलताओं को उपलब्धियाँ बनाकर गौरव-गान करना चाहें तो आपको कौन रोक सकता है? याद इतना रहे कि इतिहास का पुनर्लेखन एक ऐसी राजनीति है जो दिलों में घृणा, विक्षोभ और वैमनस्य के अम्बार जुटाती है और मौक़ा देखते ही आग सुलगकर लपलपाने लगती है। गुजरात से गुजरात तक।

जीवन यदि एक रफ़ ड्राफ्ट होता तो दुबारा किस रूप में फेयर करतीं? जीवन की यादगार भूलें क्या थीं जिन पर अब हँसी आती है? क्या कोई शिकायत है जिन्दगी से?

धन्यवाद अनामिका, विशेष अनुभूति का भाव जगाती है तुम्हारी यह पंक्ति—जीवन यदि एक रफ़ ड्राफ्ट होता! काश, जन्म लेनेवाला हर बच्चा अपनी मेज़ पर बैठकर कम्प्यूटर में से अपने भविष्य का रफ़ पाठ निकालकर परमपिता परमात्मा के सामने प्रस्तुत करे, इस प्रार्थना के साथ कि हे पिता परमात्मा, इस पर अपने हस्ताक्षर कर इसका अनुमोदन करें!

सूक्ष्म और अदृश्य जीवन का राग किसी दूसरे लोक से निर्धारित होता है। उसी की पुनर्रचना को पुराने नोटेशन के अनुरूप उसे अपने स्वर में गाना होता है। हम उसे हर दिन, हर क्षण जीते हैं—गाते हैं और पुरानी धुनों को नए स्वरों में दोहराते हैं और शेष हो जाते हैं।

इस ड्राफ्ट का परिष्कार भला कहाँ कर पाते हैं हम! भटककर गलतियाँ कर, खोकर-पाकर उसका सुधार करते हैं अपनी इच्छाशक्ति और आत्मबल से ही।

अपने जीवन-पाठ को मन-ही-मन दोहराऊँ तो कहूँगी कि ताज़िन्दगी दबाव इतने रहे कि ज़िन्दगी का वह क़ीमती वक़्त खाद बन गया, जिसके वृत्तान्त से मुझे अपने वक़्त का सामना करना था। फिर भी खुश हूँ और जीवन के रफ़ पाठ के प्रति कृतज्ञ भी कि उलझनों पर उलझनें समेटने-सुझलाते रोजमर्रा के व्यावहारिक राग अलापने के अभ्यास में से भी कुछ पा लेने का सन्तोष बटोर सकी हूँ। किसी भी काम-काजवाले नागरिक की मुद्रा में! खुश हूँ कि भड़कीली सुविधाओं के दर्प और अहंकार ने मुझे मेरे क़द में आधा नहीं कर दिया। मेरी सोच को मुझमें बरकरार रखा जो सही, गलत खालिस और नाखालिस में फ़र्क़ करती रही है।

इन दिनों साहित्य में स्त्री-लेखन को लेकर जो विचार-विमर्श चल रहा है, आप इसे किस रूप में देखती हैं?

भारतीय समाज में स्त्री-पुरुष सम्बन्धों और पारिवारिक चौखटे को लेकर एक गहरी नैतिक हलचल और दूरगामी परिवर्तन और प्रभाव लक्षित हैं। समाज और साहित्य का वैचारिक पर्यावरण स्त्री-विमर्श के प्रकोप में है। एक ओर स्त्री-आरक्षण की राजनीतिक उत्तेजना और दूसरी ओर राष्ट्रीय स्तर पर नई स्त्री की उपस्थिति अपनी ऊर्जा से नए उत्साह का संचार कर रही है जो राष्ट्र की नागरिक समृद्धि से भी जुड़ी है। ऐसे में विभिन्न सामाजिक और सांस्कृतिक संस्थान इन सम्भावनाओं को नज़रअन्दाज़ कर पुराना पारम्परिक राग अलापने में भी पीछे नहीं।

सभा-संगोष्ठियों के अकादमिक विचार-विमर्श, साहित्यिक और समाजशास्त्रीय बहसों-मंचों से निपटकर राजनीतिक खेमों और कलाओं की व्यावहारिक कार्य-प्रणाली में धँस रहे हैं। हर सयाना भारतीय इसे पितृ-पक्ष के लिए एक खतरा समझकर चिन्तित है और इस विषय का विशेषज्ञ होने की वैचारिक भंगिमा अपनाए,

इस पर कुछ न कुछ जोड़ने को उत्सुक है। परिवार की नुमाइंदगी करनेवाला हर पुरुष, पत्नी, माँ, बहन, बेटी और पुत्री को नियंत्रण में रखता आया है। उसे लगता है, समाजशास्त्रियों से कहीं अधिक और गहरा अनुभव उसके पास सुरक्षित है।

नई परिस्थितियों के अनुसार उसमें स्त्री की नई गतिविधियों से चिन्ता जाग रही है कि अब स्त्री का पत्नी और माँ होना ही उसकी नियति नहीं रह गई। स्त्री की संज्ञा में व्यक्ति नागरिक होने के नाते उन अधिकारों का भी प्रवेश है जो देश का कानून अपने सभी नागरिकों को देता है।

ऐसे में इन परिवर्तनों की गति जैसी भी धीमी या तेज़ हो, भारत की नई स्त्री राष्ट्रीय जीवन में नई ऊर्जा, नए तेवर और आत्मबल से सहभागी होने की भूमिका निभाने का सपना देख रही है। साहित्य में स्त्री-लेखन को लेकर अतिरिक्त विचार-विमर्श उभर रहा है। विपरीत दिशाओं से स्त्री-पाठ को अरखा-परखा और जाँचा जा रहा है। पुरुष लेखक का मानना है कि बौद्धिक समुदाय के रूप में वही रचनात्मक लेखन पर कुछ कहने, उसे ठोंक-पीटकर जाँचने का अधिकारी है। वही शास्त्रीय मानदंडों और गहन ज्ञान-दर्शन में सिद्धहस्त है।

दलित लेखक की तरह ही स्त्री भी अपने अनुभव में सीमित और विशेष प्रकार के स्त्री-संवेदन से ग्रस्त है। लिहाजा उसके लेखन का सांस्कृतिक संस्कारी तथा रचनात्मक प्रस्तुतिकरण साहित्यिक मूल्यों पर हलका बैठता है। इस मानसिकता और मनोवृत्ति के चलते यह भी याद रखना ज़रूरी होगा कि हिन्दी में बंगमहिला द्वारा लिखी 'दुलाईवाली' कहानी अभी सौ साल पुरानी नहीं हुई। यह महिला लेखन के हक़ में नहीं, उससे सम्बन्धित गहरे पूर्वग्रह की ओर ही संकेत के लिए कहा जा रहा है।

आलोचक की नितान्त भारतीय आत्मा अपनी पूरी चौकसी में स्त्री-विमर्श के सभी देशी-विदेशी सिद्धान्तों से लैस होकर हिन्दी में रचित स्त्री-पाठ का विश्लेषण कर रहे हैं। उन्हें लगता है कि हिन्दी में स्त्री लेखन अभी बहुत ही आरम्भिक अदाओं से इस्तेमाल किए जा रहे हैं। स्त्री को स्त्री के खाँचे में स्थित करने के लिए हिन्दी के दो महत्त्वपूर्ण उपन्यासों के सन्दर्भ भी इसी शीर्षक तले दे दिए गए हैं। उपन्यास है 'हमारा शहर उस बरस' और 'कलिकथा वाया बाईपास'। ये दोनों उपन्यास तराजू में स्त्री के बट्टों से तौल दिए गए हैं।

किन बातों से कभी समझौता नहीं किया?

गुज़रे हुए बरसों के दरमियान उठते रहे छोटे-बड़े विवादों को ध्यान में रखकर अपनी परिस्थितियों का जायज़ा लूँ तो मेरे ग्राफ़ में समझौतों के नाम पर बहुत कम ही प्रविष्टियाँ मिलेंगी। इसकी वजह मेरा जन्मजात स्वभाव है कि कम दाँव-पेंचवाली बुद्धि को सहज अन्तर्दृष्टि नहीं कह सकती, पर मैं उस पर गहरा भरोसा करती हूँ।

सुयोजित रूप में बिछाए गए हथकंडे और उनसे जुड़ी रणनीतियों वाली धकेल-पट्‌टी मुझमें एक लेखक की दिलचस्पी जगाती हैं। उन सुरागों को भी उघाड़ती हैं जो अकसर धंधई पोशाकों तले छिपे रहते हैं। मैं इसे देख सकती हूँ क्योंकि मैं बेकार की जोड़-तोड़ में नहीं लगी रहती। एक बात तो भली-भाँति जानती हूँ कि इन चालाक बेरहम प्रतिस्पर्धा के समयों में जब किसी भी कारण से कुछ प्रभावी इकट्‌ठा हों और आपको घेरने पर आमादा हो जाएँ तो आपको कौन बचा सकता है! मेरे पास तात्कालिक बचाव की सुरक्षा-नीति का नितान्त अभाव है, सो खेल लम्बे चलते रहे हैं। सत्ता, सामर्थ्य और राजनीतिक दलों से जुड़े और पैश्चराइज्ड दूध के धुले लोगों का अहंकार और उसकी खामोश धौंस एक नशीला-सजीला नाटक होता है। आप उनका शिकार हो जाने के बावजूद अपनी क़ीमत पर उस शास्त्रीय सामर्थ्य सुविधाओं से भड़कीले वर्ग का अन्दरूनी ढाँचा बाँच सकते हैं। विवादों की इतनी ही भूमिका हुआ करती है। क़ीमत आपको खुद ही अदा करनी होती है। अपराध करनेवालों की सहायता और सुरक्षा करनेवाली बिरादरी बहुत बड़ी है। उसके जाल का ताना-बाना एक-दूसरे से इतनी गइराई से जुड़ा है कि वहाँ सही और गलत को लेकर कोई धर्मसंकट नहीं, क्योंकि धर्मकाँटा उन्हीं के कब्ज़े में है। सामाजिक माफ़िया के हाई-सर्किट गलियारे से जो आप सीख सकते हैं, वह इतना ही कि उनके सामने दीन-हीन नज़र आओ तो वह तुम्हें कुछ नहीं कहेंगे। बात का सार इतना ही कि तुम्हारी निगाह में यह हमेशा के लिए अंकित हो जाना चाहिए कि ऊँचाई और सच्चाई दोनों उनके 'लॉकर' में बन्द हैं। वह चाहें तो तुम्हें सरोपा दें और चाहें तो ठेंगा दिखाएँ।

आज की हक़ीक़त है यह। इसे जानने के लिए तथाकथित विवादों में से गुजरना ज़रूरी है, बशर्ते आपकी हड्‌डी मजबूत हो और आपकी अरज़ी किसी मेज़ पर न रखी हो। यह अध्याय लम्बा है सो इस पर चर्चा फिर कभी।

क्या चीज़ें सबसे ज़्यादा सुकून देती हैं? इसका पूरक प्रश्न यह भी कि क्या चीज़ें उद्विग्न करती हैं?

कहूँगी कि मेरी दुनिया बेहद पसन्द और नापसन्द के दायरे में बहुत ज़्यादा कभी नहीं घिरी। मिज़ाज कुछ ऐसा कि वक़्त के साथ रुचि बदलती जाए और चलने के रास्ते भी बदलते जाएँ। फिर भी छोटी-सी मामूली हस्ती अपने असली रंग में महफ़ूज़ रहे।

अपने को ठेठ मध्यवर्ग की पौध मानती हूँ। उसमें गर्व महसूस करती हूँ। मध्यवर्ग भी ऐसा जो ऊँचाई से उतरकर बीच में स्थित हो गया हो। कुछ ऊपर, कुछ नीचे। न ऊपर का वज़नदार लगे और न नीचे का हलका। मेहनत से हर कदम हर सीढ़ी चढ़कर ऊपर पहुँचने की कोशिशों की मैं दिल से इज़्ज़त करती हूँ। इस पर किसी समूह-सम्प्रदाय का हक़ नहीं। यह रास्ता सब नागरिकों के लिए खुला है। किसी को

दस–बीस बरस लगते हैं। कहीं एक–दो पीढ़ियाँ इसमें गर्क हो जाती हैं और एक बड़ी संख्या शताब्दी के सफर से गुज़रकर इस मंज़िल तक पहुँचती है। अपनी आँख का पैमाना कुछ ऐसा कि अपने पाँव तले दोनों बराबर हैं।

सेनाओं की यूनीफॉर्म मुझे बचपन से भाती रही है। चुस्त–दुरुस्त और अनुशासन में रचे–बसे लोग अच्छे लगते हैं। इससे ठीक उलटी, खास किस्म की अधपकी वाचालता और काइयाँपन मेरे उत्साह को सोख लेता है और मैं दृश्य से उदासीन हो जाती हूँ। अब जो भी हो, मेरे बाहर घटित होने लगता है। मैं अनुभव के ज़ोर पर बड़े सलीके से अपने को समेट लेती हूँ। जो संवाद नहीं सिर्फ एकालाप करते हैं, उनसे दूर–दूर से ही निभती है। क्योंकि मुझे दिल लगाने की समस्या नहीं, दोस्तों को देर–देर से ही मिलती हूँ; सो मित्रताएँ बिना उलाहनों के सरवाइव कर जाती हैं। बिलकुल कट जाने की नौबत नहीं आती।

पोर्टब्लेयर का जिक्र है। कोल्विनकोव में ठहरी हुई थी। डिनर के बाद उठकर अपने कमरे की ओर जाने को थी कि कारनर की मेज़ से उठकर दो युवक पास आए।

माफ़ कीजिए मैम, हम लोग आपको आमंत्रित कर रहे हैं—हमारे साथ कुछ लें। मैंने दिलचस्पी से देखा और हँसकर कहा—बहुत–बहुत शुक्रिया, मैं खाना खत्म कर चुकी हूँ। फिर कभी सही।

प्लीज़ मैम, हम लोग शाम से आपसे बात करना चाह रहे हैं। हम लोग आई.एन.एस. देहली से हैं। हमारा पोत सुबह चार बजे पोर्टब्लेयर से रवाना हो रहा है। मना न कीजिए। वक़्त ही कहाँ है!

मैं उत्साहित होती हूँ। 'डफरिन' की किताब ज़हन में कौंध जाती है।

मैम...

शामिल होती हूँ पर एक शर्त है। मेज़ आपकी, पर मेज़बान मैं होऊँगी।

मैम, उसकी फिक्र क्यों! हम जहाजी हैं। उसकी कोई कमी हमें नहीं।

आई.एन.एस. देहली के उन स्मार्ट जल–सैनिकों के साथ जा बैठी तो लगा ही नहीं कि कुछ देर पहले तक मैं उनके साथ शामिल नहीं थी। सहज–स्वाभाविक बातचीत का तापमान एकदम मुनासिब, गर्मजोशी, क़हक़हे और वह ज़िन्दादिली जो सिर्फ सेनाओं के शिष्टाचार में से झाँकती है।

इनकी तुलना में गम्भीर दिखते प्रशासनीय चेहरे कॉलर के ऊपर उनकी ख़ामोश भंगिमाएँ सत्ता और शक्ति की प्रतीक!

और बिचारा देसी भाषाओं का लेखक, लगभग मज़दूर कलम का। उसकी तुलना

में अन्तर्राष्ट्रीय भाषा अंग्रेजी की प्रबुद्ध बिरादरी। खालिस उच्च वर्ग। दिल्ली में हुई अन्तर्राष्ट्रीय संगोष्ठी में देसी भाषाएँ बेचारी पिछवाड़े और दमदार राजसी अंग्रेजी फाइवस्टार के गलियारों में। देश की भारतीय भाषाओं के लेखक दिल्ली में मौजूद हैं, साहित्य अकादमी सम्मान के लिए मगर उनकी संगोष्ठी और सम्मान समारोह से दूर विश्व के रजिस्टर्ड प्रबुद्ध पर्यटक-स्थल नीमराना में एक साथ बौद्धिक ऊर्जा और विश्राम का मज़ा ले रहे हैं।

जय भारत! जय भारती! देसी भाषाओं के लेखक भारतीय परम्परा के अनुसार पकौड़ों और बर्फी के साथ चायपान कर रहे हैं। काफ़ी है। देसी आत्मा के लिए सादगी में इतना भी काफ़ी है। यही हमारे लेखकों की प्राचीन परम्परा है।

अनामिका, इस प्यारी भारतभूमि में जहाँ करोड़ों के घोटाले हो रहे हैं, वहाँ बाईस भाषाओं के विशिष्ट और उत्कृष्ट लेखकों के लिए एक वर्ष में बाईस लाख की राशि जुटाने में लोग सकुचा रहे हैं। भारतीय भाषाओं के लेखकों की तौफ़ीक बढ़ाने के लिए क्यों शरमा रहे हैं! क्या सचमुच शब्द-संस्कृति फीके पड़ जाएँगे?

प्रेम के बारे में कुछ कहें और घृणा के बारे में भी—और राग-विराग के उस विकट समतोल के बारे में तो ज़रूर, जो 'समय-सरगम' में लगातार मन्द्रसप्तक में बजता रहता है।

अपने यहाँ प्रभु में प्रेम की महिमा बहुत बड़ी है। प्रेम मानवीय मन-तन का महाभाव है। प्रेम इस लोक का अलौकिक वरदान है। मानव के नश्वर अस्तित्व का अमरत्व गान है। प्रेम आत्मा का उदात्त है। देह का ताप है। तन-मन की प्यास है। प्रेम द्वन्द्व है। प्यार है। हिंसा है। इस धड़कती तरंग के अनेक रंग-रूप हैं।

दरअसल प्रेम वह है जो अपने होने में हम स्वयं आप हैं। आपकी जो आन्तरिकता है, आपकी जो देहभाषा है—अनुभूति है, संवेदन है। जिस रूप में आप अपने मनचाहे गन्तव्य तक पहुँचना चाहते हैं—यह सभी कुछ मिलकर उस रहस्य को बुनते हैं जिसे प्रेम का नाम दिया जाता है।

इसे देखने का, इसमें घुल-मिल जाने का एक और भी अन्दाज़ है। इस मोहरे का दूसरा पक्ष। अगर पुनीत पवित्र आत्मा अब व्यापार है तो देह से लगा यथार्थ भी भूमंडलीय बाज़ार है। इससे शरमाने की भी ज़रूरत नहीं। जो भी इस ढाई अक्षर में धड़कता है, वह इस धरती पर ज़िन्दा रहनेवाला मानवीय परिवार है। इसी से सम्बन्धों की निकटता उस ऊर्जा और ऊष्मा को जगाती है जो इस कड़ी को अगला समय बनाती है। फिर वही इसके खोट के बहाने उसके खरेपन को नष्ट करती है। सच तो यह भी कि 'प्रेम' भी उन तत्त्वों से निर्मित है जो साकार और निराकार में गुँथे हैं। जब तक आपको भाए, उसे सगुण मान लो, नहीं तो निर्गुण का लक्ष्य भी बुरा

नहीं। कबीर या मीरा कुछ भी चुनें—सिर्फ़ तान अलग होगी।

साहित्यिक संसार में कई तरह के तनावों से किस प्रकार निपटती हैं?

अनामिका, कभी तनाव बहुत आक्रामक हो जाए तो दिमाग़ भी दिलजोई करने लगता है। कई बार कई बदमज़गियों में उसका यह शरारती तेवर भी काम आता है। एक दिलचस्प घटना है सुनाने को।

हुआ कुछ यूँ कि अपनी भोली बेख़बरी में ही एक संगीन अदबी दुर्घटना हो गई। वैसे तो होती ही रहती है। इसका रंग कुछ नया ही था। मुझ तक ख़बर पहुँची तो बैठे-बिठाए एक ठंडा दिमाग गर्म होकर खौलने लगा। इस निर्णायक संगोष्ठी से कई नए-पुराने सन्दर्भ जुड़े थे। बाक़ायदा सुरंगें बिछानेवाला खेल था। जो भी था, रात सिर पर थी और तनाव सरहद के पार जाने का नाम न ले। रह-रहकर वह स्वयंसेवी हाई पावर स्वायत्तता कमेटी आँखों के आगे फिरकी की तरह घूमती रही। दो-एक बार आँखों पर छींटे दिए, मलाई का फोहा रखा मगर जलन कम न हो। एक और नुस्खा आज़माया। बड़े लाड़-प्यार से दो-चार बार गाली निकाली-साले! सरकारी मुहिम की तरह सूची बनाने लगे। इस पर भी मदद न हुई और दिल लगातार खौलता रहा।

विद्वानों का हाई पावर, स्वयंसेवी स्वायत्तता संस्थान। न्यायालयों से ज़्यादा शक्ति। उस पर पुलिस का दबदबा। यह नागरिक लेखक अपील करे तो कहाँ करे?

कोतवाली-कचहरी पहुँचना मुश्किल है। बाक़ायदा माफ़िया बिछा है। हारकर कुछ दोस्तों से जानकारी ली तो रात-भर कानों में नेताओं के संवाद कुनमुनाते रहे। दस्तक दे-देकर दिल-दिमाग़ को खटखटाते रहे।

देखिए, साहित्य संसार का एक सौ साल का लेखा-जोखा हमारे सामने है। हम कहे देते हैं कि प्रदेश का कोटा दोगुना होना चाहिए।

ठीक है। अपने नाम दर्ज़ कर दीजिए।

टिक मार्क।

अब हमारी सुनिए—हमें दो सारस्वत चाहिए ही चाहिए! बन्धु दोनों का नाम पहले ही मौजूद है।

आगे बढ़ें? आप कहें—

हमारा विभागीय संगठन भी कम महत्त्वपूर्ण नहीं।

उस प्रस्ताव का तो अनुमोदन हो चुका है न?

हाँ, तो बस ठीक।

और हम?

श्रीमान, अपने नाम दीजिए।

लीजिए, यह रहे।

हाँ—इसका प्रावधान तो पहले ही कर रखा था।

अब बाकी क्या है?

थोड़ा उलझाववाला मामला है, तरकीब से सुलझा लें तो बेहतर।

सहायक अस्तित्व अधिकारी गम्भीरता से बोले—झगड़ालू स्त्रियों का मामला है। बिना शोर-शराबे के सुलझ जाए तो अच्छा।

इस बड़े उपन्यास 'ज़िन्दगीनामा' में बड़ी संख्या में पुरुष पात्र भी मौजूद हैं और शीर्षक भी मरदाना है। उपन्यास और कई दृष्टियों से भी विवादास्पद है। सो इसे तो लिंगगत राजनीति के बहाने बाहर कर दें। दूसरा उपन्यास उतना महत्त्वपूर्ण भले न हो पर उसका शीर्षक तो स्त्रीलिंग में है। कृति स्त्री द्वारा लिखी गई है। नायिका स्त्री है और उसका सन्दर्भ भी सेक्स से जुड़ा है। नारी-विमर्श के आसपास ही इसका कथानक घूमता है। सो हमारी राय में तो इसकी समीक्षा भी आलोचक द्वारा ही की जानी चाहिए।

बन्धु, ऐसा क्यों कर रहे हैं? देखो, इनके साहित्यिक दड़बे अलग ही रहने दो। इनका साथ घर-गृहस्थी में ही काफ़ी है। इन्हें ज़्यादा मत बिगाड़ो। लेने के देने पड़ेंगे।

दोस्त, अभी से मत घबराएँ—इस सदी में तो इन्हें कलपने-बिलखने दीजिए। इन्हें लेखक बनना सीखना होगा। चौके-चूल्हे से फुरसत पाकर खाली कलम घसीटना नहीं होगा। चीफ स्वायत्तता अधिकारी बड़ी मोहक हँसी हँसे।

लिंगगत भेद एक हक़ीक़त है। पुरुष का समय स्त्री के समय से कैसे मिल सकता है?

हाँ मित्र, ऐसे प्रबुद्ध आध्यात्मिक गणित का जो भी कलात्मक परिणाम हो, वह स्त्री जाति के लिए ठीक ही बैठेगा।

दूसरे उपन्यास को खारिज करने के लिए टिप्पणी भी तो देनी होगी।

नहीं, यह हाई पावर स्वायत्तता संस्थान ऐसा करने को बाध्य नहीं है। आप इत्मीनान से इसे महिला श्रेणी में रख दें। ऐसा करने से एक बात और भी उनके सामने साफ हो जाएगी कि उनके लेखन को हम आलोचनात्मक नैतिक संहिता के अनुसार पुरुष लेखकों क साथ नहीं रख सकते। उन्हें अभी बहुत मशक्कत करनी पड़ेगी। हाँ, पुल्लिंग शीर्षकवाली कृति के साथ एक और संस्कारगत सांस्कृतिक विडम्बना

पैदा हो सकती है कि यह नीम पढ़ी-लिखी लेखिकाएँ साहित्य में आरक्षण की माँग कर दें।

सुनिए-सुनिए, इस पर कुछ कहने की ज़रूरत नहीं। मौन साधे रहिए।

यह उपन्यास भी साहित्य अकादमी पुरस्कार-प्राप्त कृति है।

होगी।

आलोचकों ने इसे सराहा था। नवलजी ने इसके बारे में लिखा था—

तब और बात थी। तब इस शीर्षक को लेकर मुकदमा हाईकोर्ट में नहीं था।

हू-हू-हू।

पर सुनिए, यह स्वायत्तता संस्थान है। इसका न्यास जो ठीक समझे, करे। आपका प्रभावशाली संस्थान तो मानवीय बिरादरी में विश्वास करता है।

ज़रूर करता है। उसके ऊपर कोई सन्देह और अविश्वास भी नहीं करता। इसलिए उचित होगा कि इसके साथ एक टिप्पणी दे दें।

लिखवाइए।

हम एक मत से उस पुल्लिग शीर्षक उपन्यास 'ज़िन्दगीनामा' की तुलना में इस स्त्रीलिंग और लघु उपन्यास को इस सूची में स्थान दे रहे हैं, क्योंकि इसके पाठ ने कहीं ज़्यादा लोगों को प्रभावित किया है। स्त्री द्वारा लिखा यह उपन्यास स्त्री के विषय में है। उसके दमन, आदिम कुंठाओं और इच्छा का ब्यौरा है। फिर नेशनल स्कूल ऑफ ड्रामा द्वारा इसका मंचन भी हो चुका है।

शताब्दी में प्रमुख उपन्यासों का चुनाव सम्पन्न हुआ। हाँ, अब घड़ी की ओर देखिए।

अनामिका, बिस्तर में लेटकर बहुत सोचा। एक ही रास्ता नज़र आया। इस निर्णय के खिलाफ कोर्ट का दरवाज़ा खटखटाया जाए।

—क्या सचमुच आप 'ज़िन्दगीनामा' उपन्यास को पदच्युत कर सकते हैं? पुलिसिया ठोकर के साथ दोनों उपन्यासों की छपीली अस्मिता-ओढ़नियाँ छीनकर उन्हें साहित्य-बाज़ार में नंगा कर सकते हैं? नहीं-नहीं नहीं।

इस तरह का दोग़ला अधिकार किसी स्वायत्तता कमेटी को नहीं है। यह अवैध है। गैर-साहित्यिक है। और गैर-कानूनी भी। 'ज़िन्दगीनामा' जैसे मामूली उपन्यास को आपने सूची में रखा ही क्यों और फिर उसे यह कहकर बाहर किया भी क्यों, जबकि स्त्री सम्बन्धित उपन्यास शामिल करने की प्राथमिकता आपकी थी? इसे लँगड़ी देने की तो ज़रूरत ही नहीं थी। इतना ही तो बताना चाहते थे आप लेखक को कि अरी

दलित स्त्री लेखक, अपने कपड़ों में रहा कर। तुम्हारे प्रति कई शिकायतें हैं।

वाह-सर जी—क्या इंसाफ किया है! स्त्री-विमर्श के सारे झगड़े को एक ही हल्ले में साफ किया है।

सुबह पहली चाय के लिए आँख खोली तो अपने अन्दर की चैनल पर ठुमरी के बोल सुनाई पड़े।

परदेसी सैंया, बंकर से मारे हथगोले!

इन बोलों को दोहराया—तो हँसी निकल गई। सारा तनाव काफूर।

दूसरी चाय के लिए उठी तो फ्लैश की तरह इस फैसले का एक और पक्ष लहरा गया। सारा मामला साफ हो गया। हाईकोर्ट में अब भी चिपका 'ज़िन्दगीनामा' के शीर्षक का मुकदमा। बौद्धिक माफ़िया ज़िन्दाबाद।

बचपन से अब तक आप बदली कितना हैं? जीवन-दृष्टि में कब-कब बदलाव घटित हुआ?

बचपन से अब तक कितना बदली हूँ—आपके लिए सोचकर देखती हूँ। सच तो यह है कि बहुत बदली हूँ और कुछ खास बदली भी नहीं। तालकटोरा गार्डन में हॉकी खेलती रही। शिमला में पथरीली टीलो-टीलो। बर्फ के गोले बना छिप-छिपकर स्केटिंग रिंग की ओर मारती रही, जहाँ हम हिन्दुस्तानियों को प्रवेश की आज्ञा नहीं थी। घोड़ों की सवारी-पहाड़ों पर पैदल घूमना-ताल-तलैया और दरिया में नहाना, कपास के खेत में से डोडे बीनना। जो मन में आ गया, मन को भा गया और जो कर सकी, वह कर लिया। इस अदा को आज भी सँभाले हुए हूँ, इसने अब तक के सफर को हिस्सों में बाँटा नहीं। पर नहीं, अब और नहीं उभर रही है वह सन्धिरेखा।

फैंसी, ऐड़ीदार जूतों को पूरा विश्राम। घेरदार फर्शी गरारे तिहाकर आँखों से ओझल। मेज़ पर इस्तेमाल होते पुराने पॉकेट शैफ़र माउंटब्लैंक सब डिब्बों में। अब इस्तेमाल हो रहे हैं सिग्नेचर स्टिक। कभी लिखावट निहायत महीन, ठीक पुराने दिनों की तरह और कभी अक्षरों में खासी हलचल। वही बेतरतीबी, मेज़ पर कागज़ों के ढेर और हमेशा की तरह ढूँढ़ना, खोजना, रखना और भूल जाना। दुबारा लिख लेना। पुराना खेल, कुछ भी नया नहीं। जो पुराना है, उसे यह पुराना अभ्यास आदतन साधे हुए है। क्या सचमुच में बदली नहीं हूँ मैं? इतनी ढीठ हूँ क्या? हर कोई अपने-अपने ढंग से हर दिन बदलता है, फिर भी वही रहता है। वही बात मुझ पर भी लागू है। बड़े होने का, पुराने पड़ने का अहसास उन आँखों से होता है जो बिना कुछ कहे अपनी उपस्थिति-भर से आपके मुखड़े का हिसाब आप तक पहुँचाते हैं। बच्चे, मैं इस सबसे दूर एक ऐसी सोहबत में हूँ जिसका बीता हुआ पुराना वक़्त है और उस

वक़्त का मुखड़ा जो नया है और थोड़ा-सा बचा है। एक और भी इसकी कसौटी है। सोच-विचार, कागज़-कलम और शब्द! क्या कुछ बदला? नहीं। मैं कोशिशों से कुछ भी नहीं करती, सिर्फ मुझे उस क्षण का इन्तज़ार करना होता है जो मुझे चुनौती देता है।

नए-पुराने और पुराने से भी पुराने चेहरे-अनामिका, मैं अपने जीने की दीर्घ-यात्रा देख रही हूँ। कोई भी चेहरा मेरे निकट स्मृति मात्र नहीं है। वह मेरे जिए हुए समय से जुड़ा है। उसी ने मुझे एक ऐसी समझ दी है, एक ऐसी समझदारी जो बहुत-सी समीपताओं और दूरियों से उपजती है। अनुपस्थिति में भी उपस्थित रहती है और घने अनुभव के घनत्व के रूप में आपकी अन्तर-भाषा में घुल-मिल जाती है।

कुछ लोग, कुछ हादसे झमाझम बरसकर अचानक निःशेष हो जाते हैं—कुछ सीले हादसे आपके वजूद पर, आपके भीतर, बूँद-बूँद टपका करते हैं।—एक-एक कर और जीवन-भर। हादसों की या चरित्रों की यह दूसरी श्रेणी लेखकों को ज़्यादा प्रिय होती है, क्योंकि उसमें एक खास तरह का मिस्टीक होता है और ज़्यादा गहरे नैतिक ऊहापोहों का सामान जनती है वह। आपकी तो हर कृति एक तरह की नैतिक कशमकश का सिद्धहस्थ मंचन है—और हो भी क्यों नहीं! जो मनुष्य जितना बड़ा होता है, उतने बड़े होते हैं उसके द्वन्द्व। अपने कुछ बड़े अन्तर्द्वन्द्वों के बारे में बताइए।

लेखक के अन्तर्द्वन्द्व उसके चेतन-अवचेतन और देह-आत्मा से गुँथे रहते हैं। बुद्धि-तर्क और उसका भाव-संवेदन—सभी मिलकर उसे मुखड़ा प्रदान करते हैं। इनमें से किसी को भी एक दूसरे से अलग करके देखना शायद मुश्किल ही होगा। यहीं परिवार का वातावरण और सांस्कृतिक पर्यावरण महत्त्वपूर्ण हो उठता है। यहीं से उभरते हैं उसके सुखद और दुखद आवेग जो अनजाने में ही उसकी जिज्ञासा, रुचि और सरोकारों को तय करते हैं। इन्हीं अनदीखते मिश्रण के रहस्यों में से छनकर रचना अस्तित्व में आती है। रचनाकार की मानसिकता, परिवेश, अतिरेक या तटस्थ विवेक उसकी सीमाओं और क्षमताओं को तय करते हैं। इन दोनों की एक-दूसरे को चुनौती इनकी आपसी टकराहट को एक धड़कते आत्मीय यथार्थ में बदल देती है। सर्द और तटस्थ दिखनेवाली पंक्तियाँ ताप देती हैं और पाठ के पिछवाड़े से धड़कती-खनकती ऊर्जा का स्पर्श। सच तो यह भी कि रचना और रचनाकार के सम्बन्धों के बीच वह सहज कर्म है जो विपरीत दिशा से आत्मीयता और परायापन बनाए रहता है। किसी भी ओर से इसकी अति से लेखक और रचना का व्याकरण बदल जाता है और रचना रचनाकार के पीछे-पीछे चलती नज़र आती है। किसी दूर पार के यथार्थ की कल्पना या कल्पना के विस्मयकारी समृद्ध सुहाने परिदृश्यों की शृंखलाएँ यहाँ अंकित होती हैं। उस 'फंतासी' में एक ही तरह का पलायन है चाही-

अनचाही स्थितियों में। अपनी बात करूँ तो कहना चाहूँगी, मैं रचना के साथ सहज ही एक शालीनता और परायापन बनाए रखती हूँ और उसे दोनों दिशाओं से लागू करती हूँ। यह संयम और अनुशासन कठिन होता है, क्योंकि इसमें लेखक की रचना की सुरक्षा के लिए अपनी उपस्थिति को गौण करके चलना होता है। आप सिर्फ वही नहीं लिख रहे जो आपकी प्रतिभा का विस्तार है। आप रचना से, संकेतों की मुखामुखी से उसके भावार्थ की विश्वसनीयता देने को उत्सुक हैं। इस भंगिमा को यदि आप स्वयं भी चीन्ह लें तो रचना का आन्तरिक जादू बिखर जाएगा, क्योंकि आप सोच-समझकर एक लेखकीय गणित बिठाने लगेंगे। रचना के खतरे सिर्फ पात्रों की मनमानी में ही नहीं, रचना में अन्तर्निहित वे जोखिम भी लेखकीय कौशल को तार-तार कर सकते हैं।

मैं इसे निज की उत्तेजना और सुनिश्चितताओं के दायरे से बाहर रखती हूँ। आप अपने या सुने-सुनाए अनुभव को विशेष बनाकर प्रस्तुत करेंगे तो पाठक ही नहीं, रचना भी पाठक को एक आँख मारकर मसखरी कर देगी। प्रतिभा और लेखकीय दम्भ में सामंजस्य होना ज़रूरी है। लेखकीय अधिकार के नाते इतना ही कि मैं गहरी तटस्थता से अपनी कृतियों में उस अर्जित स्पेस को देख सकती हूँ जो एक स्वाधीन स्वतंत्र व्यक्ति में होता है। उत्पीड़न, दबावों तले से उठता कोई भी स्त्री या पुरुष मात्र लिंग-विभाजन से ही अच्छी और कम अच्छी कृति का रचयिता नहीं हो सकता। अर्द्धनारीश्वर शब्द और उससे जुड़े उस आध्यात्मिक गहन की ओर बढ़ूँगी जो हमारी कलाओं को प्रतिष्ठित करता है। स्त्री और पुरुष दोनों के मिले-जुले गुण एक इकाई में एकत्र हों तो स्त्री की ऊर्जा और पुरुष की गम्भीरता—दोनों उस रचनात्मकता ऊष्मा को ग्रस्त करते हैं जो मात्र लेखन में ही नहीं, अन्य सभी कलाओं की पुनर्रचना में अपने श्रेष्ठ को प्रखरता से अभिव्यक्त करते हैं।

आप अपने स्त्री होने को किस रूप में महसूस करती हैं?

मुझे स्त्री होने का गर्व है। मैंने मात्र इसकी संज्ञा को ही धारण नहीं किया—इच्छाशक्ति, आत्मविश्वास और परिश्रम में अपने को एक सेहतमन्द व्यक्ति के रूप में भी सँवारा है। उस स्पेस में जीया है जो आमतौर पर पुरुष के हिस्से में आता है। मैं साफ निगाह से स्त्री की तथाकथित आत्म-केन्द्रीयता देख सकती हूँ और पुरुष का अनुशासन भी जो उसे तराशता है गृहस्थी के लिए-अर्थ, साधन और सुविधाएँ जुटाने के लिए। पुरुष के पास उसके अपने और घर-गृहस्थी, परिवार के अलावा वह 'बाहर' भी रहा जो उसके पुरुषोचित गुणों के अभ्यास के लिए एक बड़ा क्षेत्र था। ठीक इसके विपरीत बिना शिक्षा और आर्थिक स्वतंत्रता के स्त्री के पास घर-गृहस्थी और बच्चों की दुनिया थी जो उसकी क्षमताओं को सीमित रखती रही। अक्षर बाँचने से दूर निरक्षर विद्या के बिना अपनी सहज बुद्धि से वह अपने हाथ-

कौशल से अपने को चलाती-रिझाती रही है।

अब चैतन्य हो उठी कि वह भी मानवीय जाति का उतना ही महत्त्वपूर्ण अंग है जितना उसका साथी पुरुष। इसे हम स्त्री-क्रान्ति के रूप में भी जान रहे हैं—यह स्त्री नागरिक के अधिकारों का भी तकाज़ा है। आज यह मूलभूत अधिकार भारतीय स्त्री को उपलब्ध है। कोई कारण नहीं कि शिक्षा के बल पर सामाजिक संगठन में, पुरुष की बराबरी में मूल्य-बोध के प्रति जागरूकता न हो और वह लोकतंत्र में व्यक्तिगत, सामाजिक और राजनीतिक महत्त्वाकांक्षाओं तक न पहुँच सके। पढ़े-लिखे व्यक्ति के रूप में स्त्री की भागीदारी और बराबरी का साझापन एक ऐसी मानवीय भाषा का वैचारिक विकास करेगा जो मानवीय परिवार के लिए कल्याणकारी होगा। साहित्य की विस्तृत सीमाओं से आप स्त्री, दलित आदि जाति और कमज़ोर वर्गों को कब तक दर्प और दम्भ से पछाड़ते रहेंगे ? उसे वक़्त दीजिए और मातृत्व के व्यवसाय के आगे भी दूसरे कार्यकलापों और कार्यक्षेत्रों में अपने को प्रमाणित करने दीजिए। हमें उन्हें वक़्त देना होगा कि वे आपके साथ खड़ी हो सकें।

मेरे यहाँ भीरू ग़ैरहाज़िर है

निरंजन देव शर्मा से बातचीत

आधी सदी से ऊपर का वक़्त गुज़र गया कृष्णा सोबती को लिखते हुए। आज भी उनके रचनात्मक लेखन में वही धार, वही प्रयोगशीलता, वही संयम मौजूद है। आज भी उनकी रचनाओं पर उसी तरह से शोध हो रहा है, लिखा जा रहा है। उनके पाठकों को इन्तज़ार रहता है उनकी नई रचना का; किन्तु कृष्णा सोबती की कोई भी कृति लम्बे इन्तज़ार के बाद सामने आती है, क्योंकि वह होती है एक लेखक की ऐसी ईमानदार अभिव्यक्ति जिसके हर पक्ष को लेखक के अन्दर का पाठक जाँचता है। 'मित्रो मरजानी' आज भी उतनी ही प्रासंगिक है, जितनी 1967 में थी। 'यारों के यार' की भाषा तथा दफ्तरी बाबुओं की कुंठा एवं भड़ास तब तक वैसी ही रहेगी तब तक व्यवस्था का स्वरूप ही बदल नहीं जाता।

ऐसे लेखक के लेखन को ही नहीं बल्कि लेखक के व्यक्तित्व को भी जानने की आकांक्षा पाठक को रहती है। जिज्ञासा रहती है लेखक के अतीत और वर्तमान को जानने की, उनके दौर में लिखे गए साहित्य पर लेखक के विचार जानने की।

इतनी सारी बातें हैं और इन्हें जानने का तरीका एक, जो सबसे ज़्यादा उपयुक्त है लेखक से साक्षात्कार।

प्रस्तुत साक्षात्कार सोबतीजी से तीन मुलाकातों में हुई बातचीत पर आधारित है। कृष्णा सोबती जैसे रचनाकार से बात करने की सम्भावना सदा उत्सुकता जगाती है। जितना उन्हें जाना है, वह लेखकीय मुद्रा को भूलकर पाठक से पाठक का संवाद करती हैं।

किसी भी लेखक व्यक्ति का बचपन भावनाओं का संस्कारी बिन्दु होता है, जिसमें झाँकना ही कुछ न कुछ अनोखा पाना है। सोचा कि सोबतीजी के इस खज़ाने से कुछ मोती मैं भी चुरा लूँ।

सोबतीजी, अपने बचपन के बारे में कुछ बताइए, कुछ ऐसी स्मृतियाँ जो आज भी आपको अपने बचपन में लौटा ले जाती हों।

पीछे लौटूँ तो बचपन छोटी-छोटी खुशियों से गुंजान रहा। पिछली सदी के ऐन पच्चीसवें साल में जन्म लेने का निर्णय तो भला मेरा कहाँ रहा होगा! वैसे मुझे अपना

जन्म समय निर्धारित करने की छूट होती तो मैं सन् 2025 में पैदा होती और इस सदी की ग्लोबल दुनिया को जी भर–भरकर जीती। अपने काम–धन्धे को किसी विज्ञापन एजेन्सी को सौंप दूसरों को उखाड़ने–पछाड़ने पर लग जाती। इसकी निन्दा, उसकी बदखोई, इसे खदेड़, उसे उधेड़! फिर कार्यकारी तमगे इकट्ठा करके ऐसे हल्कों में दाखिल हो जाती जहाँ सिर्फ चिकनी मुस्कराहट कारगर होती है।

अपना सफर बिना तीरअन्दाजियों के कुछ धीमा और रूखा ही रहा। पिछली शती की रफ्तार ही धीमी थी। अपनी चाल भी किसी तेज़–तर्रार घोड़े की सरपट चाल नहीं थी। हाँ, घोड़े की तरह समतल ज़रूर थी। ढीठ सवार! पाँव तले ज़मीन सपाट हो या ऊबड़–खाबड़, चढ़ाई हो या उतराई, राहें कच्ची हों या पक्की—भलेमानस बिगड़ैल की तरह डट के चलती रही। अपने मस्तमौला स्वभाव की अच्छाई–बुराई, साधारण और विशेष सबको एक साथ पैरों में ढालकर आगे बढ़ती चली। यह गई शताब्दी के बदौलत था कि बचपन भाई–बहनों के लिए नज़ारों पर नज़ारे खोलता चला गया। मुझसे बड़ी बहन राज दीदी और मुझसे छोटे भाई जगदीश, और मैं बीच में। हम तीनों के बीच चार–चार बरस का अन्तर रहा! सबसे छोटी बहन सुषी को परिवार में पहुँचने को अभी देर थी। मैंने अपने भाई–बहनों को लेकर कभी प्रताड़ित महसूस नहीं किया। मैं मैं थी और वह वह थे।

यह ख़ूबी मेरी नहीं थी। इसके जिम्मेदार थे हमारे माता–पिता और घर का अनुशासन। हम बच्चों को अपनी बात कहने की खुली छूट थी। एक बात को बार–बार कहने–मनाने की रीति–नीति नहीं थी। हमें इतना विश्वास था कि जो बात ठीक होगी, वह मान ली जाएगी। अनुशासन न तो इतना कड़ा था कि हम मन–ही–मन कुढ़ते रहें और न ही लाड़–प्यार से बिगड़ जाएँ। बड़ों की ओर से एकल परिवार की चौखट में कुछ ऐसा सिखाया गया कि हममें सही और गलत को जान लेने की तमीज़ हो। और इसकी तालीम भी कि हर बार सही वही नहीं होगा जो बड़े कहते हैं, सही वह भी होगा जो बच्चे कहते हैं। इसके साथ ही हममें यह पहचान पुख़्ता हुई कि सोच की लचक ही सही फैसलों को ठीक मुखड़ा दे सकती है। निर्णय छोटे हों या बड़े। अपनी–अपनी बात कहने की हमें पूरी आज़ादी थी। इस बराबरी को सन्तुलन से थामे रहता घर का अनुशासन।

गुजरात के ऐतिहासिक शहर के सर्राफ के साथ लगी सोबतियों की पुरानी हवेली। पीतल की कीलों से जड़ा लकड़ी का ऊँचा फाटक। बड़ा–सा सहन और सहन के बने पक्के चबूतरे पर सजी कूईं। कुएँ पर लगी लोहे की चरखड़ी और उस पर लटकती पीतल की बालटी।

सामने खुलती छोटी–बड़ी ड्योड़ियाँ–पैड़ियाँ–परकोटे–बैठकें और कमरों की लम्बी कतारें, चोर दरवाज़े, तहख़ानों की ओर उतरती सीढ़ियाँ। हवेली के दाहिने पिछवाड़े

फैली रसोइयाँ और काम करनेवालों की कोठरियाँ। डाइनिंग-रूम की क्राकरी पर दादा साहिब का नाम खुदा रहता। जाने क्या था कि उस पुरानी हवेली में कि हम बच्चों को न कुछ नया लगता और न कुछ पुराना। मुझे अपने को देखने पर भी कुछ ऐसा ही लगता है। हाँ, जितनी बार हम वहाँ छुट्टियों में पहुँचते, धीरे-धीरे कटलरी कम होती जाती। हवेली की एक चोरी का सुराग पुलिस को एक ढाबे पर मिला, जहाँ टरकिश-तौलिये तन्दूर पर इस्तेमाल किए जा रहे थे।

ऐसी घटनाओं को माथे पर के ख़ामोश तेवरों के साथ मंजूर कर लिया जाता—शायद यह सोचकर कि हवेली के बाशिन्दे जब नौकरियों पर रहेंगे तो वहाँ के सामान को चोरी से कैसे बचा सकते हैं। पुरानी हवेलियों की जितनी खूबियाँ और जितनी खामियाँ होती हैं वह काफ़ी हद तक मैं अपने में देखती हूँ। जो कमरे-बैठकें इस्तेमाल होते थे, वह थे उत्तर खंड के और बन्द पड़े थे दक्खिन खंड के। दोनों के बीच के परकोटों पर हम खेलते कौड़ियाँ-पिट्ठू, गिट्टे-खेनू-कोलड़ा, छपाकी और ऊँची फलाँग!

गाँव में पहुँचते तो नज़ारा बदल जाता। हवेली गुजरात की हवेली से अलग दीखती थी। हवेली से लगा तबेला। घोड़े, गाय, भैंसें। हरे-भरे खेत, अनाज से भरे भंडार-छोटी-बड़ी बैठकें, पसार सर्दखाने। वहाँ हम गोटियाँ खेलते। दरिया में डुबकियाँ मारते, घोड़े दौड़ाते, रहट पर छप्प-छप्प कपड़े धोते। चौके में आसनों पर बैठकर खाना खाते!

दिल्ली-शिमला का रंग और निराला। कल्पना करो निरंजन, मैं तालकटोरा गार्डन में हॉकी खेलती रही हूँ। भोली भटियारिन के तालाब पर पिकनिक का मज़ा उठाए हुए हूँ। शिमला के रिज़ पर हाईलैंडर्स बैंड का लुत्फ़ ही निराला होता। गर्म चैक स्कर्ट यूनीफ़ार्म की फबन भी अनोखी। मुझे वहाँ होना बहुत भाता।

शिमला रिज़ की शाम की तो बात ही क्या है! हर पहाड़ की चोटी की तरुणाई उस पर सूरज ढलने पर। कोई शिखर डूबते सूरज की धूप में चमक रहा है। कोई बादल की छाँव तले गहरा रहा है। कोई बत्तियों से जगमगा रहा है। कोई अपनी उतराई के बल पर सड़क के किनारे रोशनी की झालर टाँक रहा है। और शिमला की ऊँचाइयों को आकार देता है मैदान का गिरजाघर। आसमान पर सितारे और नीचे झिलमिलाती बत्तियाँ। मैं शिमला के रिज़ पर फिदा हूँ। दूसरे नम्बर पर है दोपहर में दार्जिलिंग का चौरस्ता। जिधर देखो, जहाँ से देखो, बर्फीली महारानी कंचनजंघा। पहाड़ हमारे वजूद पर ही नहीं, आत्मा पर छा जाते हैं। हम कुछ और हो उठते हैं। नीचे मैदानों के मुकाबले कहीं ज़्यादा पारदर्शी, आत्मीय और गरमीले।

आपके लेखन में बचपन के जो चित्र हैं—अनोखे हैं और आपकी ममता और

वात्सल्य को दर्शाते हैं!

निरंजन, मुझे समझदार मगर शरारती बच्चे पसन्द हैं। शरारती—चौकन्ने, मगर बदतमीज़ नहीं। जानती हूँ, यह अनुशासन का पुराना मानदंड है। बच्चे कभी-कभार पन्नों पर नज़र आएँ तो मैं उन्हें बराबरी का भाव देती हूँ और उनसे संवाद करती हूँ।

'टीलो ही टीलो' खेल शिमला के दिनों की कहानी है। बहुत पहले लिखी थी। लगता है, 'टीलो-टीलो' खेल पहाड़ों का खेल है। मैं जब लद्दाख गई तो वहाँ पत्थरों की फसलें देखकर लगा, टीलो खेलने के लिए लद्दाख बिलकुल सही जगह है। टीलो की दोनों टोलियाँ मीलों तक रेखाएँ खींच सकती हैं और एक-दूसरे के करतब ढूँढ़ने के लिए अपनी-अपनी दिशा से खो भी सकती हैं। रास्ता भूल सकती हैं। लद्दाख का विस्तार अपने-आपमें अनोखा। एक ऐसी भूलभुलैया जहाँ आप मीलों चलते जाएँ और आपको सबकुछ एक-सा नज़र आए।

'ज़िन्दगीनामा' का लालीशाह जब पहली बार शाला में पाँव रखने को है तो उसे सात घरों से भिक्षा माँगनी है। ऐसे में उसकी प्रतिक्रियाएँ मुझे बेहद भाईं।

'दिलोदानिश' में जब बदरू और मासूमा रज्जो की सालगिरह पर वकील साहिब के घर जाते हैं और वकील साहिब की बीवी का गाना सुनते हैं, तो अपनी माँ महक बानो की ग़ज़ल पर रीझने लगते हैं। वकील साहिब का छोटा बेटा दम्मो बदरू को गाल पर ज़ोर से एक चपत देता है।

बदरू कैसे गाल पर हाथ रखे अब्बू से इसकी शिकायत करते हैं—और अपनी समझ-बूझ से वकील साहिब की हमदर्दी और प्यार बटोर लेते हैं। दलीलबाज़ी और अक्लबाज़ी बदरू ने ली। गाल पर चपत के निशान पर हाथ रखे मैंने बदरू को साक्षात् देखा और मन-ही-मन लाड़ से कहा—बदमाश कहीं का।

'दिलोदानिश' में 'रीछ का बच्चा' और सालगिरह का प्रसंग मैं काफ़ी गरमाहट से पढ़ती हूँ। बच्चों में ऐसी दिलचस्पियाँ रखते हुए भी मैं ऐसे प्रसंगों को तटस्थता से समभाव से लिख सकती हूँ, शायद इसलिए कि मेरे पास अपने बच्चों की 'विशेष-श्रेणी' गैरहाज़िर रही है, जिनकी तरफदारी में अकसर माता-पिता दूसरी सन्तति की विशेषताएँ नहीं देख पाते।

'उमरावजान' और 'डार से बिछुड़ी' के पात्रों का दर-दर भटकना कुछ एक-सा ही लगता है। इस पर कुछ कहें!

निरंजन, इसके पहले कि हम 'उमरावजान' और 'डार से बिछुड़ी' की बात करें, आपको यह बताना ज़रूरी है कि 'डार से बिछुड़ी' जब 'निकष' में विशेष कृति के

रूप में छपी तो मुझे लेखन के आरम्भिक दिनों का विशेष चाव नहीं हुआ। इतना ही लगा कि सम्पादक ने जिस निगाह से पाठ को देखा, लगभग वही लिखते हुए मेरी परिधि में थी। फिर भी कहना चाहूँगी कि 'उमरावजान' और 'डार से बिछुड़ी' की तुलना करने से मुझे संकोच होगा। हाल ही में 'डार से बिछुड़ी' को नए संस्करण के लिए प्रेस में भेजने से पहले पढ़ा तो इसकी भाषा को लेकर कुछ कौतुहल हुआ! सोचने लगी, इस उपन्यास के सीधे-सादे कथ्य को उसी की तरह की भाषा का मुखड़ा कैसे मिला! उस वक़्त की ऐतिहासिक और सामाजिक स्थितियों से ही उघड़ी होगी यह सहज संक्षिप्त नुकीली भाषा। हाँ, 'उमरावजान' एक ऐसा सरल दिखनेवाला पाठ है जिससे कोई भी लेखक बहुत कुछ सीख सकता है। उमरावजान और पाशो अलग-अलग दीखते परिवेशों से, परिवारों से बाहर हो जाती हैं। एक को अगवा कर लिया जाता है, दूसरी डरकर ननिहाल की देहरी लाँघकर अपनी माँ और शेखज़ी की हवेली पहुँच जाती है।

दो नाबालिग भारतीय बालिकाएँ बिना किसी शिक्षा और पारिवारिक अधिकार के अर्जित किए असुरक्षा के कगारों पर खड़ी हो जाती हैं। जिस-जिसके हाथ लगती हैं, कभी उसके। वह जो कुछ जोड़ती हैं, स्थितियाँ उसे तोड़ती हैं और नई उलझनों से जूझने के लिए तैयार हो जाती हैं।

कथ्य के विभिन्न तेवर लिए दोनों जैसे भी उघड़ी हों, कपोल-कल्पित नहीं हैं। साहित्यिक आलोचना ही लम्बी कहानी और उपन्यासिका का फर्क निर्धारित कर सकेगी। उसके बाहर खड़े होकर इतना ही कहूँगी कि हर रचना रचनाकार के हाथ का खिलौना नहीं। उसके आरम्भ में ही उसका अन्त निहित रहता है। पन्ने पर उभरते पाठ की स्वतंत्र सत्ता पहचानने की आँख लेखक के पास होनी चाहिए। अपने तईं मैं पन्नों पर उभरते पाठ में मनमाना हस्तक्षेप नहीं करती। हर लेखक कृति की पहली पंक्ति और अन्तिम के बीच की दूरी और निकटता को साधकर ही कड़ी परीक्षा की तैयारी करता है।

आप क्या कहना चाहते थे और रचना क्या बयान करना चाहती थी—इतना ही खेल है। शिल्प की गुत्थियों के बावजूद रस्सी पर चलते हुए विपरीत दिशा से एक-दूसरे का सामना करते कथ्य और कथानक लेखक के सन्तुलन पर ही टिकते हैं। जब तक स्वयं पाठ में विलीन नहीं हो जाते और कृति की समग्रता में नया स्वरूप धारण नहीं कर लेते।

आप सोबती और हशमत के बीच की दूरी या नज़दीकी को कैसे बयान करेंगी?

हम और हशमत जब 'हम हशमत' होकर मेरी स्टडी में स्थित हो गए तो मुझे अपने में बौद्धिक विस्तार का अहसास जगा। हशमत मेरे निकट अनजान नहीं थे। उनका

लहज़ा और मुहावरा मैं बेआहट अपने में सुनती रही थी। वह मेरी वैचारिक मित्रता के करीब थे और अपने वाचन में एक मनचले दिखनेवाले मगर गम्भीरता के कायल थे। उनकी तीखी छींटाकशी मैं खुद अपने में सुनती रही थी। यह ज़रूर एक ही व्यक्ति में से उठी दो आवाज़ें थीं।

मुझे यह जानना था कि वह एक–दूसरे से कितनी अलग थीं। इसके पेशतर कि मैं हशमत के नाम का खाता खोलूँ, इसकी शिनाख़्त भी ज़रूरी थी कि सोबती की आवाज़ में और हशमत के अन्दाज़ में दो मुख्तलिफ़ रंग ही नहीं, अलग–अलग कोण और नैरेटिव के उठान भी मौजूद हों। इतना फर्क भी हो कि दो शख़्सियतें अपनी–अपनी स्पेस से एक–दूसरे का सामना कर सकें। व्याकरण के अनुसार यह सिर्फ 'ई' और 'आ' का अन्तर नहीं था। दोनों आवाज़ें मेरी थीं और दोनों अलग–अलग थीं।

इसमें से एक को पुरुष का पाठ कहेंगे और दूसरे को अपुरुष या स्त्री पाठ—इस पर मुझे सोचना नहीं था, क्योंकि दोनों के साथ मुझे कोई परेशानी नहीं थी। रचनात्मक स्तर पर कोई दिक्कत नहीं हुई। जिस सहज सहूलियत से यह मुमकिन हुआ, उसने ही हशमत के अस्तित्व को सुरक्षित किया। दोनों अपनी–अपनी जगह पर तैनात हैं, अपने–अपने मुहावरे और निगहबानी के साथ। हशमत की आमद कुछ इस तरह से हुई। हुआ यूँ कि एक शाम किसी पार्टी में शिरकत की। अजब मंज़र था उस भाँति–भाँति की भीड़ का। मेहमान कुछ मुस्कुरा रहे हैं, कुछ विनम्रता में सराबोर खीसें निपोर रहे हैं, कुछ अपनी रचनात्मक सफलताओं पर इतरा रहे हैं। कई गर्ज़मन्द दूसरों के अहम के खाली पैमाने भर रहे हैं। मील–भर की दूरी से संस्थान की प्रशंसा और बखान की प्रविष्टियाँ भर रहे हैं। ज़िक्र इतना मुलायम कि मानपात्र ठीक जगह जा टँगे। सांस्कृतिक–साहित्यिक दादाजन अनुकम्पा भाव से मन्द–मन्द मुस्कुरा रहे हैं। खिलाई–पिलाई शुरू हुई। भिन्न–भिन्न रुचियों के मिष्ठान! पारम्परिक और शालीन। अतिथि और आतिथ्य का सुमंगल कार्यक्रम सम्पन्न हुआ और साहित्य का सत्कार आगे बढ़ा।

घर लौटकर पहले हँसी, फिर तबीयत उखड़ गई! इतने सजीले मगर खाली आयोजन में पार्टी का जादू कैसे गायब था! क्यों लोगों की मौजूदगी में भी सब कुछ खोखला था। कुछ था जो गैरहाज़िर था! निरंजन, यहाँ इस मौके पर दरवाज़े पर खटखटाहट हुई, देखा, हशमत मियाँ खड़े हैं।

इस घटना के घटित होने में उस खाली–सी शाम का जितना भी हाथ हो–इसके वजूद में आने की वजह गैर–मामूली ही होगी।

किसी एक संज्ञा में, व्यक्ति में सिर्फ एक ही नामधारी मौजूद हो, यह स्वाभाविक है,

मगर दो भी हों, यह असम्भव नहीं। हम सभी के दिल-दिमाग में कभी इकहरे और कभी दोहरे स्वभावोंवाले टुकड़े भी उगे रहते हैं। ऐसे भी व्यवहार में कोमल स्त्री छवि या पुरुषोचित गुणों की अभिव्यक्ति हो। एक-दूसरे के प्रभावों का मिश्रण हो।

बस, चल निकला यह सिलसिला। मेरी स्टडी में तो यह समझना मुश्किल न था कि यह बौद्धिक मुद्राएँ लेखक के लिए एक साथ महत्त्वपूर्ण और खतरनाक हैं। कड़े संयम और खरेपन की माँग करती हैं।

पाठकों और आलोचकों को हशमत ने निराश नहीं किया। इसके लिए उस शाम का शुक्रिया करना होगा, जहाँ से 'हशमत' की शख़्सियत अदबी हलकों और लेखकों की ट्रांसपेरेंसीज़ उठाने लगीं।

सोबतीजी, आप अपनी रचनाओं में किस हद तक आत्मकथ्य और निजी अनुभव को स्वीकारती हैं?

निरंजन, साहित्यिक विवेक से किसी भी अच्छे टेक्स्ट की, पाठ की आलोचकीय पड़ताल करें तो जानेंगे कि उसमें से झाँकती अभिव्यक्ति का स्रोत न मात्र व्यक्तिगत अनुभव है, न भोगा हुआ यथार्थ और न ही सिर्फ पात्रों की अनुभूत और अकादमिक जानकारियाँ। लेखक का अन्तर्मन जिस आन्तरिकता को विचार और भाषा से रचता है और जिस निकटता से व्यक्ति के रूप में परिवार और समाज के सम्बन्धों को सन्तुलन में देखता है, लगभग वही दृष्टि उसके रचनात्मक धरातल को प्रतिबिम्बित करती है। पात्रों के परिवेश में प्रस्तुत होती है। सतही घटनाओं पर शिल्प के बल पर कथानक का झीना परिधान ही नहीं, पात्रों की मांस-मज्जा, देहभाषा, स्वभाव, संवाद और उनके आन्तरिक की विश्वसनीयता सभी मिलकर एक अच्छे पाठ का रचाव करने में सफल होते हैं। यह घुलनशील मिश्रण एक लम्बी प्रक्रिया से लेखक की मानसिकता से छनता है। स्थूल से सूक्ष्म की ओर बढ़ता है। यही सूक्ष्म अन्तर्दृष्टि लेखक के गहन चिन्तन की अनिवार्यता है। वह बरसों-बरसों इसके घटित होने से अनभिज्ञ रह सकता है और कभी अचानक एक क्षण में उसके किसी एक बिन्दु से, एक कोण से अंश की झलक पा लेता है। उससे साक्षात्कार करने की मानवीय जिज्ञासा से भाव और विचार की गहनता और गोपनीयता को प्रत्यक्ष करने को भाषा की मदद से पाठ को गूँथ लेने का जोखिम उठाता है।

हर नई रचना रचनाकार का इम्तिहान है। विषयवस्तु की अल्पज्ञता और व्यक्ति और समाज के अन्तर्द्वन्द्व, टकराहट अगर लेखक की टटोल से बाहर रह जाते हैं तो शिल्प के दबाव के बावजूद यह असमर्थता सबसे पहले रचना के 'पाठ' को खटखटाती है। एक अच्छे पाठ की सर्जना बहुत से संयोगों पर निर्भर होती है। लेखकीय संयम और रचना की मौलिक परिकल्पना रचना का मूलभूत स्वरूप तय करते हैं। मैं गहरे

तक विश्वास करती हूँ कि किसी भी अच्छे पाठ की संरचना मात्र लेखक की निजता की ही अभिव्यक्ति नहीं—रचना का कथ्य, कथानक, भाषा उन पात्रों की भी देन होती है जिनके बिना एक सुगठित पाठ की संरचना मुमकिन नहीं। आत्मविमुग्ध, आत्मकेन्द्रित और आत्मविजड़ित रोज़मर्रा लिखी जानेवाली डायरियों का रोमान और रोमांस इनके बाहर पड़ता है।

एक साथ अपने पर नियंत्रण और पात्रों के कथ्य की ज़रखेज़ ज़मीन में उगने और पनपने देने की छूट के साथ ही लेखक की कलात्मक क्षमताओं का संचार होता है। इसी के द्वारा पाठ की अपनी नैतिकता प्रस्फुटित होती है जो पाठ की विश्वसनीयता बनती है।

सोबतीजी 'यारों के यार' पर आपके इन्टरव्यू का एक वाक्य याद आ रहा है कि भाषायी संस्कार में गालियों की अपनी सत्ता है! इसको लेकर लम्बा साहित्यिक विवाद भी उठा?

गालियाँ भी भाषायी संस्कृति और सभ्याचार का एक महत्त्वपूर्ण हिस्सा हैं। मुझे नहीं मालूम कि इसके इस्तेमाल पर हमें इतना नाक-मुँह क्यों सिकोड़ना चाहिए। गालियाँ समाज के विद्रूप और विसंगतियों को ही प्रकट करती हैं। गालियों की अपनी सत्ता है। हिंसा, विरोध, घृणा, धिक्कार, रोष, तिलमिलाहट या उत्पीड़न और शोषण के खिलाफ़ अपने घावों को खोल देने को ही कर्कश सटीक आवाज़ें इन्सानी सहनशक्ति को फाड़कर फूट पड़ी होंगी। हिंसा-प्रतिहिंसा को उभारती छोटी-बड़ी वज़नी गालियाँ अपने भाषायी अधिकार से विश्व की तमाम भाषाओं में अपनी जगह सुरक्षित किए हैं। उन्हें किसी भी संहिता के अनुसार मानवीय शब्दावली से बाहर नहीं किया जा सकता! यह 'यारों के यार' में गालियाँ इस्तेमाल करने की सफ़ाई नहीं, उनके होने का ही सामाजिक दबाव है। संवाद छोटे-बड़े स्थानीय दफ्तरों में जहाँ नियमों से बँधी कार्यकारी दिनचर्या है, फाइलें हैं—ड्राफ्ट की जाँच-पड़ताल और 'इन्टरप्रेटेशन' के तनाव हैं, वहाँ इस एकरसता को बदलने-तोड़ने का एक हथियार यह भी है। निरंजन, जब कहानी ने पहली बार मेरे ज़हन को खटखटाया तो दफ्तरी संवाद के यह साधारण बोल ही मेरे कानों में गूँजे। जो तकियाकलाम हर दिन, सुबह-दोपहर-शाम इस्तेमाल होता है, उसे उसकी जगह से उठाकर बाहर कर, दफ्तर को सजीव करना असम्भव ही होनेवाला था। दफ्तर के अनुशासित शोर के साथ ही गालियों के इस तकियाकलाम को एक लय होना है। संवाद के दफ्तरी व्याकरण को इसके बिना पाठ में स्थिर करना मुझे मुश्किल लगता था। इस वाचन को पंक्चर करना मेरे भाषायी विवेक के निकट गलत था। गालियाँ गलियों-नुक्कड़ों, टोलियों-बाज़ारों में सुनी जाती हैं। वे लगातार सुन पड़ती हैं और एक घने सामाजिक शोर का हिस्सा हैं।

सो जब 'यारों के यार' की पहली पंक्ति पन्ने पर लिखी गई तो इस मसले को लेकर मुझे कोई दुविधा नहीं थी। कथ्य और संवाद दोनों पटरी पर थे और ये ध्वनियाँ दफ्तर के वातावरण और टेक्स्ट की टोनल स्थिति को गाढ़ा करती थीं। किसी भी दफ्तर का माहौल लगभग एक-सा ही रहता है। हम मंत्रालयों में नहीं, छोटे स्थानीय दफ्तरों की बात कर रहे हैं। शायद यही वजह थी कि ये गालियाँ लगातार फाइलों के ढेर में बेरंग फर्नीचर और लगातार पुराने पड़ते चेहरों से उभरती हैं और दूसरों को छूती हुई ब्रांच में तैर जाती हैं।

इनके हक़ में या इनके खिलाफ़ कुछ भी कहना कहानी के लेखक का मक़सद नहीं था! यह उस फाइलों की दुनिया के वातावरण में मौखिक संकेत थे जो दफ्तरी व्यवहार को कभी उकसाते हैं—कभी उभारते हैं और कभी ड्राफ्ट की नुक्ताचीनी में बॉस के बहाने अपने को फटकारते हैं या बुड़बुड़ाकर चुप हो जाते हैं। ब्रांच का परिवार इन संकेतों की भाषा को समझता है। फाइल खुलती है, बन्द होती है और दफ्तरी कार्य-पद्धति से फाइल पर कार्य-क्षमताओं का अच्छा-बुरा सामने आता है।

आपने ठीक कहा निरंजन, कहानी के प्रकाशन के बाद 'यारों के यार' की भाषा को लेकर काफ़ी बहसें हुईं। पाठकों और लेखकों की दुनिया से मुख्य रूप से दो पक्ष उभरे। एक यह कि गालियों का प्रयोग अश्लील है और दूसरा शील और अश्लील का प्रश्न मात्र गालियों में ही नहीं। कहानी की माँग है तो यह लेखक का अपना निर्णय है। विवाद खासा लम्बा चला था। राजकमल की ओर से एक गोष्ठी आयोजित की गई। इसमें उपस्थित थे जाने-माने आलोचक और लेखक: जैनेन्द्रजी, नामवर सिंह, निर्मला जैन, नेमिचन्द्र जैन और जर्मन विद्वान लोठार लुत्से। पत्रिका के अंक में इसका ब्यौरा छपा। परिणामस्वरूप शील और अश्लील की बहस नैतिक संहिता में धर्म शिक्षा नहीं। जीवन में जो कुछ भी है, साहित्य उसका दर्पण है। लेखक के सन्दर्भ में इतना ही कि उसके रचनात्मक संयम और शिल्प-शैली के विस्तार उसके विवेक से जुड़े हैं। टेक्स्ट की अपनी नैतिकता प्रस्फुटित है। उसी की माँग पर परम्परा में कुछ नया जोड़ते हुए, कुछ तोड़ते हुए ही आगे बढ़ा जा सकता है। बखान के लिए नहीं, वृत्तान्त और संवाद की प्रामाणिकता के लिए लेखक उसे बुनता है। चिकनी मुलायम और शब्दकोश की शील भाषा की तुलना में खुरदरी गालियों को तरज़ीह देने के लिए नहीं दफ़्तर की दिनचर्या में इस हकीकत को दर्ज़ करने के लिए है।

लेखक-प्रकाशक-सम्बन्धों पर कुछ कहना चाहेंगी ?

इतनी पुरानी हूँ कि लेखक की कलम पिटारी के सगुण शास्त्र और धौंसपट्टी को समझती हूँ।

लेखकीय अभिमान, स्वाभिमान को प्रकाशक द्वारा जिन निगाहों से देखा जाता है,

उससे हम लेखकगण भली-भाँति परिचित हैं। प्रकाशकीय अहंकार की तो बात ही मत कीजिए—सामाजिक स्तर पर लेखक जितना बेचारा हो, उतना ही प्रकाशन गृह के लिए अच्छा साबित होगा! प्रकाशक भी लैम्प की तेज़ रोशनी में जगमगाता नज़र आना चाहिए! क्यों, इसे लेकर प्रकाशक अपने तख़्ते-ताऊस वाली मुद्रा में बैठा किसी मुग़ालते का शिकार नहीं? कॉपी-राइट के किसी झमेले में भला उसे क्यों पड़ना है! उसे विश्वास है कि मुलायम संस्कृति की साधन-सम्पन्नता किसी भी लेखकीय प्रतिभा को यतीमखाने में भेज सकती है। नैतिक संहिता के अनुसार ऐसा क़दम उठाने के अधिकार का उपयोग सिर्फ प्रकाशक ही कर सकता है। प्रकाशक की नज़र में कॉपीराइट का उल्लंघन भारी जुर्म नहीं है। मगर लेखक का कचहरी पहुँचना क़त्ल करने से भी बड़ा गुनाह है। हिन्दी प्रकाशक इसे लेखकीय नैतिकता के विरुद्ध मानते हैं!

बेचारा हिन्दी लेखक!

बलहीनों का बलराम कहलानेवाले में दम की कमी नहीं। दम्भ की ज़रूर है।

सोबतीजी, आपके नाम के साथ कुछ विषेषण जोड़ दिए जाते हैं—बोल्ड, विवादास्पद! पढ़कर आपकी कैसी प्रतिक्रिया होती है?

निरंजन इसको लेकर मेरी प्रतिक्रिया करीब-करीब 'न' के ही बराबर। बोल्ड और विवादास्पद यानी—विवादग्रस्त और झगड़ापरस्त! सच तो यह है, न मैं बोल्ड हूँ और न झगड़ालू! मैं जितनी सुरक्षा अपने अधिकार की करना चाहती हूँ, उतना ही दूसरों के अधिकार में हस्तक्षेप नहीं करना चाहती। न मैं बेवजह किसी को दबाना चाहती हूँ और न अकारण ही दूसरों से दबना चाहती हूँ। वैसे मैं शिकायतें, उलाहने और मनसूबे करने में इतनी आलसी हूँ कि जब तक आँख से न देख लूँ—समझ न लूँ, मैं किसी की भी सुनी-सुनाई पर यक़ीन नहीं करती। जब मुझी पर निशाना साधा जाए तो मेरी ओर से प्रतिक्रिया लाज़मी है। कह सकती हूँ कि मेरे यहाँ 'बोल्ड' नहीं, 'भीरू' गैर-हाज़िर है।

हाँ, विवाद तब उठते हैं जब कहीं न कहीं अनुशासन की चूल ढीली होती है। साहित्यिक मामलों में रीति-नीति-नियम और कायदे-कानून भंग किए जाते हैं। मिसाल के तौर पर अगर लेखक ने किसी कृति को लेकर प्रकाशक से अनुबन्ध न किया हो—उससे कोई एडवांस न लिया हो तो उसकी अधलिखी अप्रकाशित रचना का किसी भी तरह का विज्ञापन करने का अधिकार प्रकाशक को नहीं है। चाहे वह प्रकाशक देश में हो या विदेश में। विदेश में जमे हिन्दी प्रकाशक अगर गलत होते हुए भी हिन्दी लेखकीय हैसियत को अपने अमेरिकी उच्चारण से धराशायी करना चाहें तो आप क्या करेंगे! विरोध। विरोधहीन असहयोग आन्दोलन नहीं। हमारे

साहित्यिक संस्कृति-संस्कार में किसी किस्म के विरोध और असहमति को झगड़े का नाम दिया जाता है। लेखक जिस बात पर एतराज़ कर रहा है, समझने की कोशिश के बिना ही उसे गर्ज़मन्द समझकर बता दिया जाता है कि उस उँगली उठाने का मतलब हम ही तुम्हें समझाएँगे!

सोबतीजी, यह भी कहा जाता है कि आप दोस्तों को भी नहीं बख़्शतीं?

बिलकुल ग़लत है। जानती हूँ, आप किधर इशारा कर रहे हैं! नरेश मेहता मेरे अच्छे मित्र थे। दिल्ली के साहित्यकारों का यह वह मौसम था जब निर्मल वर्मा, भीष्म साहनी, श्रीकान्त, नरेश मेहता, प्रबोध कुमार, प्रयाग शुक्ल, अशोक सेकसरिया कहीं न कहीं मिलते ही रहते। जो वहाँ न भी मौजूद होते, वह भी बातचीत में उपस्थित रहते।

स्ट्रेटेजिक कारणों से उनमें से किसी को लेकर भी यह कहा जाए कि अमुक न मेरा हमदम है, न दोस्त-वह एक अपरिभाषित बंधु या बांधवी है। तो कैसा लगेगा!

अगर मैं आपकी दोस्त नहीं हूँ—हमदम नहीं हूँ-तो अपरिभाषित बांधवी क्या हूँ!

आप मुझे दोस्त बुलाइए या हमदम, मुझे एतराज क्यों होने लगा!

नरेश की नितान्त भलेमानस मगर अटपटी भंगिमाओं को ध्यान में रखते हुए भी ऐसे शाब्दिक प्रयोग को सहानुभूति से समझना मेरे लिए मुश्किल था। वाक्य की शुरुआत ही ग़लत थी! अगर मैं आपकी दोस्त हूँ तो कहिए-दोस्त हूँ, नहीं तो कहिए, परिचिता हूँ। मुझे आज तक न कभी कोई परेशानी हुई, न होती।

'मेरा हमदम मेरा दोस्त' उन दिनों यह फ़िकरा मोहन राकेश, राजेन्द्र यादव और कमलेश्वर-त्रयी के साथ जोड़ा जाता था। 'वह अपरिभाषित बांधवी है', ऐसा जुमला मैंने पहले कहीं नहीं पढ़ा था और न सुना था।

इस तथाकथित बाँग्ला शब्द 'बन्धु' से 'बांधवी' को अपरिभाषित से जोड़ने के लिए नरेश के पास कोई तर्क नहीं था! मुझे बेहद नागवार गुज़रा। उन्हें मुझसे भी ज़्यादा, क्योंकि ऐसा करने और इसका कारण बताने के लिए मैंने जवाबतलब किया। उन्होंने लिखित में दुख प्रकट किया। उसके बाद जब भी मिलते रहे, कोई कड़वाहट नहीं थी, पर कहीं कुछ था जो सहज होने के आड़े आता था।

अन्तिम बार जब उन्हें इन्दौर एन.बी.टी. के पुस्तक मेले में मिली तो लगा, पुरानी रंजिश छँट-सी गई है। इधर-उधर की बातें होती रहीं। दोस्त, मित्रों के लिखने-पढ़ने की सूचनाएँ! एकाएक नरेश ने गम्भीरता से कहा—उस प्रसंग पर सोचता रहा हूँ। अपरिभाषित बांधवी आपके लिए शब्द का उचित प्रयोग नहीं था। क्षमाप्रार्थी हूँ।

मैंने नरेश से भी ज़्यादा गम्भीरता से मगर हँसते हुए कहा--अगर कथन के पहले दो टुकड़े न होते तो भी शायद चल निकलता—मगर ऐसा नहीं था। लम्बी खाँसी के बाद नरेश देर तक हँसते रहे।

महिमा की इलायचीवाली चाय पर ख़ूब समा बँधा। हम तीनों मिलकर देर तक हँसते रहे।

अगली शाम काव्य समारोह में नरेश मेहता कविता पाठ करनेवाले थे। ख़ासी भीड़ थी। पंडाल खचाखच भरा था! कविता पाठ शुरू हो चुका था। श्रोता मुग्ध थे। घड़ी देखी। मुझे कहीं और पहुँचना था! मंच पर जाकर नरेश से इजाज़त ली—और हाथ मिलाया और दो पुराने दोस्तों ने गर्मजोशी से एक-दूसरे से विदा ली।

हमारी वह आखिरी मुलाकात थी। कहीं कुछ भी अपरिभाषित नहीं था। मैं हमदम होने की ग़लतफ़हमी कभी नहीं पालती, अगर दोस्त हूँ तो दोस्त ही रहती हूँ।

इतने बरसों बाद भी आपके मिजाज़ में कोई फर्क नहीं पड़ा।

इसलिए तो सुमनजी का कहना है कि सोबती विकट महिला है।

नहीं-नहीं, मानिए, वह ऐसा नहीं कह सकते।

अगर वह कहें भी तो भी क्या हर्ज़ है! मध्यप्रदेशी बौद्धिक दस्ता किसी का भी चालान कर सकता है।

नए लेखन के प्रति हिन्दी आलोचकों की उदासीनता को लेकर बहुत कुछ कहा, सुना और लिखा जाता रहा है। क्या सचमुच ऐसा है?

निरंजन, शिकायत क्या है? क्या यह कि आलोचक की तेज़ निगाह अच्छी रचना तक पहुँचने में बहुत लम्बा वक़्त लगाती है? सवाल यह भी कि क्या अच्छी रचना को सिर्फ इसलिए अनदेखा किया जाता है कि वह आलोचकीय मापदंडों पर खरी नहीं उतरती? रचना को पढ़ने-परखने और उस पर कुछ लिखने का अधिकार आलोचक का है। लेखक उनके वक़्त के साथ ज़बरदस्ती नहीं कर सकते, उसी तरह जैसे पाठक भी लेखक को पढ़ना या न पढ़ना चाहे, यह उसका चुनाव है। प्रकाशित जिल्दों के ढेर में से आलोचक क्या उठाते हैं, यह उनकी निगहबानी का मामला है। अंग्रेजी प्रकाशनों के रिव्यू और आलोचना-आलेखों की शृंखला व्यापारिक पद्धति के अनुरूप सुव्यवस्थित हो चुकी है। हिन्दी संसार को यह सुविधा मुहैया नहीं। यह भी याद रखना होगा कि हिन्दी संसार इतना छोटा नहीं कि हर कृति फौरन ही आलोचक उठा लें और उसकी आलोचना में लग जाएँ।

फिर भी विश्वास के साथ कहा जा सकता है कि अच्छी रचना हिन्दी आलोचना के बाहर पड़ी नहीं रहती। देर-सबेर उसे पहचान लेने की तौफ़ीक़ और तालीम हिन्दी आलोचना के पास ज़रूर है। निरंजन, आलोचक का महत्त्व और उसके द्वारा कृति के पढ़ लिए जाने की लेखकीय महत्त्वाकांक्षा से हम सभी नए-पुराने लेखक परिचित हैं! लेकिन साहित्यिक संहिता के अनुसार आप आलोचक समाज पर ज़ोर-ज़बरदस्ती नहीं कर सकते और न ही शिकायत-शिकवा। आपको इन्तज़ार करना होता है। कभी कम, कभी ज़्यादा।

धड़ाधड़ औसत दर के उपन्यास और कहानी संग्रह प्रस्तुत कर हम चाहें कि आलोचक विशेषण के रूप में उसे मनचाहा विशिष्ट स्थान दें तो इसकी सम्भावना कम है। व्यावसायिक और धड़ाधड़ी आलोचना का क्षेत्र अलग है। इस ग़लतफ़हमी और खुशफ़हमी से छुटकारा पाना ज़रूरी होगा। जो तत्त्व रचना में हैं नहीं, उन्हें आलेचकगण कहाँ से ढूँढ़ लाएँगे। आलोचकीय विश्लेषण और आलोचक की व्यक्तिगत पसन्द और सीमा-सन्धियों पर भी गौर करना ज़रूरी होगा।

कुछ ढपोरशंखी आलोचक अपनी एकपक्षीय दृष्टि और तथाकथित 'वैचारिक दृष्टिकोण' से अनजाने में ही अपनी सीमाओं को स्थानीय मानदंडों से सजा-भिड़ाकर रचनाओं की अरख-परख करते हैं तो यह भूल जाते हैं कि हिन्दी संसार अब इतना छोटा नहीं कि जिसे आप अपने ही भौगोलिक तराजू में तौलते रहें। ऐसी सँकरी दृष्टि का 'अनुमान' निःसन्देह आलोचना के विरुद्ध जाता है। ख़ास तौर पर यह भंगिमा भी कि भाषा का मानक विन्यास सिर्फ उन्हीं के पास है।

जब हिन्दी जैसी कोई भी विकासशील भाषा अपने विस्तार में प्रादेशिक और भौगोलिक सीमाओं का अतिक्रमण कर रही हो तो उसकी दिन-ब-दिन बढ़ती शब्द सम्पदा को रोकने के प्रयत्न उसके हक़ में नहीं।

निरंजन, आप 'ज़िन्दगीनामा' की भाषा पर कुछ कह रहे थे कि हिन्दी पाठक के लिए उसके पाठ में कुछ ऐसे शब्द और ध्वनियाँ हैं जो पठनीयता को लेकर परेशान करनेवाली हैं। कुछ भी कहने से पहले मैं दशकों पहले लिखे गये रेणु के उपन्यास 'मैला आँचल' का ज़िक्र करूँगी।

जब पहली बार पढ़ा तो कुछ ध्वनियों और शब्दों की गति से अनजान रही। दूसरी बार सस्वर पढ़ा तो शब्दों की लय को पकड़ पाई। जो 'मैला आँचल' को दुरूह समझकर नहीं पढ़ पाया, वह कितने मूल्यवान पाठ से वंचित रहा होगा-कहने की ज़रूरत नहीं।

हाँ, 'ज़िन्दगीनामा' की ओर लौटती हूँ। एक विद्वान आलोचक ने उन शब्दों पर टिप्पणी की जो हिन्दी पाठक को समझ नहीं आ सकते।

उनके ख़याल से पढ़ने में उसे कठिनाई होती है।

निरंजन, इन शब्दों पर गौर करें-

शरद पुण्या की रात-पुण्या की जगह पूनम या पूर्णमासी होना चाहिए था।

मनुक्खों के साथ-मनुष्यों के साथ होना चाहिए था।

घोड़े पर कि डाची पर-डाची शब्द से क्या सचमुच हम परिचित नहीं?

ऊपर थल्ले से—थल्ले-थल। क्या इसे अशुद्ध समझा जाएगा?

शाहनी ने ठंडा हौका भरा-शाहनी ने आह भरी या नि:श्वास लिया। हौका क्यों?

पौ फटने से पहले का सुच्चा अँधेरा-क्या सचमुच यह प्रयोग हिन्दी पाठक की समझ के बाहर है?

पैड़ियों से नीचे उतर गई—क्या पैड़ियों से सीढ़ियों की ध्वनि नहीं आती?

शाहनी बूझ गई। शाहजी को माँ याद आई है।—'बूझ' शब्द तो अबूझ भी बूझ लेगा।

नवाब ने पैरीपौना बुला दिया।

क्या पैरीपोना की जगह चरण वन्दना होगी?

कुछ नामों की ओर गौर करें-लंडीकोतल-उसकी पलटन लंडी कोतल में है।

होती मरदान-शहर का नाम है—कैसे अनुवाद होगा इसका?

जाफ़र, बोस्ताँ, हस्सा-गोमा-शम्सी सुल्तान माच्छी-संज्ञाएँ क्या स्वयं नहीं बतातीं कि यह लोगों के नाम हैं?

शब्दों की ध्वनियाँ भी उनके अर्थों की ओर संकेत करती हैं।

आलोचक की जानकारियाँ इतनी सीमित हों तो लेखक-पाठक दोनों सिर धुनेंगे! क्या कहेंगे इसे आप, क्षेत्रीय पूर्वग्रह?

पराहुनाचारी-इसे क्या ज़रूरी तौर पर अतिथि से ही समझा जा सकता है?

निक्के नथाने-वाक्य में बाल-गोपाल होना चाहिए क्या? क्या कहा ठीक जँचता?

सयानक-रिज़क-शाहों के यहाँ से लडिक्की आई है।

लडिक्की, लाडो, लड़की का नाम है। क्या सिर्फ 'लाडली' समझ आएगा?

निरंजन, हमें अंग्रेजी जैसी घनत्वमयी भाषा से बहुत कुछ सीखना होगा। हमारे लिए भी अब वह विदेशी भाषा नहीं है। भारतीय भाषा परिवार की एक भाषा है।

अंग्रेजी में लिखनेवाले भारतीय उपन्यासकार भारतीय जीवन के संस्कारी और सांस्कृतिक शब्दों के असंख्य मुखड़े अपने पाठ में गूँथ रहे हैं। ध्वनियों को अंकित कर रहे हैं। भारतीय जीवन के कोलाहल को मूल शब्दों से अंकित कर रहे हैं। क्या विश्व-भर के अंग्रेजी पाठकों को उस पर नाक-मुँह सिकोड़ना चाहिए? कोई भी भाषा बोलियों और दूसरी भाषाओं के आदान-प्रदान से नुकीली बनती है।

'ज़िन्दगीनामा' एक ऐसे कालखंड और भू-खंड का पाठ है जो विभाजन के फलस्वरूप पीछे छूट गए वतन की, उसके शोर की, कोलाहल की स्मृति मात्र है। कोई भी भाषा आपको विभिन्न-विभिन्न प्रदेशों में कितनी ही कर्कश क्यों न लगे, उसके ऐतिहासिक और भौगोलिक सन्दर्भों को अहंकारी मुद्रा में नकारना अच्छी आलोचना का गुण नहीं।

आलोचक की जानकारियों पर लेखक भरोसा करते हैं।

लेखकों को मूढ़ और अनपढ़ समझना भी विद्वत्ता और बौद्धिक सम्पन्नता की निशानी नहीं। हमारे यहाँ लेखकों को लेकर यह भी मुगालता है कि उसके पास वक्त की कोई कमी नहीं। लेखक किसी टैंडर के अन्तर्गत ठेके पर नहीं लिख रहे।

शब्दों को लेकर इस तरह की भाषायी खीज को प्रकट करना स्थानीय गुण हो सकता है। मुख्यधारा जो हिन्दी के सभी क्षेत्रों को समेटती है, उसे इतना संकुचित और सिकुड़ा हुआ मत समझिए।

आप नई पीढ़ी के लेखकों को क्या सन्देश देना चाहेंगी?

निरंजन, किसी के लिए सन्देश देनेवाली दमक और समझ मैं अपनी रचनात्मक हैसियत में नहीं देखती। अपनी लेखकीय सीमाओं के साथ जो कुछ भी हूँ, आत्ममुग्ध नहीं हूँ। साहित्य का विशाल बौद्धिक परिवार विभिन्न कलात्मक दीर्घाओं में से अलग-अलग चेष्टाओं से प्रवाहित होता रहता है। लेखकों की पीढ़ियाँ बदलती हैं—पाठकों की भी। उनके साथ-साथ शिल्प और शैली के भी मुखड़े बदल जाते हैं। फिर भी साहित्य अपनी बौद्धिक प्रखरता और प्रगाढ़ घनत्व में निरन्तर ऊर्जावान बना रहता है। ऐसे में अपने को विशेष समझना खामख़याली ही है। लेखक को अपने अहम् को लेकर इतना समझना तो ज़रूरी है कि कोई भी प्रतिभा अपने में केन्द्रित होकर सिकुड़ जाती है। अपने से हटकर दूसरों की रचनात्मक सम्पदा को खुले नज़रिए से न देख पाने, उसे ग्रहण न करने में स्वयं अपने से भी पिछड़ जाती है। आप सोचते हैं, आप विशेष हैं और आपका लेखन विशिष्ट है।

इतने में कोई दूसरा प्रतिभावान आपसे बेहतर रचना प्रस्तुत करने में सफल हो जाता है। सच तो यह कि साहित्य ही वह विशाल परिवार है, जहाँ अच्छा लिखकर कोई घमंड से सिर ऊँचा नहीं उठाता और कमतर लिखकर आँखें नहीं चुराता। प्रतिस्पर्धा

के इस युग में यही एक ऐसी हक़ीक़त है जो अपनी धुरी पर टिकी रहती है। लेखक के निकट रचना को पाठ में गूँथ लेना ही उसका पुरस्कार है। अनेकों-अनेक रचनाएँ हैं जो किसी न किसी कारण से वजूद धारण नहीं करती। लिखी नहीं जातीं। लेखक द्वारा लिखी जाने पर ही रचना सफल नहीं होती। प्रकाशन के साथ ही लेखक से अलग व्यक्तित्व ग्रहण करती है। इसी अस्तित्व में उसकी मुखामुखी बेशुमार वृत्तियों से मुकाबला करती है।

अपनी लेखकीय प्रतीति की बात करूँ तो पाठक की उपस्थिति ही मेरे पाठ को निगाह देती है। मेरे शब्दों के अर्थ को विस्तार देती है। इसे ही मैं रचना का विस्तार समझती हूँ। रचना लेखक के लिखे जाने-भर से ही सफल होने का दावा नहीं कर सकती। नई पीढ़ी अपने-अपने समय को जीती है, जिएगी। आख्यान बुनेगी। समय के आर-पार देखेगी। लेखक की जिज्ञासा, समय और संसार को समझने की समझ और जन्मजात प्रतिभा ही उसके लेखन की चतुराई या गहराई को तय करेगी।

रचनात्मक स्तर पर मैं लेखकीय चतुराई को गहराई से अलग करके देखती हूँ। बुद्धि और भावना का सम्मिश्रण ही एक अच्छे पाठ का ताना-बाना बुनने में सफल होता है। एक अच्छे हाथ में टेक्स्ट की अपनी स्थितियाँ-परिस्थितियाँ उभरती हैं। इसके साथ ही उसकी नैतिकता भी। अपने लेखक की बात कर रही हूँ कि मैं इसमें अपनी ओर से भरसक हस्तक्षेप नहीं करती। टेक्स्ट का आन्तरिक स्वभाव समझने के लिए लेखक को अतिरिक्त सजग होना होता है। लेखक और पाठक के बीच की निकटता और दूरी दोनों का स्थापत्य और सक्रियता ही रचना की गुणा है।

निरंजन, यह मैं अपनी स्वभावगत वृत्तियों-गुंजलकों और सीमाओं और क्षमताओं को ध्यान में रखकर कह रही हूँ। किसी दूसरी सक्षम कलम के लिए यह ज़रूरी तौर पर कारगर नहीं भी हो सकता। लेखक के जाने-अनजाने ही उसकी खूबियाँ, खामियाँ पाठ में घुल जाती हैं। और यहीं महत्त्वपूर्ण हो उठती हैं आलोचक की जाँच-पड़ताल और बौद्धिक सरगर्मियाँ जो लेखक को उसकी अगली कृति के लिए सावधान करती हैं।

जीना और लिखना मेरे लिए देह और आत्मा की तरह सहजीवी रहे हैं

शिवशंकरी से बातचीत

गुजरात (पाकिस्तान) में 1925 में जन्मी कृष्णा सोबती को हर भाषा और हर प्रान्त के लेखकों ने एक असाधारण रचनाकार के रूप में सम्मान दिया है। उन्होंने विभाजन के दर्द और आघात को विविध रूपों में अंकित किया है जिसको उन्होंने बहुत नजदीक से देखा-झेला। अपने उपन्यास और कहानियाँ उन्होंने अपने वास्तविक नाम से ही लिखे, लेकिन कुछ संस्मरणात्मक निबन्धों को लिखने के लिए उन्होंने उपनाम 'हशमत' अपनाया जो एक तरह से अर्द्धनारीश्वर की हिन्दू अवधारणा का उदाहरण है। उनका मानना है कि हशमत सिर्फ एक नाम नहीं है, वह उनकी रूह की जुड़वाँ इकाई का प्रतिबिम्ब है।

साहित्यिक समारोहों और कार्यक्रमों में तो उनसे मेरी अक्सर ही मुलाकात होती रही है, लेकिन जब मैं इस साक्षात्कार के सिलसिले में उनके आवास पर उनसे मिली तो उनकी उदारता और स्नेह के चलते यह मुलाकात मेरे लिए अविस्मरणीय बन गई। अनेक वर्षों तक अकेले रहने के बाद कुछ ही वर्ष पहले उन्होंने डोगरी लेखक श्री शिवनाथ से शादी की। शादी से पहले भी एक ही रेजिडेंशियल सोसायटी में रहनेवाले शिवनाथ और कृष्णा सोबती का न सिर्फ जन्मदिन एक ही तारीख को पड़ता है, बल्कि उनकी माँओं के नाम भी एक ही हैं। इतनी खूबसूरत मित्रता का इससे खूबसूरत कोई आयाम शायद ही होता।

सभी आलोचक मानते हैं कि आप भाषा को लेकर बहुत आग्रही हैं। एक साक्षात्कार में आपने कहा भी है कि ''मैं जो भी करती हूँ भाषा के माध्यम से ही करती हूँ, वह चाहे विरोध हो, अन्वेषण हो, या किसी चीज को परिभाषित या पुनर्परिभाषित करना।'' इस पर कुछ रोशनी डालेंगी ?

लेखक की रचनात्मक कौंध सिर्फ भाषा तक सीमित नहीं होती। वह विचार में होती है, उसकी गहराई में होती है, उसकी संवेदन-क्षमता और शब्दों के सहारे उसे कैसे साकार किया गया है, उसमें होती है। यह लेखक का काम है कि वह भाषा के रोमांस के विभिन्न तत्त्वों को संयोजित करे। लेखन मस्तिष्क की आन्तरिक प्रक्रिया का एक

जटिल फल होता है। भावनात्मक जुड़ाव और रूपान्तरण का भी। और आप यह सब भाषा के सहारे करते हैं। आपकी भाषा, आपकी जबान सिर्फ वही नहीं होती जो आपको 'पढ़ाई' जाती है, या जिसे आप भाषाशास्त्र और व्याकरण के कौशल से सीखते हैं, आपकी भाषा आपके जीवन-अनुभवों, आपके जीवन-अर्जन और आपके सरोकारों से भी बनती है। आप कुछ खास शब्दों के चुनाव से अपने कथ्य को पूरी तरह रूपान्तरित कर सकते हैं। बात सिर्फ शब्दावली की नहीं, शब्दों की भीतरी समझ की है जो गहरे आवेग और निर्मोह के साथ, विचारों को पाठ में गूँथने की प्रक्रिया में निर्णायक होती है। भाषा एक ताकत है। यह लेखक के ऊपर है कि वह भाषिक बुनावट के भिन्न-भिन्न तत्त्वों को एक में बुने, गूँथे, और इसमें कुछ भी हवाई नहीं है। कागज पर लिखने से पहले लेखक को एक सांस्कृतिक संरचना करनी होती है—पात्रों की जातीय अस्मिता, भाषा-संस्कार और वर्ग को पहचानना होता है। हाँ, आपकी मातृभाषा और रचना-कौशल के बीच एक मजबूत रिश्ता जरूर होता है क्योंकि उसका सम्बन्ध आपकी स्रोत-संस्कृति से है। मैं पंजाबी में लिखती-पढ़ती तो नहीं, लेकिन उस भाषा के ध्वनि संसार से, उच्चरित शब्द-जगत से मैं अच्छे से परिचित हूँ। 'मित्रो मरजानी' में मैंने राजस्थानी के साथ दिल्ली को भी मिलाया, हालाँकि उससे पंजाबी की भी गन्ध आती है। मैं यह छूट इसलिए ले पाई कि मैंने गुरदास और धनवन्ती के परिवार को पंजाब-राजस्थान के बॉर्डर पर स्थित किया है।

भाषा का इस तरह अपना एक द्वैत है—एक उसका भौतिक स्तर है, और दूसरा मनोवैज्ञानिक, भावनात्मक और सहजबोध का।

मेरा विश्वास है कि हर शब्द का एक शरीर होता है, एक आत्मा और साँसों की अपनी एक लय जिसमें अर्थ की कई-कई छायाएँ छिपी होती हैं। कोई भी अच्छा लेखक, अगर भाषा से उसका सम्बन्ध सतही है, उसने उसकी गहराइयाँ नहीं नापी हैं, तो वह ज्यादा दूर नहीं जा सकता।

आप लिखती क्यों हैं? क्या चीज है जो आपसे लिखवाती है?

मेरे आलोचकों का कहना है कि मैं अपने लेखन में जीवन का उत्सव मनाती हूँ। मेरा यकीन डर और निराशा में नहीं है, बल्कि जीवन को जैसा मन कहे, वैसे जीने में है। हर मनुष्य को उससे बेहतर दुनिया हासिल करने का हक है, जैसी दुनिया आज हमारे पास है। उदारीकरण, वैश्वीकरण के जो भी फायदे हों, लेकिन अमीर और गरीब के फर्क को मिटाना, धर्म और जाति के संघर्षों को खत्म करना आज की फौरी जरूरतें हैं। इनसे हमें खतरा है, हम जो दुनिया के सबसे बड़े लोकतंत्र हैं। हमें अपनी राजनीतिक और दलीय संस्कृति को बदलना होगा जो जाति और धर्म के ऊपर फल-फूल रही है। हमें समझना होगा कि 'समाज के कमजोर तबके'—यह वाक्य

सिर्फ नारा नहीं है, इसे हमारे समय का सबसे गम्भीर राजनीतिक मुद्दा होना चाहिए। राजनीतिज्ञों और राजनीतिक दलों को समझना चाहिए कि हमारे जैसे लोकतांत्रिक देश के लिए मजबूत नागरिक संस्कृति एक अनिर्वायता है। वे पार्टियाँ जो समाज को जाति, सम्प्रदाय और धर्म के नाम पर बाँट रही हैं, उनसे लोकतंत्र को सिर्फ नुकसान ही होगा, जिसकी भारपाई करना असम्भव होगा। यह मुमकिन नहीं है कि एक तरफ हम ऊँची और नीची जातियों की दो विपरीत धाराएँ लेकर चलें और फिर यह दावा भी करें कि हम सब नागरिकों पर एक ही संविधान लागू करते हैं।

आप कहती हैं कि 'हशमत' आपका 'आध्यात्मिक सहजात' है। हशमत की खोज या रचना की जरूरत आखिर किसलिए पड़ी? और कैसे आप बिना किसी अन्तर्विरोध के 'हशमत' के साथ सह-अस्तित्व सम्भव कर पाती हैं?

मैं अर्द्धनारीश्वर की अवधारणा में यकीन करती हूँ। 'बाइ सेक्सुअलिटी' कोई जटिल अवधारणा नहीं है, रचनात्मक कलाओं में यह एक वास्तविकता है। कोई भी कला-कर्म हो, वह एक जटिल प्रमस्तिष्कीय क्रिया का उत्पाद होता है। रचना की कौंध न तो सिर्फ पुरुष की बौद्धिक ऊर्जा और लय तक सीमित है, न स्त्री की। वह दोनों में साथ है। लेखक को यह करना होता है कि वह अलग-अलग तत्त्वों को संयोजित करे, एक नई लय की रचना करने के लिए उन्हें निचोड़े और रचना में उनका रूपान्तरण करे। मैंने 'हशमत' को जब अपने भीतर पाया, उस वक्त मैं सिर्फ अपने व्यक्तित्व के एक अलग रंग की तलाश में थी। औरत होने के बावजूद मेरे पास काम करने के लिए एक मेज थी, और एक कैरियर भी था। मैं एक व्यक्ति थी जो अन्तर्मुखी और बहिर्मुखी बौद्धिक लय से युक्त था। मैंने इस फर्क को महसूस किया और अपने रचनात्मक लाभ के लिए इसका उपयोग किया। दिलचस्प होगा यह जानना कि जब मैंने पहले-पहल इस तखल्लुस का इस्तेमाल किया, हशमत के लेखन के लिए, तो मेरा हस्तलेख खुद-ब-खुद बदल गया, साथ ही मेरी शैली और भंगिमाएँ भी। और यह बड़ी सहजता से अपनी कथा में स्थित हो गया क्योंकि हम दोनों अपनी शक्ति का इस्तेमाल अलग-अलग दायरों में कर रहे थे। और भाषा के दोनों रंग भी, अपने-अपने इलाकों में पुख्ता हो गए।

मुझे इसमें कुछ भी अजीब नहीं लगता। यह बहुत प्राकृतिक ढंग से हुआ। मैं अपने आन्तरिक आत्म और ऊर्जाओं को जानती हूँ। मुझे यकीन है कि मेरी तरह और लोग भी अपने अन्दर मौजूद अपने जुड़वाँ आत्म को लेकर इस तरह के प्रयोग कर सकते हैं। अपनी अन्त:स्थित ऊर्जाओं को जानने के लिए एक जरूरत महज स्पष्ट दृष्टि की होती है। स्त्री और पुरुष लेखन के फर्क को अतिरंजित करना तो बहुत आसान है। मैं स्वीकार करना चाहूँगी कि मैं 'स्त्री लेखन' को एक विशिष्ट श्रेणी के रूप में तब तक नहीं बाँधना चाहती जब तक कि वह बाकायदा पुरुष-विरोध में किया गया

लेखन न हो। इसके बजाय मेरा जोर इस पर होगा कि दोनों की समानताओं को देखा जाए और उन्हें रेखांकित करते हुए समान अधिकारों की बात की जाए।

जब आप किसी चीज के बराबर आना चाहते हैं, किसी से स्पर्द्धा करना चाहते हैं तो आपको समानताओं पर जोर देना चाहिए, समानताओं का अन्वेषण करना चाहिए बजाय उन चीजों के जो आपको अलग बनाती हैं। यह बिलकुल सही है कि औरत सदियों से सहती आई है, यह भी सही है कि सफलता भी उन्हीं के हिस्से में गई है जिन पर औरत के शोषण का आरोप है।

'ऐ लड़की' बहुत ही भावप्रवण रचना है जिसमें आप डूब जाते हैं। मैंने इसको पढ़ने में भरपूर आनन्द लिया। इसमें आप कितनी हैं और आपकी माँ कितनी हैं?

यह जानना बहुत मुश्किल होता है कि किसी कहानी, किसी पात्र या दृश्य को गढ़ने में कितना हिस्सा यथार्थ का है, और कितना कल्पना, अनुभव और कितना लेखकीय कौशल का है।

जब मैंने 'ऐ लड़की' की पहली पंक्ति लिखी, मेरे सामने मेरी माँ थी और जब आखिरी पंक्ति लिखी तब तक मेरी माँ अनेक-अनेक माँओं में रूपान्तरित हो चुकी थी—कोई भी माँ जो अपनी बेटी के लिए होती है। जब मैंने 'ऐ लड़की' का पहला ड्राफ्ट पढ़ा मुझे अपनी माँ बहुत दूर लगी, लेकिन बहुत नजदीक भी। मैंने सोचा कि क्या वह इसमें अपनी वास्तविकता के साथ आ पाई है। यह जानने में मुझे कुछ क्षण लगे कि मेरी माँ इस पाठ में घुल गई है और उसकी नई पहचान अपने परिवार की सीमाओं को पार कर गई है।

लेखक के मन पर पड़नेवाली प्राथमिक छाप और उसकी अभिव्यक्ति एक-दूसरे पर गहरे तौर पर निर्भर करती है। यह सम्भव है कि दो लोग किसी एक ही परिस्थिति से गुजरें लेकिन उनकी रचनात्मक परिणति अलग-अलग हो। हर लेखक को अपने निजी अनुभव के कुल-जमा से चयन करते हुए अपनी रचना का पथ निर्माण करना होता है। यही निर्णायक आन्तरिक यात्रा लेखक को उसकी रेंज देती है।

मैंने सुना है कि आपकी 'मित्रो मरजानी' और 'सूरजमुखी अँधेरे के' जब प्रकाशित हुई तो काफी शोर-शराबा हुआ था, क्यों? कृपया बताएँ कि इन कथाओं की नायिकाएँ अलग किस तरह थीं, और किस प्रेरणा के वशीभूत आपने उन्हें रचा?

'मित्रो मरजानी' के साथ उठे शोर-शराबे की वजह इसका 'बोल्ड ट्रीटमेंट' था। 'सारिका' में, जिसके सम्पादक उस समय चन्द्रगुप्त विद्यालंकार थे, इसकी पहली दो किश्तें छापने के बाद इलाहाबाद से एक आन्दोलन उठा जिसके मुताबिक यह कहानी अश्लील थी। नतीजा, प्रकाशन रुक गया। बाद में जब यह एक उपन्यास के

रूप में राजकमल प्रकाशन से छपकर आई तो इसका प्रभाव 'सारिका' में छपी उन दो किश्तों से बिलकुल ही अलग था। इसका एक अलग पाठक वर्ग बना। संयुक्त परिवार की गिरहों में इच्छा की मानव-सुलभ हकीकत को समझा गया और एक औरत के रूप में मित्रो, जो दुनिया के प्राचीनतम पेशे से जुड़े परिवार से आती थी, अपनी भावनाओं को ऐसी प्राकृतिक सरलता के साथ अभिव्यक्त कर पा रही थी कि पाठक उसकी शरारती ईमानदारी से अभिभूत हो गए। आज इस लघु उपन्यास को लगभग एक क्लासिक का दर्जा मिल चुका है। मंच पर भी 'मित्रो मरजानी' को भारी सफलता मिली और वे पंक्तियाँ जिन्हें 'बोल्ड' करार दिया गया था, दर्शकों को यह सन्देश पहुँचा पाई कि एक बहू द्वारा अपनी यौन-इच्छा को व्यक्त करना अब कोई 'टैबू' नहीं रह गया।

औरत का शरीर हमेशा ही पुरुष के लिए 'सेक्स सिम्बल' रहा है। मित्रो ने एक कदम आगे बढ़कर, अपने शरीर की मालकिन होकर अपनी पहचान अर्जित की और इस छवि को बदला। उसकी मौखिक अभिव्यक्तियाँ, उसकी कामेच्छा, मनोभावों और शारीरिक संवेदन का मिला-जुला रूप था जिससे उसकी अपनी पहचान वजूद में आई। मित्रो अपनी हताशा में जिस भाषा का प्रयोग करती है, वह एक आम अनपढ़ औरत की भाषा है जब वह अपनी बात कहना चाहती है, और अपने मन की मर्जी को समझने और व्यक्त करने की कोशिश करती है। 'मित्रो मरजानी' का विषय यौन और यौनिकता को एक मानव-सुलभ यथार्थ के रूप में अंकित करना था, इसीलिए साहित्यिक हल्कों में नैतिकता के शोर के बावजूद उसे एक वयस्क पाठक वर्ग मिला। वह क्षण जब मित्रो अपनी छातियाँ खोलकर उनकी तारीफ में बोलती है, वह क्षण भारतीय स्त्री के जीवन का एक ऐतिहासिक क्षण था। अभी तक सिर्फ पुरुष ही औरत के शरीर को देखता था, अब स्त्री खुद अपने शरीर, और उसके सौन्दर्य को गौरव के साथ देख रही थी।

'सूरजमुखी अँधेरे की' रत्ती मित्रो से एकदम उलट है। वह एक शिक्षित युवती है जिसके साथ बचपन में बलात्कार हुआ और जो अब अपने एकाकी अस्तित्व को लिये तनहा खड़ी है। बचपन के मानसिक आघात के चलते उसने शारीरिक ऊष्मा और प्रेम के प्रति एक ठंडापन अपना लिया है। वह अपने सम्पर्क में आनेवाले हर पुरुष को सन्देह से देखती है। उससे डरती है और सोचती है कि वह कोई और होगा जिससे उसका मन मिलेगा, यह न जानते हुए कि शारीरिक अभिव्यक्ति के प्रति स्वयं उसके मन में कितना तिरस्कार है। अपनी पीड़ा में वह निराश होती चली जाती है। फिर उसे दिवाकर मिलता है, एक शादीशुदा आदमी जो स्त्री की खूबसूरती और उसके एकाकीपन के सम्मोहन में पड़ जाता है। दिवाकर जिस तरह उसकी आन्तरिकता तक पहुँचता है, उससे उसे कुछ भरोसा होता है। और वे शारीरिक प्रेम तक पहुँचते

हैं। दिवाकर को अपनी बीवी को तलाक देकर उसके साथ रहने के प्रस्ताव को रत्ती ठुकरा देती है। एक पारदर्शी क्षण में वह अपने खोए वक्त को देख पाती है, जो अब दिवाकर और उसकी पत्नी के लिए भी खो सकता है। दिवाकर को वह 'ना' कहती है। वह अपने शरीर की पवित्रता, उसकी सम्पूर्णता को वापस पा चुकी है और अब अपनी या दिवाकर की पत्नी की सम्पूर्णता का अवमूल्यन नहीं करना चाहती।

आपने अपने पहले उपन्यास 'चन्ना' के पाँच सौ पृष्ठ प्रकाशक से इसलिए वापस ले लिए थे क्योंकि आप पाठ में किए गए संशोधनों से सहमत नहीं थीं। क्या यही उपन्यास बाद में 'जिन्दगीनामा : जिन्दा रुख' के रूप में आया ? क्या आप बताएँगी कि 'जिन्दगीनामा' कैसे उपजा, कैसे विकसित हुआ, जिसे बाद में साहित्य अकादमी सम्मान भी मिला।

मैंने अपना पहला उपन्यास विभाजन के फौरन बाद ही लिख लिया था। 1952 में वह पूरा हो गया था। मैंने इसकी पांडुलिपि उस समय के प्रतिष्ठित प्रकाशन भारती भंडार लीडर प्रेस को दी और वे इसे छापने के लिए तैयार हो गए। मैंने उन्हें हस्तलिखित पांडुलिपि भेजी थी। दो साल बाद उन्होंने कहा कि मैं इसकी प्रेस कॉपी तैयार कर दूँ। एक और साल बीत गया और तब उन्होंने मुझे बताया कि वे इसे दो साल बाद प्रकाशित करेंगे। बाद में जब मुझे इसके कुछ छपे हुए फार्म मिले तो इसमें कुछ ऐसे शब्द बदल दिए गए थे, जिनका महत्त्व उपन्यास के देश, काल और संस्कृति को अभिव्यक्त करने के लिए बहुत ज्यादा था। वह किसानी भाषा थी। मैंने इस बारे में तुरन्त प्रेस को सूचित किया और कहा कि वे छपाई रोक दें, और कि मैं इस पर बात करने इलाहाबाद आ रही हूँ। तब तक 300 से ज्यादा पृष्ठ छप चुके थे। मेरा कहना था कि उन्हें ये बदलाव करते समय मुझसे बात करनी चाहिए थी और मुझे प्रूफ दिखाना चाहिए था। वे मुझे नया लेखक मानते हुए 'पाठ को बेहतर' करने की कोशिश कर रहे थे, इसलिए उन्होंने उपन्यास में इस्तेमाल की गई पश्चिमी पंजाब की बोली के शब्दों का हिन्दीकरण करके 'आसान' कर दिया था। उन्हें यह करने का हक था, क्योंकि यह मेरा पहला उपन्यास था, लेकिन एक लेखक होने के नाते अपने पाठ की हिफाजत करना मेरा भी हक था। जिसका सीधा-सा कारण सिर्फ यह था कि देश का विभाजन अपना अन्तिम रूप ले चुका था और मैं चाहती थी कि उस वक्त की ध्वनियों को, स्वरों को इस पाठ में संरक्षित कर सकूँ।

अगले दिन जब हमारी मीटिंग हुई तो अपने पाठ की हिफाजत के लिए मैंने प्रेस के कागज और छपाई का खर्च, दो किश्तों में दे देने का प्रस्ताव इस शर्त पर दिया कि छपे हुए फार्म मेरे सामने नष्ट कर दिए जाएँगे। वापस दिल्ली आकर मैंने पैसा उनको भेज दिया और उन्होंने उपन्यास की प्रेस कॉपी एक पार्सल में मुझे भेज दी।

उपन्यास का अन्तिम अध्याय दुबारा पढ़ने के बाद मुझे लगा कि इस समय मुझे इसको लेकर कुछ करने की जरूरत नहीं है। मैंने उसे छुआ तक नहीं। मैंने उसे एक बक्से में रखा और उसका ताला लगाकर छोड़ दिया।

इसके दस साल बाद मेरे प्रकाशक ने मुझे इसे दुबारा प्रकाशन के लिए देने की बात की। यह बात भी हुई कि अगर जरूरी लगे तो मैं इसमें कुछ संशोधन भी कर लूँ। उस साल बरसातों के दौरान मैं नैनीताल गई और एक सुबह मेरी नींद अजान की आवाज के साथ टूटी और मैंने एक कच्ची ग्रामीण मस्जिद की एक तनहा मीनार को देखा। सहज ही मुझे आभास हुआ कि मैं इस आवाज की तमाम राजनीतिक प्रतिध्वनियों को वहन करने के लिए प्रतिबद्ध हूँ, यह आवाज जिसने हमारे उपमहाद्वीप में पिछली पूरी सदी अपना बोलबाला रखा है।

'जिन्दगीनामा' लिखने के दौरान मेरी कोशिश किसानी उच्चारण की सुनिश्चित दृश्यात्मकता और नाटकीयता पर फोकस करने की रही। दृश्य और श्रव्य के साधारण और सादा प्रयोग ने इस तरह अपनी ही एक दुनिया रची। मैं सिर्फ मानवता के आलोड़न को चित्रित करना चाहती थी, उनके सख्त ग्रामीण मुखौटों को, उनकी आवाजों को। मैंने उनकी कठोर, ऊर्जस्वी और शोरीली बोली को उनके उच्चरित शब्दों, उनकी शब्दावली की सहायता से रचा। अगर मैं उन लोगों की देहभाषा से परिचित न होती तो मैं उस दौर के साथ इंसाफ नहीं कर सकती थी। वह दौर जब बिना किसी सियासी झंडे के संस्कृति की अनेक धाराएँ एक-दूसरे में घुल-मिल रही थीं। इसे पूरा करने में मुझे पाँच साल लगे, और तब इसका शीर्षक मुझ तक पहुँचा—'जिन्दगीनामा'। यह शीर्षक किसी और को भी भा गया जिसके चलते मुझे हाईकोर्ट तक जाना पड़ा।

मैंने कहीं पढ़ा था कि आप आमतौर पर तीन ड्राफ्ट करती हैं। इस आदत की क्या वजह है?

हाँ मैं तीन ड्राफ्ट करती हूँ। पहला ड्राफ्ट पहली कौंध से आता है, और मैं इसी पर सबसे ज्यादा भरोसा करती हूँ, तीसरे ड्राफ्ट को मैं इसी ड्राफ्ट से मिलाकर देखती हूँ और आमतौर पर ये दोनों एक-दूसरे के ज्यादा करीब होते हैं। लेकिन दूसरा ड्राफ्ट मुझे अपने लेखन-कौशल और आत्मसन्तोष के लिए जरूरी लगता है। और इसके लिए मुझे कभी कोई पछतावा नहीं हुआ।

कभी-कभी किसी पंक्ति में मामूली से बदलाव से बहुत कुछ बदल जाता है। कभी-कभी इससे कोई अमूर्त अभिव्यक्ति ज्यादा स्पष्ट हो जाती है, किसी सपाट शब्द की जगह कोई गहरा शब्द आ जाता है या किसी बोल्ड ब्रश पर हल्की सी एक रेखा बात को अलग रूप में रच देती है। लेकिन जब मैं अन्तिम ड्राफ्ट कर रही होती हूँ, बिना

पहले और दूसरे ड्राफ्ट को देखे, तो दूसरे ड्राफ्ट में आए कुछ संशोधन मन-मस्तिष्क में रच-बस चुके होते हैं और वे आखिर तक रहते हैं।

तीसरा ड्राफ्ट समाप्त करने के बाद, मैं पूरे पाठ को बोल-बोलकर पढ़ती हूँ और इससे मुझे बड़ी मदद मिलती है। कोई वाक्य या कोई विचार इस दौरान अचानक कौंध जाता है, जो पाठ का शिखर-बिन्दु बन जाता है और उद्धरणीय जैसा कुछ हो जाता है। उदाहरण के लिए 'ज़िन्दगीनामा' के चार सौ से ज्यादा पृष्ठ लिखने और उन्हें पढ़कर खुद को सुना देने और कुछ हल्के-फुल्के संशोधनों के बाद जब मैंने मान लिया कि मेरा काम पूरा, तब लगभग एक सप्ताह बाद मुझे अचानक एक वाक्य ध्यान आया—हर पुत्र अपने पिता का अवतार होता है—जो एक किसानी कहावत है। मैं अपने लिखे पूरे पाठ से गुजर गई लेकिन इसका उल्लेख कहीं नहीं था। मुझे अपने ऊपर बड़ा क्षोभ हुआ। ऐसी प्रतीकात्मक 'इमेज' को मैं कैसे छोड़ सकती हूँ! कुछ दिन इन्तजार में बीते और तब सूर्य, चन्द्रमा और पृथ्वी की रचना के बारे में एक समूचा टुकड़ा नमूदार हुआ।

सो, तीन ड्राफ्ट करना, मेरी पुरानी आदत है और मुझे लगता है यह बुरी नहीं है।

आप अपनी थीम का चुनाव कैसे करती हैं, आपकी कार्यशैली की संरचना क्या है?

मुझे नहीं लगता कि इस सवाल का सही-सही, सन्तोषजनक जवाब मैं दे पाऊँगी। लम्बे वक्त से काम कर रही हूँ लेकिन किसी सुनिश्चित कार्यशैली का निर्धारण मैं अभी तक नहीं कर पाई हूँ। हर किताब के साथ, उसके कथ्य के साथ उसकी शैली, भाषा और सत्यान्वेषण की प्रविधि खुद-ब-खुद बदल जाती है। कागज के कोरेपन का रहस्य ही वह शक्ति है जो मुझे कलम उठाने को प्रेरित करती है। और यह बहुत आसानी से नहीं होता। बीच में एक लम्बा सूखा वक्फा गुजरता है। शुरुआती अवधारणा और उसके ठोस कार्यान्वयन के बीच भी जाने क्या-क्या गुजर गया होता है।

मैं कभी थीम को फ्रेम में बाँधकर नहीं चलती। मुझे लिखना होता है ताकि पाठ जो अपने अन्दर समोये हुए है, वह अपने आपसे खिले। मैं अपने आपको इस बात की इजाजत नहीं देती कि कहानी की पूरी रूपरेखा पहले से तय कर लूँ, और तब उसमें प्रवेश करूँ। कोई दिवास्वप्न भी मुझे नहीं बाँधता। ऐसा करने से आपकी आन्तरिक ऊर्जा छितरा जाती है और आपके पाठ की सघनता झीनी हो जाती है।

जब मुझे यह प्रतीति होने लगती है कि मेरे भीतर का लेखक अपने लेखकीय अधिकारों के आधे को समर्पित कर चुका है—और शेष आधा पाठ में अंगीकृत हो चुका है, तब पहली पंक्ति प्रकट होती है। कागज पर पहली पंक्ति किसी चमत्कार

से कम नहीं होती जो अब एक और यथार्थ को सिरजने जा रही होती है।

अन्तिम निर्णायक आन्तरिक अनुशासन होता है जो आपकी संवेदना, अन्तर्दृष्टि और भावनात्मक, बौद्धिक ऊर्जाओं को संयोजित कर रचना की प्रारम्भिक कौंध और उसके मूर्तीकरण को सम्भव करता है। अच्छे लेखन के लिए लेखक को आन्तरिक शक्ति, स्वच्छ आत्मा, सघन आवेश और अनासक्ति की जरूरत होती है—एक बराबर मात्रा में।

नारी-स्वातंत्र्य और आजादी का आपके लिए क्या अर्थ है?

'नारी-स्वतंत्रता' का अभिप्राय मेरे लिए यह है कि मैं अपने आत्म की, अपने व्यक्तित्व की मालिक हूँ और आर्थिक रूप से अपनी देखभाल के लिए किसी पर निर्भर नहीं हूँ। 'आजादी' यानी कोई और मेरी जिन्दगी को प्रबन्धित नहीं कर सकता। एक व्यक्ति के रूप में, मैं स्वयं को स्थित कर पाऊँ और अपने चयन तक बिना किसी समझौते के पहुँच सकूँ।

कुछ लोगों का कहना है कि दलित और स्त्री-साहित्य तभी विश्वसनीय हो सकता है, जबकि वह स्वयं दलितों और स्त्रियों द्वारा लिखा जाए। क्या आप इस धारणा से सहमत हैं? अगर नहीं, तो क्यों?

मुझे यह सवाल कुछ 'लोडेड' प्रतीत हो रहा है। मुझे आशंका है कि पुराने जमानों के पूर्वग्रह और तर्क नई उभरी दावेदारियों के साथ नए सिरे से गठजोड़ कर रहे हैं। जहाँ तक रचनात्मक लेखन की प्रामाणिकता का सवाल है, हमें इसे समाजविज्ञानियों के लिए छोड़ देना चाहिए कि वे इस पर शोध करें और दलित तथा स्त्री को लेकर अपने सिद्धान्त निरूपित करें। रचना में आत्म-अभिव्यक्ति का स्थान सबसे ऊपर होता है, और यही प्राथमिक पैमाना भी होना चाहिए। कोई भी लेखक—वह स्त्री हो या पुरुष—इस अधिकार से अभिषिक्त है कि वह अपनी आन्तरिक संवेदना को लेखनी-बद्ध करे, वह पीड़ा हो या आनन्द, जो भी उसे सही लगे और जिसे लिखने की तौफीक उसको हो। अभी तक, पुरुष ही स्त्रियों और वंचितों के बारे में लिखते आ रहे थे। क्या हमने सोचा कभी कि वह कुछ कम प्रामाणिक था! तब फिर स्त्रियों और दलितों पर ही यह बन्दिश क्यों डाली जाए कि वे सिर्फ अपने ही तनावों, संघर्षों के बारे में लिखें, सो भी इस नए तर्क पर खरा उतरने के लिए! अगर आलोचक उनकी रचनात्मक अभिव्यक्ति को कुछ कम आँकते हैं, तो हम धैर्यपूर्वक उस वक्त का इन्तजार करेंगे जब स्त्रियाँ और दलित, स्वयं का, सामाजिक और बौद्धिक आकाश रच सकेंगे, ताकि वे साहित्य की अभिजात हायरार्की से दो-दो हाथ कर सकें।

कुछ समय पहले साहित्य अकादेमी द्वारा हैदराबाद में आयोजित अखिल भारतीय

लेखिका सम्मेलन में बांग्ला लेखक नवनीता सेन ने चिन्ता जताई कि इधर कुछ स्त्री-लेखक अश्लील लेखन में लगी हुई हैं। उन्होंने यह भी कहा कि इरॉटिक तो स्वीकार्य हो सकता है, लेकिन अश्लील नहीं। आप इरॉटिक, वल्गर और ऑब्सीन को किस तरह परिभाषित करेंगी ?

क्या हम नई पीढ़ी की लेखिकाओं के लिए कोई नई नैतिक संहिता रचने जा रहे हैं ? मैं रचनात्मक संस्कृति के शुद्धीकरण की इन विभाजनकारी कोशिशों के पूरी तरह खिलाफ हूँ। 'इरॉटिक' स्वीकार्य लेकिन 'वल्गर' नहीं—यह मेरे खयाल से एक अभिजात वक्तव्य है। मुझे यहाँ अपनी योग्य मित्र नवनीता सेन से असहमत होना पड़ेगा। सिर्फ ऊपरी तबका ही 'इरॉटिक' और 'वल्गर' शेड्स के बीच ऐसा विभाजन करता है। इस उत्तर-आधुनिक समय में अश्लील कुछ भी नहीं है। मानवीय भावनाओं और अनुभवों के विशाल परिसर में किसी भी चीज को 'वल्गर' या अश्लील के खाने में नहीं डाला जा सकता। गर्भ-निरोधकों के प्रचार अभियानों ने सेक्स के रहस्य को सबके सामने खोलकर रख दिया है।

वह प्राचीन रहस्य, अब किसी के लिए रहस्य नहीं है। वह जिज्ञासा के दायरे से बाहर निकल चुका है।

फिर स्त्रियों के लेखन से ही इसको अलग किसलिए करना। स्त्री-लेखकों के लिए यह एक रचनात्मक युग का आरम्भ है। अपनी अभिव्यक्ति के लिए उन्हें कितनी 'सेक्सुअलिटी', यहाँ तक कि कितनी 'पोर्नोग्राफी' भी, जरूरी लगती है, इसकी तलाश और इसका फैसला उन्हें स्वयं करने दें। अरसे से सेक्सुअल पॉलिटिक्स की साँकलों में जकड़े रहने के बाद, जब वह आजादी का क, ख ही जान रही है, ऐसे बिन्दु पर उन्हें पुरुष-लेखकों से अलग कोई नैतिक नियमावली क्यों दी जाए! औरत को हमेशा से पुरुष ने ही देखा है, और पुरुष ने ही उसे अपने नजरिए से चित्रित किया है। अब वह अपने खुद के, और नए नजरिए से अपने आपको भी देख रही है, और पुरुष को भी देख रही है। जिस तरह पुरुष ने स्त्री की नग्नता को देखा, उसका महिमागान किया, उसका अन्वेषण और उसका दोहन किया; क्यों एक स्त्री पुरुष-आकार को व्यक्तिगत और लेखकीय तौर पर उसी तरह नहीं देख सकती ? ये दोहरा मापदंड क्यों ? मानव साहित्य में हमें इस तरह दो भाषाएँ और दो अभिधारणाएँ नहीं बनानी चाहिए और न ही उस पुरुष-जाल में फँसना चाहिए जिसे समूचा पुरुष-जगत स्त्री की अभिव्यक्ति को नियंत्रित करने के लिए फेंक रहा है।

आखिर क्यों, हम स्त्री लेखकों को यह मानने का अधिकार नहीं होना चाहिए कि एक स्त्री सृष्टि के अन्य तमाम जीवों के मुकाबले अपनी बनावट में पुरुष के ही ज्यादा नजदीक है ? रचनात्मक साहित्य में किसी भी लेखक के लिए कोई भी निर्देश क्यों होना चाहिए, वह औरत हो या मर्द ? लेखन सिर्फ लेखक की कल्पना और

कौशल पर निर्भर होता है।

फिर अश्लील और अश्लीलता की परिभाषा क्या होगी? और अश्लीलता को सिर्फ सेक्स से ही किसलिए जोड़ा जाए? 'वल्गर' और 'इरॉटिक' के फर्क को जानने के लिए सिर्फ एक पीढ़ी की शिक्षा और क्षमता काफी नहीं है। इस मसले का सम्बन्ध आर्थिक बेहतरी से भी है। गरीबी और आधी शिक्षा में वल्गर और इरॉटिक का फर्क कर पाना मुश्किल है। सिर्फ अभिजात तबका ही अश्लील हुए बगैर अपनी कामना और यौनेच्छा पर बहस कर सकता है।

मेरा विश्वास है कि आप हमेशा से लेखक ही बनना चाहती थीं और आपकी पहली कहानी 'लामा' है। किन चीजों के चलते आपने अपनी पहली कहानी और पहली कविता लिखी?

'लामा' बचपन की एक छवि है जो आज भी मेरी स्मृति में मँडराती रहती है। कुछ साल पहले जब मैं लद्दाख की लामा-यूरी मोनेस्ट्री गई तो मुझे लगा कि मैंने उसी लामा को वहाँ देखा है (अपने चोगों में वैसे भी सब लामा एक ही जैसे दिखते हैं।) बरसों पहले जब मैंने यह कहानी लिखी, तब मुझे यह मालूम नहीं था कि लेखन चेतना की एक विशेष स्थिति से उपजता है। उन शुरुआती दिनों में मुझे बिलकुल भी खयाल नहीं था कि लेखक को मानव-मन की जटिलताओं को भी समझना होता है। इस अर्थ में 'लामा' उस तरह से कहानी नहीं, जैसे कहानी को वास्तव में होना चाहिए। वह एक फोटोग्राफ जैसी ज्यादा है। एक पृष्ठ की कथा-छवि उस उदास चेहरे की जो अकसर हमारे इलाके में हाथ में एक छोटा सा ड्रम घुमाते हुए प्रकट हुआ करता था। बच्चे उसको चिढ़ाया करते थे और वह अपनी उदास आँखों से उन्हें देखते हुए बस चुप रहता था। मुझे लगता है कि उसके चेहरे पर अंकित इस असहायता ने ही मुझसे यह कहानी लिखवाई। यह बिलकुल ऐसे था जैसे कोई बच्चा अपनी यादों को अपनी कॉपी में सुरक्षित रख रहा हो।

मैंने कहानी लिखी, उसे ध्यान से दो बार पढ़ा और कलकत्ता की 'विचार' पत्रिका को भेज दिया जिसे उस समय भवगतीचरण वर्मा देखते थे। जब इसकी प्रकाशित प्रति मुझे मिली तो न मुझे ताज्जुब हुआ, और न मेरे माता-पिता को कोई हैरानी हुई। यह एकदम प्राकृतिक था। मुझे चिन्ता बस इस बात को लेकर थी कि कहीं कहानी में कुछ बदला तो नहीं गया। हर शब्द जस का तस था। बतौर नए लेखक इससे मुझे काफी आत्मविश्वास मिला, जिसे अभी यह जानना बाकी था कि कोई एक चालाक पंक्ति भी आपके लेखकीय कौशल को अन्तिम रूप से नुकसान पहुँचा सकती है। पहली कविता जब लिखी गई, मैं अपनी माँ के साथ शिमला, इसे एक प्रतियोगिता में पढ़ने गई, और वहाँ मुझे इस पर पहला पुरस्कार मिला—एक रजत पदक। कॉलेज

के दिनों तक मैं कविताएँ लिखती रही और जल्दी ही मुझे मालूम हो गया कि कविता मेरा क्षेत्र नहीं है, और फिर मैं गम्भीरतापूर्वक गद्य की तरफ मुड़ गई।

आपका बचपन दिल्ली और पंजाब में बीता। आपने कहीं कहा है कि इन दो विपरीत ध्रुवों से आपको यथार्थ का एक विराट परिसर मिला, इस पर कुछ प्रकाश डालें।

मैं दिल्ली और शिमला में पली-बढ़ी। अपनी सुनियोजित सादगी से सम्पन्न ये शहर क्रमश: गर्मियों और सर्दियों की राजधानी कहे जाते थे। एक वेतनभोगी एकल परिवार में न दिखावे जैसा कुछ था, और न कुछ पहुँच से बाहर। एक सादा और अपने में सँभला-सुलझा वजूद।

राजधानी के जीवन के विपरीत गुजरात (अब पाकिस्तान के पंजाब में स्थित) की प्राचीन हवेली हमारे बचपन के लिए ज्यादा बड़ा आकर्षण थी। अपनी मद्धिम होती आभा में दीप्त एक पुरानी हवेली। उसका पता भी कुछ अलग-सा, कुछ चौंकानेवाला भी—'सोबतियों की हवेली, सोबती स्ट्रीट, गुजरात।' गुजरात एक ऐतिहासिक शहर है। शहर के बाहर चिल्लियाँवाला मैदान था जहाँ भारतीय सेनाओं ने दो बार ब्रिटिश फौजों को पराजित किया था। लेकिन तीसरी बार वे जीत गए और पंजाब ब्रिटिश शासन के अन्दर आ गया। बचपन में जब हमें यह मैदान दिखाया जाता, और इसके बारे में बताया जाता तो मैं भावनात्मक रूप से उत्तेजना का अनुभव करती थी। अब आकर मुझे पराजय का अर्थ समझ में आता लगता है।

गाँव के आसपास का हमारा मैदानी इलाका ब्रिटिशों की दोनों राजधानियों की गरिमा से बिलकुल अलग था, जहाँ रोज सुबह टैंकरों से गलियाँ धोयी जाती थीं और हर चीज जहाँ इतनी साफ-सुथरी थी। गाँव हालाँकि हरियाली से घिरा हुआ था लेकिन सड़कें वहाँ कच्ची ही थीं, न बिजली थी, न रोशनी थी, और आने-जाने के लिए सिर्फ घोड़े। लेकिन इन सब अभावों के बीच वहाँ चिनाब नदी थी, शक्ति की वह धारा गाँव के बीचोबीच बहती थी। यह एक अलग ही परिदृश्य था और गाँव तथा गाँववालों के साथ मेरा रिश्ता हमेशा बहुत सकारात्मक था। जब भी मैं वहाँ गई, मैंने वह सब कुछ सीखा जो गाँव की लड़कियाँ किया करती हैं। अगर मैं गाँव से शहर आती, बजाय इसके कि शहर से गाँव जाऊँ तो मेरी प्रतिक्रिया शायद अलग होती।

ये तीनों अलग-अलग कैनवास थे। इन तीनों जगहों की आवाजाही के चलते मुझे उच्चरित शब्द के अलग-अलग शेड्स मिले। ग्रामीण जन की देशी बोली और नगरपालितों की सुथरी-सुलझी अभिजात अभिव्यक्ति। बाद में, जब मैंने लिखना शुरू किया, इस संयुक्त अनुभव ने मेरी भाषा को एक विस्तृत फलक दिया।

बचपन के बारे में बताते हुए कृपया हमें अपने परिवार से भी अवगत कराएँ।

मेरे अभिभावक अपने समय से बहुत आगे थे। 'अनुशासन' और 'आजादी' जैसे शब्दों का अर्थ मुझे अपने पालन-पोषण के तरीके से ही समझ आया। हमें हमारी बालसुलभ जिज्ञासाओं को व्यक्त करने के लिए, अपनी शरारतों और समस्याओं को अपने माता-पिता से बाँटने के लिए प्रेरित किया जाता था। सही काम कर दिया तो वे हमारे ऊपर प्रेम का सागर नहीं उँड़ेल देते थे और न ही गलत काम करने पर दंड देते थे। हमें अपने बड़ों से असहमत होने की पूरी आजादी थी लेकिन सम्मान के साथ। पलटकर जवाब देना या मुँह फुला लेने के लिए कोई माफी नहीं थी। पीठ पीछे चुगली करना भी बुरा माना जाता था। मैं और मेरी बहन को अपनी आजादी हासिल करने के लिए ज्यादा कुछ नहीं करना पड़ा, हमें हमारी वाजिब आजादी, अपनी सीमाओं के साथ दी गई।

हमारे घर पर पढ़ने के लिए ढेरों किताबें थीं और सेंट्रल सेक्रेटेरियट की लाइब्रेरी से भी हम किताबें लेते थे। पुस्तक मेलों और प्रदर्शनियों से भी हमारे माता-पिता वे किताबें हमारे लिए लाते थे जिन्हें वे चाहते थे कि हम पढ़ें। आर्य समाज के जलसों और प्रदर्शनियों में भी उर्दू-हिन्दी की किताबें खूब होती थीं।

जहाँ तक मेरा सवाल है, आत्माभिव्यक्ति मेरे पालन-पोषण की स्वाभाविक परिणति थी, सायास-सचेत प्रयास नहीं।

सर्दियों में बच्चों के कमरे की लाइटें नौ बजे बन्द कर दी जातीं और अपने कमरे से पिताजी कोई किताब जैसे—'फूलवालों की सैर' हमें पढ़कर सुनाते। अँधेरे में, शब्द जैसे पिघलकर हमारे नजदीक आते और हमारी आँखें भींग जातीं। मुझे अब तक पिताजी की वह आवाज याद है जब वे संवादों की अदायगी और बीच में पॉज दे-देकर इस तरह पढ़ते थे कि कहानी हमें अपने आसपास ही घटित होती मालूम होती थी। भाषा, विषय, यह सब उस अनुभव का हिस्सा था जिसने हमें समृद्ध किया और हमारे चरित्र-निर्माण में एक बड़ी भूमिका निभाई।

एक लेख में आता है कि आधिकारिक इतिहास का आपके लिए तब तक कोई मतलब नहीं है, जब तक कि वह नीचे से आनेवाले इतिहास को अलग करके चलता है। नीचे के इतिहास से आपका क्या अभिप्राय है?

मुझे लगता है, इस वक्तव्य में मेरी बात को गलत सन्दर्भ में उद्धृत किया गया है।

आधिकारिक या ऑफीशियल रिकॉर्ड्स को अनदेखा हम कैसे कर सकते हैं, वे तो बीते समय को जानने के अहम स्रोत हैं। मैंने यह कहा था कि एक इतिहास वह होता है जो संग्रहालयों में संरक्षित है, लेकिन एक इतिहास और भी है जो नीचे से आता

है। वह भी इतिहास है जो उन वक्तों के लोगों के बीच स्थित है जिन वक्तों की बात आधिकारिक इतिहास करता है और जिन वक्तों को उन लोगों ने जिया-झेला है। ऑफीशियल दस्तावेज, आँकड़े और रिपोर्ट्स घटनाओं का सत्ता द्वारा प्रस्तुत संस्करण होते हैं, इतिहास के स्रोत जो इनसे बाहर होते हैं, वे भी बेहद मूल्यवान होते हैं। नीचे के इतिहास से मेरा अभिप्राय यही है। इतिहासकार जन की सामूहिक स्मृति और समष्टि-चेतना को भी रिकॉर्डबद्ध कर सकता है।

लेखक को आधिकारिक इतिहास और नीचे के इतिहास में फर्क करना आना चाहिए। इतिहास का एक विचारधारात्मक कार्य भी होता है। राजनीतिक दलों में इधर एक खतरनाक प्रवृत्ति दिखाई देने लगी है जो इतिहास की व्याख्या अपने एजेंडे के मुताबिक करती है। कुछ पार्टियाँ इतिहास का शुद्धीकरण करना चाहती हैं। वे भारत की लम्बी परम्पराओं को नजरअन्दाज करते हुए इतिहास और अध्यात्म का घालमेल करती हैं और फिर इस 'मिक्स' को ही इतिहास के रूप में प्रक्षेपित करती हैं ताकि अपनी विचारधारा को सिद्ध कर सकें। वे बहुलता और एकता की हमारी साझा विरासत को बिलकुल तवज्जो नहीं देतीं, वह विरासत जो अनेक धर्मों, आस्थाओं और विश्वासों के बावजूद हमारी थाती है। हमारे राजनीतिक दलों और राजनेताओं को यह समझना चाहिए कि संसार में वक्त-वक्त पर हिंसा, संघर्ष और तनाव होते रहे हैं लेकिन मनुष्य की जिजीविषा ने भी शान्ति और समृद्धि का अपना रास्ता नहीं छोड़ा है। नफरत को अतिरंजित करना और हिंसा को बढ़ा-चढ़ाकर दिखाना किसी के लिए लाभप्रद न होगा, न किसी व्यक्ति के लिए और न मानव-जाति के लिए।

विभाजन का एक व्यक्ति के रूप में आपके ऊपर क्या प्रभाव पड़ा?

बँटवारे की कीमत पर अपनी मातृभूमि को आजाद होते देखना एक जुड़वाँ अहसास था। एक तरफ बलि का बकरा बन जाने का और एक तरफ सदियों बाद अपने देश को आजाद होते देखने का। यह एक महान ऐतिहासिक क्षण था। हर भारतवासी, स्त्री और पुरुष, ने अपने हृदय के अन्तर्तम में इस अहसास को जिया कि अब हम सिर ऊँचा करके चल सकते हैं कि अब हम अपने आजाद मुल्क के बाशिन्दे हैं।

मेरी पीढ़ी इसकी मूक दर्शक नहीं थी। वह इन ऐतिहासिक फैसलों की जद में रही, और इस विराट विभाजन की भी। इतिहास हमारे उपमहाद्वीप का अपने संघर्षों, तनावों और हिंसा के साथ पीछा कर रहा था। हमारे परिवार अपने घरों, जमीनों और जो भी उनके पास था, सब कुछ को पीछे छोड़कर अपनी जड़ों से उखड़ गए। और अब वक्त अपने दुख और नुकसान को बैठकर गिनने-देखने का नहीं था, यह वक्त कुछ करने का था, दुबारा अपने पाँव जमाने का था। हमसे हमारी जड़ें तो छिनीं,

लेकिन हमें एक स्वतंत्र देश की नागरिकता भी मिली। हम इसकी कीमत जानते थे।

दोनों देशों की आजादी और विभाजन ने हमें जनसाधारण की उभरती राजनीतिक ताकत को देखने की दृष्टि दी, वह जन-गण जो बड़े-छोटे सब देशों का भाग्य-नियंता हो सकता था। विभाजन का नतीजा हमारे सामने था, एक नया देश, पाकिस्तान, जन्म ले चुका था। विभाजन ने हमें स्थानीय संकीर्णताओं से परे कर दिया था। अब जो परिप्रेक्ष्य सामने था, उसमें मैं राजनीतिक संघर्ष को एक व्यापक कोण से देख पा रही थी।

यहाँ मुझे विभाजन-बाद के लेखन पर भी कुछ कहना चाहिए। रचनाकार और बुद्धिजीवी एक परीक्षा के दौर से गुजर रहे थे। वे अपनी लेखनी के जरिए जो पहुँचा रहे थे, उसमें औषधि जैसा असर था। राजनीति को एक तरफ करके उन्होंने नफरत, आतंक और हिंसा के खतरे के बावजूद मानवीय मूल्यों और भाईचारे का बोल ऊँचा रखा। उन्होंने उन लोगों की यातनाओं और त्रास को वाणी दी जो अपनी बात अपनी जुबान से नहीं कह सकते थे।

क्या आप अपने उस दौर के अनुभव को हमारे साथ बाँटना चाहेंगी जब आपने मशहूर टीवी धारावाहिक 'बुनियाद' के साथ बतौर सलाहकार काम किया!

मुझे बुनियाद की पटकथा लिखने को कहा गया था, लेकिन उसी दौर से सम्बन्धित एक और काम मेरी टेबल पर भी चल रहा था, सो मैंने मना कर दिया। तब मुझे विभाजन के बारे में इस धारावाहिक में सलाहकार के तौर पर काम करने का प्रस्ताव मिला। पटकथा उपन्यासकार मनोहर श्याम जोशी लिख चुके थे। धारावाहिक में काम करनेवाले अभिनेता-अभिनेत्रियों के साथ दैनिक बैठकों में हिस्सा लेना मेरे लिए बहुत मूल्यवान रहा। यह लेखक के अनुशासन से एकदम अलग चीज थी। ज्यादातर अभिनेता नए थे, लेकिन उनमें सीखने और कैमरे का सामना करने के लिए भरपूर आत्मविश्वास था। मेरा काम पश्चिमी पंजाब के ध्वनि-संसार, देहभाषा, वहाँ के युवाओं की आक्रामक ठवन और बुजुर्गों की पकी सुलझी-समझदार जुबान के बारे में उनका मार्गदर्शन करना था। मास्टर जी आर्यसमाजी आदमी थे। उनकी वेशभूषा, उनकी पत्नी की सीधे पल्ले की साड़ी, पूरी चप्पलें, बाल बनाने का तरीका, ये सब। इन सभी मामलों को लेकर अभिनेता मुझसे देर-देर तक बातें करते थे। मुझे भी उनसे बहुत कुछ सीखने को मिला। मुझे यह जानकर हैरानी हुई कि एक धारावाहिक बनाने से पहले फिल्मी जगत इतना शोध करता है। इससे पहले मैंने ऐसा कोई काम नहीं किया था, लेकिन जब काम पूरा हो गया तो रमेश सिप्पी साहब काफी सन्तुष्ट हुए, और मैं भी। और लेखक मनोहर श्याम जोशी भी।

कृपया हमें बताएँ कि हिन्दी कथाकारों में आप किन्हें महत्त्वपूर्ण मानती हैं?

मेरी साहित्यिक यात्रा लम्बी रही है, अलग-अलग पीढ़ियों के नामों को गिनाना थोड़ा मुश्किल है। मैं सिर्फ यह कहना चाहूँगी कि हमारे रचनात्मक साहित्य ने जनसाधारण, उनके रोजी-रोटी के संघर्ष को समझने में गहरी समझदारी का परिचय दिया है। हिन्दी की कविता, कहानी, उपन्यास और नाटक, सभी विधाओं ने भारतीय जीवन, यहाँ की पम्पराओं और नए सामाजिक परिवर्तनों को उनकी जटिलताओं के साथ बखूबी अंकित किया है। राजनीतिक और सामाजिक परिवर्तनों का हमारे गद्य पर सीधा असर देखने को मिलता है। आरक्षण हमारे समय के बड़े राजनीतिक सरोकारों में है, इस परिदृश्य में लेखन-संसार में नए-नए आन्दोलन, विषयवस्तु और शैलियाँ आ रही हैं। अलग-अलग भाषाएँ भी एक-दूसरे के नजदीक आ रही है, कविता में भी और गद्य में भी। आज साहित्य में दो एकदम अलग और जीवन्त धाराएँ साफ दिखाई देती हैं—एक जो अभिजात तबके से आती है, और दूसरी जिसका स्रोत वंचित तबके हैं जिनकी सामूहिक चेतना इस साहित्य में अभिव्यक्ति पा रही है।

जीवन में आपका क्या उद्देश्य है?

इस लॉकर को मैं शायद अभी भी बन्द ही रखना चाहूँगी। जो इसमें है, वह रहस्य ही रहे।

जीवन में मेरा ऐसा कोई सुपरिभाषित लक्ष्य नहीं है जिसके लिए मैं कोई सचेत प्रयास करूँ। सपनों और सच्चाइयों में बड़ा फर्क रहा है, 'जो मैंने करना चाहा था' और 'जो मुझे करना पड़ा' इनके बीच संघर्ष चलता ही रहा। जो करना पड़ा, उसके पीछे फौरी जरूरतें थीं और प्राथमिकता उसे ही देनी पड़ी। व्यावहारिक होना पड़ा। जो मैंने चाहा वह बस इतना ही कि दूसरों के जीवन में दखलंदाजी न करूँ, और न किसी को अपने जीवन में करने दूँ। मैं दूसरे की व्यक्तिगत स्वतंत्रता का गहरा सम्मान करती हूँ और अपने स्पेस की सुरक्षा भी उतने ही भाव के साथ करती हूँ। मेरे पीछे वेतनभोगी संस्कृति की पीढ़ियाँ रही हैं। इससे मुझे एक अनुशासन मिला, कठोर भी और लोचदार भी। इसके चलते मैं अपने जीवन की परिस्थितियों से कभी फ्रस्ट्रेट नहीं हुई और छोटी-बड़ी सब चुनौतियों का सामना करती रही। कह सकती हूँ कि जीवन जिस तरह मेरे लिए प्रस्तुत हुआ है, उसमें मैंने कभी नाखुश और ट्रेजिक महसूस नहीं किया।

आपने कहीं कहा है कि मैं जिन्दगी को प्रत्यक्ष रूप में लेती हूँ और परोक्ष रूप में छूती हूँ, कृपया इस पर कुछ विस्तार से कहें।

मेरे भीतर दो विपरीत ध्रुव एक साथ वास करते हैं। ऊपरी सतह पर अपने लिखित

के साथ मेरी संलग्नता एकदम निरपेक्ष होती है और अपने पात्रों से मेरी दूरी एकदम स्पष्ट। इन दोनों तत्त्वों के बीच सन्तुलन कायम रखने के लिए मुझे किंचित कठोर, वस्तुगत और ठंडा होना पड़ा।

भविष्य में आपकी योजना क्या है, लेखक के रूप में और व्यक्ति के रूप में?

मेरी मेज पर तीन अधूरे काम पड़े हैं जो मुझे लगातार चेताते रहते हैं कि सावधान, समय बीत रहा है। 'गुजरात से गुजरात तक' एक उपन्यासिका है जो गुजरात में हुई हिंसा से निकला; एक उपन्यासिका 'पॉवर ऑफ अटार्नी' है जो देश में फैले प्रॉपर्टी डीलरों के रैकेट पर केन्द्रित है। तीसरी किताब में दिल्ली के रेस्तराँओं और उनके बहाने 1950 से 70 तक के साहित्यिक परिदृश्य का जायजा लिया गया है।

यथार्थ के साथ मेरा सम्बन्ध मेरे लेखन के जरिए ही बनता है। नई किताब पर काम करते हुए मुझे यह याद रहता है कि अब तक प्रकाशित मेरी किताबों को पाठकों और आलोचकों ने गम्भीरता से लिया है। लिखने का मैं तभी सोचती हूँ जब मेरे आन्तरिक एकान्त में कुछ मूल्यवान और गम्भीर चल रहा हो। व्यक्ति-समूहों, लोगों, समाजों, व्यवस्थाओं और संस्थाओं के अन्तर्निहित तनाव मुझे मेज तक ले जाते हैं। इससे मेरी बौद्धिक ऊर्जाओं को प्रेरणा मिलती है और अपने वक्त की मेरी समझ पैनी होती है।

आवेश-प्रवण जुड़ाव और तटस्थता दोनों ही रचनाकारों के लिए निर्णायक तत्त्व हैं। मेरे लिए अनुभव की सूक्ष्म शक्ति, वह प्रत्यक्ष हो या अप्रत्यक्ष, बहुत महत्त्वपूर्ण है। निष्क्रियता का लम्बा सूखा वक्फा एक अपरिभाषेय सघनता प्रदान करता है। जब मैं आखिरकार अपने विषय का अन्वेषण करने का फैसला करती हूँ, तो मुझे सख्त निग्रह और निर्दय खरेपन की जरूरत होती है। इसी छलनी से अनुभवों के इकट्ठे हुए जखीरे से परिशुद्ध और वयस्क कृति निखरकर आती है। जैसे ही कागज पर पहली पंक्ति अपना अस्तित्व ग्रहण करती है, पाठ का अपना स्वतंत्र व्यक्तित्व नमूदार हो जाता है, और फिर जब तक रचना अपनी परिणति तक नहीं पहुँच जाती, मेरा अपना वजूद उसके मुकाबिल दोयम ही रहता है। सभी रचनाकारों की तरह मुझे भी यह मालूम है कि साहित्यिक व्यपगमन भी एक अनिवार्य स्थिति है।

मेरा व्यक्तित्व और मेरा लेखन कभी अलग नहीं हुए, न श्रेणियों में और न खानों में। वे साथ रहते हैं और एक समग्र इकाई की तरह काम करते हैं। जीना और लिखना मेरे लिए देह और आत्मा की तरह सहजीवी रहे हैं—एक-दूसरे के साथ, एक-दूसरे के भीतर।

क्या हम आपके पति और सुपरिचित डोगरी लेखक श्री शिवनाथ और इतनी उम्र में आपके विवाह के बारे में बात कर सकते हैं?

भला उम्र का साथी होने से, शादी से या सहजीवन से क्या सम्बन्ध है? हाँ इस पूरे अनुभव में मुझे अपनी कीमत पर कोई भी समझौता या समायोजन नहीं करना पड़ा। कोई पारिवारिक तनाव या कोई ऐसा भावनात्मक बोझ नहीं, जिसे लोगों को अपनी निजता और रचनात्मक ऊर्जा की कीमत पर वहन करना पड़ता है। मेरा समय और मेरा स्पेस पूरी तरह सुरक्षित है। वे अपने अध्ययन-कक्ष में व्यस्त, मैं अपने। यह अद्‌भुत अनुभव है, साथ रहना और पारदर्शी मूल्यों के धनी एक अन्य मनुष्य की उपस्थिति में सूर्यास्त की शान्ति का आनन्द लेना। वे बिलकुल मेरी तरह हैं, और एकदम अलग भी। डेनिश रहस्यवादी और रमण महर्षि के शिष्य—शून्यता, जिनकी आँखों में देखकर रमण महर्षि ने उन्हें पैदायशी रहस्यवादी कहा था, और शून्यता नाम दिया था, उन्होंने एक पत्र में शिव को लिखा : 'आपसे शान्ति विकीरित होती है। स्वतः, स्वभावतः।'

मुझे ये पंक्ति अभी देखने को मिली जब शिव पिछले तीस वर्षों के दौरान आए शून्यता के पत्रों का सम्पादन कर रहे थे। एक रहस्यवादी के ये शब्द उनके व्यक्तित्व को पूर्णरूपेण उद्‌घाटित कर देते हैं। मुझे स्वीकार करना चाहिए कि उनको जानते हुए मैंने स्वयं उनकी पारदर्शी प्रकृति, आध्यात्मिक रुझान और तार्किक मस्तिष्क को देखा, और मैं इसे बहुत गम्भीरता से लेती हूँ। वे सेवानिवृत्त ब्यूरोक्रेट हैं, पूर्णतया व्यवस्थित। मेरे तो कागज हमेशा ही बिखरे रहते हैं। उनका दिन 4 बजे शुरू होता है जबकि मेरा दिन उस वक्त खत्म होता है। पुरानी आदतें हैं, मुश्किल से जाती हैं।

अब आप समझ सकते हैं कि मैंने इस उम्र में यह नई शुरुआत क्यों की। एक बौद्ध उक्ति है, दोहराना चाहूँगी, "मैं चीजों को ऐसे देखता हूँ, जैसे पहली बार देख रहा हूँ। मैं चीजों को ऐसे देखता हूँ जैसे अन्तिम बार देख रहा हूँ।"

काल ही अब देश है।

(अंग्रेजी से अनुवाद : आर. चेतनक्रान्ति)

राजनीतिक दलों के दंगल में राम जैसे मितभाषी नायक को खींचना भारतीय संस्कार के विरुद्ध है

कमाल अहमद से बातचीत

सोबतीजी, सबसे पहले मैं आपसे यह जानना चाहूँगा कि एक साहित्यिकार के नाते आप वतन को कैसे देखती हैं? चौहद्दी, लोग, सरहद, सम्प्रभुता, संश्लिष्ट इतिहास या फिर दिल में हमेशा बैठी हुई माटी से भावसत्तात्मक जुड़ाव?

कमाल साहिब, वतन के साथ आपने जितने भी विश्लेषण जोड़े हैं, एक नागरिक के वजूद में इन सबसे उभरते अलग-अलग अहसास एक-दूसरे से जुड़े-गुँथे रहते हैं। जब आप अपने गाँव, कस्बे, नगर, महानगर, क्षेत्र, राज्य, देश और व्यक्तित्व में जीते हैं, तो उसका यह हिस्सा 'वतन' कहलाता है जहाँ आप जन्मे हों। जहाँ आपके परिवार की जड़ें हों! इसी धरती की गन्ध ज़िन्दगी-भर आपकी रूह को लहकाती-सरसाती है। आपको दिलचस्प लगेगा यह जानना कि बँटवारे से पहले 'वतन' और 'देस' क्षेत्रीय इकाइयों के लिए इस्तेमाल होता था। देस से चिट्ठी आती थी तो लोग छुट्टी पर 'देस' जाते थे। मंगल-मरण, खुशी-ग़मी, शादी-ब्याह को देस, मतलब अपने गाँव, नगर या कस्बों की ओर यात्रा पर! 'देस' शब्द से 'देश' तक आने में स्वतंत्रता-संग्राम का बहुत बड़ा हिस्सा रहा है। विभिन्न राज्यों और क्षेत्रों की जनता 'देश' शब्द को भारतीयता की बड़ी इकाई के रूप में स्वीकार कर यह प्रकट करती रही है कि वह जहाँ भी है, वह विशाल देश हिन्दुस्तान का अभिन्न अंग है। अटूट हिस्सा है।

हाँ, सम्प्रभुतापूर्ण राष्ट्र की मुकम्मल तस्वीर बनती है सत्ता, व्यवस्था और प्रजाओं के कर्तव्य और अधिकारों के साथ। राष्ट्र के विभिन्न क्षेत्रीय, जातीय और क्षेत्रीय समूह-समुदाय एक ही संविधान के तहत शासित होते हैं। राष्ट्र के विभिन्न क्षेत्र और वहाँ की जनता राष्ट्र के कानून और लोकतांत्रिक ढाँचे में से उभरी प्रशासनीय संहिता के अनुकूल चलकर एक बड़े नागरिक परिवार को राष्ट्रीय समाज बनाते हैं। राजनीतिक तंत्र-व्यवस्था, भौगोलिक सीमाओं की सुरक्षा करती जल-थल और वायु सेनाएँ

और राष्ट्र की प्रभुसत्ता के प्रतीक हैं राष्ट्रीय ध्वज और महामहिम राष्ट्र के राष्ट्रपति जनतांत्रिक मूल्यों के अनुरूप राष्ट्र को संचालित होते देखते हैं।

विभाजन और विस्थापन के बाद दोनों ओर से लाखों-लाखों की विस्थापित भीड़ को सरकारों ने दिए नए पहचान पत्र।

विभाजन की बात करें तो मैं पाकिस्तान के गुजरात में पैदा हुई। जहाँ पैदा हुई, वह अब मेरा 'वतन' नहीं, पड़ोसी देश है। मुझे वहाँ जाने के लिए अब पासपोर्ट चाहिए होगा। 'वीज़ा' चाहिए होगा।

अब हिन्दुस्तान-पाकिस्तान दो सम्प्रभुतापूर्ण देश हैं। दो राष्ट्र-दो सरकारें, दो हुकूमतें। दो सत्तातंत्र। दो झंडे। दो राष्ट्रीय गीत।

इन्तिज़ार हुसैन साहिब हिन्दुस्तान में पैदा हुए थे—वह अब पाकिस्तानी हैं। मैं उधर के गुजरात में पैदा हुई थी—मैं हिन्दुस्तानी हूँ। निःसन्देह विभाजन के बाद नई स्थितियों और परिस्थितियों ने न सिर्फ दोनों मुल्कों को नई सरहदें दीं—दोनों मुल्कों के झगड़ों को सुलझाने के लिए पेचीदा संगतियाँ और विसंगतियाँ भी पैदा कीं। जब दो भौगोलिक सीमाएँ नई सरहदों में बदलती हैं तो मामला सिर्फ राजनीतिक ही नहीं रहता। सीमाओं के अन्दर बसनेवाले लाखों की संख्या में विस्थापित होते हैं तो वह भयावह अध्याय शुरू होता है जो विभाजन के समय हुआ।

विभाजन और विस्थापन के बाद दोनों ओर की विस्थापित भीड़ को नए पहचान-पत्र दे दिए गए। ज़मीन के नए पट्टे की तरह उन्हें अपने-अपने देश का नागरिक मान लिया गया। जो पाकिस्तान से भारत आए, उन्हें भी और जो हिन्दुस्तान से पाकिस्तान पहुँचे, उन्हें भी। यह पहचान-पत्र उन्हीं को मिले जो ज़िन्दा थे। जो खूनी आँधी में ढेर हो गए, वे अपने-अपने देश के लिए बलिदान हो गए।

भारतीय संविधान में इस देश का नाम या तो इंडिया है या भारत। क्या आपने इसी संवैधानिक स्खलन के बरक्स 'ज़िन्दगीनामा' में 'हिन्दुस्तान' को नहीं उकेरा है? क्या आपको नहीं लगता कि 'ज़िन्दगीनामा' के रूप में आपने इस वतन को एक ऐसी भावनात्मक चादर दी है जो हिन्दुस्तान के संश्लिष्ट इतिहास की साक्षी है?

विभाजन एक ऐसे परिवर्तन का तूफ़ान था जो सामूहिक था और किसी एक की यातना-आक्रोश-रोष-दर्द-पीड़ा न किसी दूसरे से कम थे और न ज़्यादा। हरे-भरे छाँवदार पेड़ उखड़कर ज़मीन पर औंधे पड़े थे। आतंक। लेकिन अब भयभीत होकर पलायन करने का कोई रास्ता न बचा था। आक्रामक हो जाने की नियति या फिर से तिनके इकट्ठा करने की कोशिश। हिंसा में ढेर हो चुके सम्बन्धियों, दोस्तों का गम और उसी के साथ तत्काल यह अहसास भी कि हम तो ज़िन्दा हैं। जीवित होने

से जुड़ी सम्भावनाएँ-प्रियजनों को याद करते-करते जाने कहाँ ठिठक जातीं! अब कहाँ देखेंगे हम! जिए हुए समय के दो टुकड़े हो चुके थे।

एक विभाजन से पहले का और दूसरा विभाजन के बाद का। पुराना पिछवाड़े और नया आँखों से परे था। जीने के स्तर पर ज़िन्दगी को उकसाने के लिए नहीं, निपटाने के लिए अब क्या और बाकी था, यह किसी को मालूम नहीं था। परिश्रम। जिसे जो कुछ भी करना था—तत्काल करना था। कर लेने की हिम्मत जुटाने के लिए बस यही एक मंत्र था। विभाजन और आज़ादी के दो-एक वर्षों के बाद ही मैंने 'सिक्का बदल गया' लिखी।

ज़मानों के बाद इन्हीं दिनों 'सिक्का बदल गया' दुबारा पढ़ी तो विस्मय हुआ कि तनाव-भरे दौर में यह कहानी इतने ठंडेपन से कैसे लिखी गई होगी! तटस्थता की गहरी उदासी, कैसी रही होगी वह मनःस्थिति!

स्वतंत्रता, विभाजन और विस्थापन जैसे घटनाक्रम में से गुज़र जाने के बाद कोई भी समाज, 'समूह' देशवासी वह नहीं रहते जो वह ऐसे ऐतिहासिक निर्णयों के पहले होते हैं। सच यह भी कि कोई भी कौम-धर्म-मज़हब हो, उसे उसकी राजनीतिक महत्त्वाकांक्षाओं से वंचित नहीं किया जा सकता। इतिहास के हर कालखंड में ऐसी सफल और असफल कोशिशें होती रही हैं। क्रान्तियों के इतिहास इस बात का प्रमाण हैं। हिंसा प्रतिहिंसा का संघर्ष नई स्थितियों और परिस्थितियों को जन्म देता है। साथ ही नए नज़रिए और सोच को भी।

तो आप मानती हैं कि पाकिस्तान बनना सिर्फ एक राजनीतिक मामला है?

भारतीय जनता या पाकिस्तानी अवाम के बीच कोई विभाजन रेखा नहीं है। एक ज़िन्दा वतन में 72 दिनों के ऑपरेशन (रैडक्लिफ़ कमीशन) के बाद रैडक्लिफ़ लाइन खींच दी गई। जो पीड़ा सन् 1947 में हम लोगों ने झेली, उसका घाव आज भी रिसता है।

दोनों ओर से उखड़े परिवारों ने सिर्फ घर-बाहर और बेटे-बेटियाँ ही नहीं खोई थीं—उनकी पीढ़ियों-पीढ़ियों की दुनिया तबाह हो गई थी। गौर करें—तब भी उन्हीं काफिलों में, कैम्पों में मौजूद थे वे लोग जो इस राजनीतिक फैसले का परिणाम समझते थे। और इतनी बड़ी त्रासदी में भी गाँधी को समझने की कोशिश करते थे। मैं उन खौफ़नाक वक्तों की पौध हूँ, विभाजन को झेले हुए हूँ फिर भी बाँटना चाहती हूँ आपसे कि मेरी धर्मनिरपेक्षता को पिछले पचास वर्षों में शक-सुबह से किसी साम्प्रदायिकता ने जख़्मी नहीं किया।

यह प्रसंग इसलिए कि नागरिक के रूप में भारतीय मानस की आस्था संकीर्णता में

नहीं, अपने देश के विशाल फलक की तरह व्यापकता में है। यह विभिन्नता में उभरी मात्र सहनशीलता की परिचायक परिपाटी नहीं। देश के विभिन्न भागों में विभिन्न जाति-धर्म-सम्प्रदायों से जन्मी वह राष्ट्रीय विचार-ऊर्जा है जिसने हमारी सोच और चिन्तन को एक गहन विस्तार दिया है। इसको धर्मनिरपेक्ष विचारधारा का नाम दें न दें। हम भारतीयता की गुणात्मकता को जानते हैं। हमारा प्रबुद्ध वर्ग इस विवेक को नहीं भूलता और राष्ट्रीय चैतन्य को गम्भीरता से लेता है। वह टुकड़ा-टुकड़ी और जाति, सम्प्रदाय और धर्म के नाम पर उन राजनीतिक प्रपंचों को सन्देह से देखता है।

रैडक्लिफ़ कमीशन के अनुसार इस महाद्वीप की नदियों और दरियाओं के आरपार जो लाल-काली रेखाएँ खींच दी गई थीं—उनमें एक ऐसा ठंडा निर्णय था जिसके ताप-सन्ताप ने कई गाँवों, कस्बों और नगरों में रहनेवालों के दिल झुलसा दिए थे।

कयास लगाए जा रहे थे कि लाहौर किधर, कसूर, फिरोज़पुर-गुरुदासपुर इधर कि उधर। नई सरहदों की पहचान बहुतों को झुठला रही थी और दोनों ओर के विस्थापित अपनी जड़ों से उखड़कर विपरीत दिशाओं की ओर मुँह कर रहे थे। वह अभी तक ज़िन्दा थे और सियासत की आग में से निकल जाना चाहते थे। जो साम्राज्यवादी सत्ता इस महाद्वीप को अब तक जोड़े हुए थी, वह जाते-जाते भी अपनी कूटनीति में चूकी नहीं थी।

अब की बात करें तो सरहदों के आर-पार दोनों मुल्क लड़ाइयाँ लड़ चुके हैं। समझौते कर चुके हैं। उन्हें जोड़ने के अन्दाज़ में तोड़ चुके हैं। नई मुद्राएँ और पुरानी कटुता से एक-दूसरे के ख़िलाफ़ प्रचार-प्रसार! फिर भी दोनों ओर की प्रजाएँ-नागरिक-समाज एक-दूसरे को दिलचस्पी से देखते हैं। पाकिस्तानी अवाम हो या भारतीय जनता, कई स्तरों पर एक-दूसरे को खूब समझते हैं। कभी एक ही देश का हिस्सा रह चुके हैं। विभाजन को हम आज किसी भी प्रक्रिया का नाम दें—हक़ीकत यह कि यह निर्णय राजनीति द्वारा संचालित हुए! विभाजन जैसे निर्णय विभिन्न लोकसमूहों के बीच उभरती तल्खियों और विभिन्न पक्षों के बीच उठे नागरिक विवाद और तनावों का ही परिणाम होते हैं। भारत-पाक विभाजन के समय जातीय दलों और द्वन्द्वों के बीच गरमाता एक नया गणित सिर उठाने में सफल रहा और भौगोलिक और नए ऐतिहासिक रूप में ही प्रकट हुआ। जो भी हुआ, जैसे भी हुआ, इस बन्दर बाँट में ब्रिटिश सत्ता का एक तीसरा पक्ष भी मौजूद था। उसके हाथ से हमारे देश की व्यवस्था निकली जा रही थी और वह बँटवारे को अब एक बिचौलिए की तरह देख रहा था।

कमाल साहिब, कहना चाहती हूँ कि बेशक विभाजन अन्ततः धर्म, मजहब और जातीय समीकरणों के नाम पर हुआ, पर इन सबके पीछे संख्या के प्रतिशत का मुख्य

तर्क 'आँकड़ा' था। धार्मिक तर्क को ग़लत प्रमाणित करने को एक और विभाजन हुआ। इस बार जातीय और सांस्कृतिक महत्त्वाकांक्षाएँ धर्म, मज़हब और सम्प्रदाय के मुद्दों को भी फलाँग गईं। पाकिस्तान से अलग छिटककर बाँग्लादेश अपने नए अस्तित्व में प्रकट हुआ। यह उन क्षेत्रीय तनावों और टकराहटों का परिणाम था, जो एक धर्म के अनुयायियों के बीच भी सिर उठाती हैं और फिर सिरे से साम्प्रदायिकता को ख़ारिज कर देती हैं। राजनीति की पेचीदगी कुछ भी उलझा सकती है। भुना सकती है।

विभाजन से उपजे असन्तोष ने बहुत-से लेखकों को आकृष्ट किया। आपने भी 'सिक्का बदल गया' कहानी लिखी। उसके बाद 'चन्ना' नाम से उपन्यास भी लिखा, जिसे प्रेस में भेजकर वापस मँगा लिया। आखिर यह कौन-सी विवशता या उथल-पुथलवाली मनःस्थिति थी—आप इस विषय पर लगातार सोचती रहीं। मुझे तो लगता है, 'ज़िन्दगीनामा' एक लम्बी उथल-पुथल वाली मनःस्थिति की सृजनात्मक परिणति है?

लेखक की अन्तर्दृष्टि भीतर से बाहर और बाहर से भीतर को कैसे जाँचती-परखती है—कैसे तथ्यों को जुटाती-मिलाती है, यह कम विस्मयकारी नहीं है।

विभाजन के बाद उसका सामना करने, उससे बचने, दूर होने की प्रक्रिया में कैसे लौट-लौटकर उसी ओर जाती है, यह लेखक के स्वभावगत संवेदन पर भी निर्भर करता है। विभाजन जैसे ऐतिहासिक घटनाचक्र को देखने-पढ़ने की समझ उस दौर के बाहर भी है और अन्दर भी।

'सिक्का बदल गया', 'मेरी माँ कहाँ है', 'डरो मत मैं तुम्हारी रक्षा करूँगा', 'खून, मिट्टी, सरसती' जैसी कहानियाँ लिखने के बाद भी अभी मुझे कुछ और कहना था। 'चन्ना' मेरा पहला उपन्यास था। शाहों के सौरगृह से शुरू होकर वह विभाजन पर ख़त्म हुआ।

इलाहबाद के भारती भंडार, लीडर प्रेस ने इसके प्रकाशन की स्वीकृति दी। उन दिनों भारती भंडार हिन्दी का उत्कृष्ट साहित्य प्रकाशित करनेवाला बड़ा प्रकाशन गृह था। लगभग आधे फार्म छप जाने के बाद मुझे इसे वापस लेना पड़ा। कुछ ऐसे शब्द बदल दिए गए थे, जो पीछे छूट गए भूखंड और काल की आवाज़ों को ज़िन्दा करते थे।

उसके बाद की कहानी लम्बी है। 'चन्ना' की प्रेसकॉपी कमलेश्वर ने बनाई थी। प्रेस से लौटा लेने के बाद वह बरसों-बरसों सन्दूकचे में बन्द पड़ी रही। वह अब भी वहीं रखी है।

एक रात उसे खोला। कुछ पन्ने पढ़े, और दुबारा पहले की तरह उसी सन्दूकचे में

बन्द कर दिया। वजह यह कि मैं अब विभाजन से पहले के आख्यान को देखने लगी थी। तब साँझा ताने-बाने में बुनी, रसी-बसी भारतीय गाँव की ज़िन्दगी अंग्रेज के कानून के मुताबिक चल रही थी। ज़मीनों के झगड़े, कत्ल, डाके, फौज और पुलिस में भर्ती। पृष्ठभूमि थी चनाब और जेहलम की धरती। वक़्त था पिछली शती का आरम्भ। मेरे जन्म से पहले का वक़्त। साझेपन की नज़दीकियों और दूरियों के बावजूद सतह के नीचे की खटखटाहट-बुदबुदाहट हवा में तैरने लगी थी। सियासी शोर धीमी गति से खेतों की मेड़ों पर मँडराने लगा था। पर ज़िन्दगी बदस्तूर धीमी चाल पर सरक रही थी। किधर का रुख था, मेरे लेखक को यही जानना था। 'ज़िन्दगीनामा' अंग्रेजी शासन के लगभग पचास वर्षों में उभरते उस गाढ़े साझे समाज का आख्यान है जहाँ दिशाओं में बँटता भविष्य दस्तक दे रहा था। 'लोक' की जातीय महत्त्वाकांक्षाएँ विविध रूपों में अपनी-अपनी पहचान दर्ज़ कर रही थीं।

कमाल, हम अतीत में इसलिए भी झाँकते हैं क्योंकि आपमें, आपके वजूद में भी उस ऐतिहासिक शृंखला का तनिक-सा हिस्सा महफूज रहता है। आप जहाँ भी हों, दुनिया के किसी भी कोने में, उस धरती का अंश आपकी सोच में बना रहता है।

अकारण नहीं था कि भारत-पाकिस्तान में बँटी बुद्धिजीवी बिरादरी ने दोनों ओर के मानवीय मूल्यों के पक्ष को आँखों से ओझल होने नहीं दिया। विभाजन के फलस्वरूप नए उभरते सन्दर्भों के दरमियान भी इन्सानी कद्रों-कीमतों और मानवीय विवेक को अपनी-अपनी रचनात्मकता में बनाए रखा। 'उदास नस्लें', 'आग का दरिया', 'काले कोस', 'झूठा-सच', 'तमस', 'गुजरा हुआ ज़माना', 'आधा गाँव' और 'ज़िन्दगीनामा' जैसे वृत्तान्त प्रस्तुत किए गए। मंटो की कहानियों को भला कौन भूल सकता है! विभाजन की खंडित स्मृतियों का लेखा-जोखा मंटो के पाठ के बिना अधूरा है। ऐतिहासिक दस्तावेज़ों के बरक्स मंटो की कहानियाँ लेखकों के मानसिक और बौद्धिक सरमाये को ही प्रमाणित करती हैं। विभाजन पर लिखे सम्पूर्ण साहित्य की सिरमौर कहानी 'टोबा टेक सिंह' उस राजनीतिक पागलपन की तस्वीर है जिसने इस तकसीम द्वारा अब तक की अर्जित की गई एकता पर हाथ डाल उसे नष्ट-भ्रष्ट करने की भूमिका बिछाई। काट-छाँट और बाँट के जख़्मों का रिसना बन्द भले हुआ हो लेकिन उससे जुड़े रोग-बीमारी नहीं। वह अब भी मौजूद हैं। विभिन्न समाजों के तनाव जातीय मुद्दों की तरफ मोड़ दिए जाते हैं। इसमें राजनीतिक दलों की भूमिकाएँ सन्दिग्धता से परे नहीं। पार्टी के लिए पार्टी के हित में लोककल्याण की कुर्बानी दे दी जाती है। पार्टी स्वार्थ के लिए लोकतंत्र को दाँव पर लगा दिया जाता है। राजनीतिक सन्दर्भों में विसंगतियों के बल पर ही मूल्यों का ह्रास जारी है। नागरिक समाज को इस प्रक्रिया को गम्भीरता से लेना चाहिए और न्यायपालिका के सामने इस ख़तरनाक चलन को लेकर गुहार करनी चाहिए। लोकतंत्र में जितनी

अस्मिता नागरिक की व्यक्तिगत स्वतंत्रता की है, उतनी ही उसके अनुशासन की भी। राजनीतिक पार्टियाँ मनमाने रंग-ढंग से अपने हक में देश के कानून को लागू करेंगी- उसको तोड़ेंगी-मरोड़ेंगी तो समाज उन्हीं का अनुसरण करेगा। राजनीतिक दलों द्वारा संवैधानिक मूल्यों का उल्लंघन और फिर उन्हें उचित ठहराने की मुहिम हमारे राष्ट्रीय जीवन के लिए आज सबसे बड़ी चुनौती है।

हाँ, यहाँ इस बात को भी याद रखना ज़रूरी है कि विभाजन के बाद विस्थापित पीढ़ियों के प्रबुद्धों और साधारण ने बड़े पैमाने पर हुई हिंसा-प्रतिहिंसा को देख-झेलकर भी मानवीय मूल्यों में अपनी आस्था और विश्वास को बरकरार रखा। दोनों ओर का विभाजन-साहित्य इसका प्रमाण है।

लेखकों ने इकतरफ़ा बयान दर्ज नहीं किए-मानवीय मूल्यों को इन्सानी कद्रो-कीमतों को आँखों के सामने रखा।

मंटो, अब्दुल्ला हुसैन, यशपाल, कुर्तुल ऐन हैदर, भीष्म साहनी, बलवन्त सिंह, कृष्ण बलदेव वैद, अज्ञेय, मोहन राकेश, राही मासूम रज़ा, और भी अनेकों-अनेक लेखक राजनीतिक दलों की युद्धनीतियों को समझते-बूझते हुए भी रचनात्मक वृत्तान्तों; उपन्यासों और कहानियों में अंकित करते रहे हैं। जनमानस को सचेत करते रहे हैं उन विद्रूपों और विसंगतियों से, जो मानव-समाज की प्रगति के आड़े आती हैं। लेखकों ने भारत जैसे ही विशाल फलक पर भारतीय जीवन की छवियाँ जो वृत्तान्त में प्रस्तुत की हैं, वह किसी भी मनघड़ंत इतिहास से कहीं ज़्यादा प्रामाणिक मानी जाएँगी। मैं यहाँ चाहूँगी कि भूमंडलीकरण और मीडिया के इस युग में भी साहित्य को भले हाशिए पर मान लिया गया है—इसी में व्यक्ति, समाज और देश की सांस्कृतिक और रचनात्मक धरोहर सुरक्षित है।

इसका मतलब तो यह हुआ कि 'ज़िन्दगीनामा' में वतन ही वह भावनात्मक पृष्ठभूमि थी जहाँ से आपकी सर्जना प्रवाह पकड़ती है?

'ज़िन्दगीनामा' ज़िन्दगी का आख्यान है। कहा जाता है, ख्वाज़ा खिज़र ज़िन्दगानी के पीर हैं। दरियाओं में उनकी किश्ती किनारों से लगी रहती है। वही बन्दों को इस पार से उस पार उतारती है।

ग़लत न होगा ऐसा कहना कि 'ज़िन्दगीनामा' का आख्यान किसी एक धर्म समुदाय-जाति की भावनात्मक तस्वीर नहीं है—उसके वृत्तान्त में उस कालखंड के लोक की जीती-जागती उपस्थिति है जिसके संवाद को खेतिहर समाज के खुरदरे शोर ने स्वयं बुना है। धीमी गति से नई शती के दशकों को फलाँगते उस साझी बिरादरी की बुनत का ऐसा प्रतिबिम्ब है जो विस्थापन और विघटन के पहले अपने चरम पर था। खेतिहर समाज में हर पुत्र अपने पिता का अवतार था।

बड़े लालाजी बच्चों को कहानी सुना रहे हैं।

बच्चों, अवतार वह, जिसके दो हाथ हैं। अवतार वह, जिसके दो पाँव हैं। धड़ है। आगा है, पीछा है। मेरे बच्चो, अवतार वह, जो धरती में हल चलाता है, पानी से उसे सींचता है। तृप्त करता है। बीज बोता है। फसलें उगाता है।

गाँव की छोटी-सी इकाई में भी एक दुनिया बसी थी। शाहजी, शाहनी, चाची मेहरी, राबयाँ, जहाँदाद खाँ जी, मैयासिंह और बरकती थे। पंडित, पांडे, गुसाईं, मौलवी, थानेदार, सिपाही, मिरासी, नाइन, लुहार, कुम्हार-सब एक-दूसरे से जुड़े और एक-दूसरे से अलग भी। एक-दूसरे पर निर्भर। संयोग ही समझिए कि इस लिखत के वृत्तान्त को बुननेवाला न इतिहासकार था, न शिक्षक और न ही धर्म-सम्प्रदाय का गुरु। मात्र एक लेखक।

'ज़िन्दगीनामा' को समाप्त कर जो पंक्तियाँ लिखीं, वे कुछ ऐसे थीं—

तौफ़ीक न लेखक की
न कलम की
ज़िन्दगी फैलती चली गई
पन्नों पर कुछ ऐसे
ज्यों धरती में उग आया हो
गहरी जड़ोंवाला ज़िन्दा रुख।

यह विशाल ज़िन्दा रुख आनेवाले आँधी, अन्धड़ और तूफ़ान में उखड़नेवाला था।

अविभाजित पंजाबी परिवेश और उसकी संस्कृति का यथार्थ 'ज़िन्दगीनामा' में दिखता है। आपने सारी कथा गुजरात के एक गाँव 'डेराजाट' के माध्यम से बुनी है। क्या यह आपका गाँव था? यह भी बताएँ कि क्या आपने सामाजिक या साम्प्रदायिक सौहार्द को केन्द्र में रखकर 'ज़िन्दगीनामा' की रचना की थी?

अविभाजित पंजाबी परिवेश और उसके सामाजिक सभ्याचार-व्यवहार को प्रस्तुत करने के लिए मैंने सोच-समझकर कोई रूपरेखा नहीं बनाई थी। 'ज़िन्दगीनामा' किसी एक गाँव की कहानी नहीं है। उस कालखंड में भारत का देहात विभिन्न क्षेत्रीय विभिन्नताओं के बावजूद लगभग एक-सा ही रहा होगा। मैं कहना चाहूँगी कि 'ज़िन्दगीनामा' लिखते हुए मैं किसी की पैरवी नहीं कर रही थी। पिछली शती के प्रथम चरण की टकराहटों को सुन रही थी, देख रही थी। उन टकराहटों की ओर जो अपने में विभिन्नताओं की तल्खियाँ समेटे थीं। 'ज़िन्दगीनामा' जैसा पाठ दूसरे हाथ के माल से नहीं बुना जा सकता था।

सोबतीजी, आपने विभाजन को अपनी आँखों से देखा है। विभाजन के पश्चात् होनेवाले विस्थापन ने लाखों लोगों को सीमा के आर-पार कर दिया। विस्थापित लोगों के पुरुषार्थी बनने की प्रक्रिया को आपने किस रूप में महसूस किया ? कहाँ तक प्रभावित किया ?

कमाल साहिब, विभाजन को भूलना मुश्किल है और याद करना और भी खतरनाक।

'चन्ना' लिख डालने के बाद जब 'विभाजन' की पड़ताल को मुझे दुबारा पुराना पुलिन्दा खोलना था तो ईमानदारी से कह सकती हूँ कि उसका सामना करने में मुझमें एक साथ हलचल और झिझक तारी हुई। क्या फिर वही आतंकित करते मौसम मेज के इर्द-गिर्द आ फैलेंगे ?

ददियाल और ननिहाल के दोनों परिवारों की जो कैफियत थी, उसके साथ कुनबों के कुनबे जुड़े थे।

गाँव और ज़मीनों को न छोड़ने का इरादा किए नानी को नानाजी के मित्र ने वहाँ से जीप में लाकर कैम्प में छोड़ा था। नानी जीप की ओर बढ़ीं कि उनके साथ ही गाँव का गाँव बाहर निकल आया। इलाके में बाढ़ आ जाने से कैम्प में पड़ी रहीं। फिर काफिले के साथ अमृतसर पहुँची थीं।

एमनाबाद के हमारे फार्म को जब भीड़ ने घेर लिया तो खेतों-खेतों भागकर दादी ने रोढ़ी साहिब गुरुद्वारे में शरण ली। चचा बलराज की टाँग में बीमारी की जड़ें काफी गहरी जा चुकी थीं—दौड़ना क्या, पाँव उठा सकना तक मुश्किल था। फार्म पर काम करनेवाले अब्दुल्ला ने पीठ पर उठाकर गुरुद्वारे पहुँचाया।

कड़ियावाला से मौसी-मौसा ने बेटे सत्त और बेटी सविता को जम्मू भिजवाया फिर आप अपना सबकुछ छोड़कर भागे। उन्हें बचाने में सत्त की कश्मीरन खलाकी का हाथ रहा। उसने बच्चों को अपनी अमानत कहकर अपने बेटे को सौंपा, जो घोड़े पर उन्हें जम्मू ले जा सका। मौसेरे चचेरे भाई-बहन जो बच निकले थे, वह कोई काफ़िले में पैदल चलकर सरहद पार कर रहे थे—गाड़ियों की कटनी में गायब! कोई घर से निकलते ही कत्ल हो गए। लम्बी फेहरिस्त। मरज़ाई चकवालों में से कौन कहाँ पहुँचा-कहाँ देखा गया—वह भागदौड़ों के, बच निकलने और मरने-मारने के समय थे।

जो भी बचा, वह दिल्ली की ओर। राजधानी कुछ तो सुरक्षित होगी।

आपने एक सीमान्त गाँव से अविभाजित पंजाब को 'ज़िन्दगीनामा' में प्रस्तुत किया है। गाँव में ही सबकुछ दिखाने और सुनाने की जो तकनीक आपने अपनाई है, उसने मजलिसों के माध्यम से पंजाब और पंजाब के ठेठ देहात को अंकित कर

दिया है! यह कौशल आप तक कैसे पहुँचा ?

रचनात्मक संयोग ही कहिए कि 'ज़िन्दगीनामा' के लेखक और लिखित के पास वह भौगोलिक और ऐतिहासिक साधन मौजूद थे जो उस समय और काल को अंकित करने के लिए ज़रूरी थे। इस दुर्लभ आख्यान से लेखक की नज़दीकी और दूरी दोनों ने इसकी सम्भावनाओं को जुटाया। चनाब और जेहलम के बीच बिछी धरती पर उपजाऊ ज़मीनें सरसों के खेतों की तरह मुस्करातीं और उन्हें सगेपन से देखते ठेठ पंजाब के गाँव, कड़कती धूप में पेड़ों की छाँव। प्राचीन ऐतिहासिक शहर गुजरात में सोबतियों की हवेली और नई दिल्ली और शिमला का परिष्कृत, अनुशासित कार्यवैभव—इन सबने मिलकर दो सीमान्तों से ज़िन्दगी के नाना रूपों को अलग-अलग रंगों में पहचाने की तालीम दी! राजधानी नई दिल्ली और शिमला के वातावरण ने स्थितियों को समझने-बूझने का व्यापक और सकारात्मक दृष्टिकोण दिया। साथ ही एक ऐसी आँख भी जो बिना पूर्वग्रह के नतीज़ों पर पहुँचने का धीरज जुटा सके। इन्तजार कर सके। गुजरात की पुरानी हवेली को ऐतिहासिक सन्दर्भों से जोड़कर देख सके।

गुजराज के चिल्लियाँवाले मैदान में खड़े होकर हम बच्चों को यह समझा दिया गया कि देश के लिए विजय और पराजय में क्या फर्क होता है। चिल्लियाँवाला की दो पहली लड़ाइयों में हमारी सेनाओं ने फिरंगी को हराया था लेकिन तीसरी लड़ाई में विजय अंग्रेजों के हाथ लगी और पंजाब जीत लिया गया।

जब-जब गुजराज जाते, हमें कोई-न-कोई नए प्रसंग सुनने को मिलते। शहर में फिरंगी का पहरा लगा तो हवेली के बाहर भी टोपवाले तैनात कर दिए गए। उस वक़्त जो परिवार की दादी रही होंगी, वह चोर सीढ़ियों से तहखानों की ओर उतरीं और झोली में मोहरें भर सीढ़ियाँ चढ़ आईं। ड्योढ़ी से गुज़रीं तो गारद बदल रही थी। हाथ में शमादान लेकर वह उन्हें देखती रहीं। डरो नहीं।

कमाल, मैंने भी बचपन में तहखानों को देखने की ठानी। सीढ़ियाँ उतरकर बन्द किवाड़ को छूकर ही लौट आती। आखिरकार एक दिन देख ही लिया। पुराने वक्तों की मानो वहाँ पोटली बँधी मिल गई हो! अँधेरों में घुट रही पुराने समयों की गन्ध। शहतीर बने टँगने पर पट्टू-खेस-रजाइयाँ। मैंने अगर उस तहखाने में न झाँका होता तो मैं 'डार से बिछुड़ी' न लिख पाती। कुछ ऐसा था वहाँ जिसने वहाँ कल्पना और हक़ीकत को एक कर दिया। दोनों की अलग-अलग पहचान की भी अपनी ही तालीम है।

जब भी हम दिल्ली-शिमला से वहाँ पहुँचते तो कमरों का भारी फर्नीचर न हमें अनोखा लगता और न प्रभावशाली। कुछ कमरे भरे-पूरे और कुछ प्लास्टर उखड़ी

दीवारोंवाली बिसूरती बैठकें। ठीक इससे मुख़्तलिफ दिल्ली-शिमला का सादा मगर परिष्कृत-सुव्यवस्थित संसार! इस परिवेश ने मुझे स्थितियों को समझने-बूझने की समझ दी। ख़बर को ख़बर, घटना को घटना और घटित हो चुके को मात्र हक़ीकत नहीं, उसके पिछवाड़े से उभरती टीप-टिप्पणियों के तन्तुजाल को भी देखने की समझ और तालीम मिलती रही। यह तब की आबोहवा थी जो आपको चौकस रखती थी। विदेशी सत्ता देश की हुकूमत कैसे चलाती है, ग़लतफ़हमियाँ-अफ़वाहें कैसे फैलाई जाती हैं, उनमें कितनी सरकारी स्वीकृति और कितना जनता का प्रतिरोध होता है; यह भी कि किस विशेष मुद्दे को सरकारी हवा लगानी है, उसे कितनी पकाना और दम देना है और विपरीत दिशाओं से उसे कितना दबाना है—साम्राज्यवादी सरकारी मुखड़ों की कार्य-प्रणाली समझ में बैठने लगती। इस सूझ-बूझ ने ही मेरी लेखकीय अन्तर्दृष्टियों को तराशा। इसके साथ अपनी ज़मीनों का अनुभव, ननिहाल घर का खुरदरा सीधा-सादा खेतिहर वातावरण।

सोबतीजी, एक अन्तिम प्रश्न। अभी हम लोग जिस हिन्दुत्ववादी माहौल में साँस ले रहे हैं और जहाँ प्रयोग और प्रतीक की बात की जा रही है—एक स्वथ्य समाज की कल्पना किन रूपों में सम्भव है?

लोकतांत्रिक भारत का नागरिक होने के नाते मैं अपने होने में न सिर्फ हिन्दू हूँ—न मुसलमान, न ईसाई, न सिक्ख और न पारसी। मुझमें, मेरे अस्तित्व और मेरी चेतना से जुड़े हैं लोकतांत्रिक देश के मूल्य और सिद्धान्त भी जो मुझमें भारतीय होने का एहसास जगाते हैं। एक स्वस्थ समाज की पहचान उसके इतिहास, संस्कृति और साहित्य से होती है। परम्परा और परिवर्तनों के फलस्वरूप उस पुराने की पड़ताल से भी उभरती है जो रूढ़ियों और परिवर्तनों के फलस्वरूप जनमानस की सोच में लगातार बने रहते हैं और उसके स्वभाव, रुचि और सोच के अटूट अंग हो जाते हैं। भारत जैसे लोकतांत्रिक धर्मनिरपेक्ष देश में यही मूल्य हमारे राष्ट्रीय जीवन को प्रतिबिम्बित करते हैं।

ऐसे खुले व्यापक दृष्टिकोण में संकीर्णता के हस्तक्षेप से अगर आप उसे साम्प्रदायिकता के शिकंजे में कस देना चाहते हैं तो जनमानस के राष्ट्रीय मनोबल का क्षरण अवश्यम्भावी है। हम भूमंडलीकरण के दबाव तले दूसरे देशों की तुलना में रखकर अपने वर्तमान को छोड़कर अतीतोन्मुखी इतिहास के बल पर नई कल्पनाएँ गढ़ रहे हैं, उन्हें संचारित कर रहे हैं। पौराणिकता को इतिहास में बदल रहे हैं, इतिहास को विचारधारा में और अतीत में घटी घटनाओं को मनमाने ढंग से पौराणिक सन्दर्भों से मथ रहे हैं—ऐसे में राष्ट्रीय ढाँचे में विषमताओं की दरारें ज़रूर तिड़केंगी। कोई भी तानाशाही जो भारत के शान्तिप्रिय जनमानस में जातीय घृणा और आतंक का प्रचार-प्रसार करती है, वह हमारे संविधान के जनतांत्रिक सिद्धान्तों को चुनौती देती

है—लोकतंत्र की सुरक्षा के लिए नागरिक समाज को धार्मिक क्रूरता के नाम पर भाँजना किसी राजनीतिक दल और विचारधारा के लिए ख़तरनाक ही साबित होगा।

नागरिक का धर्म उसकी आत्मा का बल है—उसके धर्म से जुड़ा कर्मकांड, उसके व्यक्तिगत विश्वास और आस्था का धन है। व्यक्ति का धार्मिक-आध्यात्मिक-सांस्कृतिक विकास उसके धन्धे और समाज से वाबस्ता है। देश द्वारा दी गई सुविधाओं से कोई भी भारतीय नागरिक अर्थोपार्जन करता है और राष्ट्र के जलवायु और तापमान में साँस लेता है।

ऐसे में धर्म, सम्प्रदाय, जाति और हिन्दुत्व के नाम पर आक्रामक और हिंसात्मक संस्कार को उभारना, उसे राष्ट्रवाद का नाम देना, धर्म से नत्थी करना देश, समाज और नागरिक संहिता के विरुद्ध है। भारतीय मनीषा और जनमानस देश द्वारा अर्जित खुले माहौल में साँस लेना चाहते हैं। राजनीतिक दलों के दंगल में मर्यादा पुरुषोत्तम राम जैसे मितभाषी नायक को खींचना भी भारतीय संस्कार के विरुद्ध है। भूमंडलीकरण के इस युग में राष्ट्रीय उत्थान के लिए अनेक ऐसे कार्यक्रम और योजनाएँ हैं जो बाबरी मस्जिद के ध्वंस और गुजरात कांड के नाम पर की गई राजनीति से कहीं ज़्यादा ज़रूरी और महत्त्वपूर्ण हैं।

आपकी जिज्ञासा है कि मैं इन दिनों क्या लिख रही हूँ।

कमाल, मेज़ पर लिखने को बहुत कुछ पड़ा है पर मैं इन दिनों 'गुजराज से गुजरात' पर हूँ।

पश्चिमी पंजाब, पाकिस्तान का एक गुजरात जहाँ मैं पैदा हुई और एक गुजरात यहाँ का—जिसकी नरभक्षी हिंसा ने आज की हमारी राजनीति पर कलंक लगा दिया है।

भारत के असंख्य-असंख्य नागरिक, लेखक, कलाकार, संगीतज्ञ, बुद्धिजीवी, प्रबुद्धों ने इस पर जमकर विरोध प्रकट किया है। प्रधानमंत्रीजी से अपील की कि गुजरात की मोदी सरकार को अविलम्ब बर्खास्त किया जाए लेकिन जनहित को बलाए ताक रखकर दलहित में ऐसा नहीं किया गया। अगर प्रधानमंत्री ऐसा करते-कर सकते और कर देते तो देश की नागरिक संहिता की अवहेलना-अवमानना न होती और साधारण भारतीय की क्रूरता के विरुद्ध निष्ठा बढ़ती और लोकतांत्रिक महादेश की राष्ट्रीयता चमकती।

भारतीय राष्ट्र की अवधारणा सदा से धर्मनिरपेक्ष और बहुलतावादी रही है। भारतीय समाज एक-रूप नहीं, नाना-रूप है। ऐसे गुँथे हुए लोकतांत्रिक समाज को उसकी व्यापक एकात्मकता से विभाजित करनेवाली विचारधाराएँ राष्ट्र का भावात्मक क्षरण ही करेंगी। धर्म को राजनीति का तर्क बनाकर हम पुराने जातिवाद की पुनर्स्थापना क्यों करना चाहते हैं? हम यह भी क्यों भूलें कि भारतीय संविधान ने राष्ट्र की जिस

सांस्कृतिक धुरी पर नागरिक समाज का चौखटा खड़ा किया, वही उसकी सुरक्षा के अनुरूप है। उस भावलोक की संवेदना को और विभिन्नता में एक होने के एहसास को हम क्यों ख़ारिज करना चाहते हैं?

किसी भी देश और राष्ट्र की प्रभुसत्ता अपने संविधान और तंत्र के अनुसार व्यवस्था करती है। पड़ोसी देशों से अनबन और खींचातानियाँ रहती हैं फिर भी तनावों को कम करना दोनों ओर की जनता को राहत देगा। इसलिए और भी क्योंकि दोनों ओर के अवाम पुरानी रंजिशों को भूलकर मैत्री और आपसदारी से एक-दूसरे की ओर देख रहे हैं—व्यापार, आर्थिक और सांस्कृतिक प्रचार-प्रसार की सम्भावनाओं के लिए दोनों पक्ष तैयार हैं। दोनों पक्षों की नुमाइंदगी करनेवाले अवाम हैं। जनता है। सरकारों को इसके लिए ठोस कदम उठाने चाहिए।

नई शताब्दी के उतरते ही हम विभिन्न समाजों में एक नई अन्तर्प्रक्रिया देखेंगे। अपने-अपने देश और राष्ट्र की विभिन्नताओं के बावजूद मुख्यधाराएँ भूमंडलीय संस्कृति के पीछे चलेंगी। जातीय इतिहास को लेकर पुराने वैमनस्य और तनाव अन्तर्प्रक्रिया के परस्पर परिवर्तनों के हेतु नए समीकरण खोजेंगे। नि:सन्देह भारत में भी ऐसा ही होगा।

गद्यवालों को मान लेना चाहिए कि वे नम्बर दो पर हैं, नम्बर एक पर कवि हैं

कृपाशंकर चौबे से बातचीत

आप अपने लिए स्त्री संज्ञा की उपेक्षा क्यों करती हैं?

कतई नहीं। खुली आँखों से जाँचिए। मैं स्त्री की अस्मिता और पहचान के लिए सदा सावधान और सतर्क रहती हूँ। उपेक्षा की तो बात ही कहाँ उठती है! मैं अपने लेखकीय व्यक्तित्व में अपने को पुरुष लेखक मित्रों के बराबर का देखती हूँ। उत्पीड़न, दर्द, सन्ताप, त्रास और मेहनत से सटा हुआ एकालाप मेरे व्यक्तित्व के मुखर रचनात्मक कोने में नहीं है। स्त्री होने के बावजूद अपने बाहर की एक बड़ी दुनिया को देखा, जाना है। लेखक की नज़रों से स्थितियों के आर-पार देखा है। जैसा कि किसी भी लेखक को करना होता है। विरोधी दिशाओं से उसकी टटोल और टकराहट की आहटों को अपने पाठ में गूँथा है। मुझे विश्वास है, जिस जीवन के कच्चे माल को ठोंक-बजाकर रूपायित किया है, वह मेरे पाठकों को निराश नहीं करता। गृहस्थी की छोटी-सीमित चौखट से एक बड़ी दुनिया का साक्षात्कार जरूर कठिन और असम्भव होगा, ऐसा मैं मानती हूँ। लेखक के निकट शार्टकट कारगर नहीं होता।

आपने सदी के लम्बे परिदृश्य को जिया है। पुराने समय की स्मृतियाँ मन में किस रूप में अंकित हैं?

शताब्दी की पहली चौथ में जन्मी मेरी पीढ़ी ने समय के लम्बे कालखंड की विविध स्थितियों और परिवर्तनों को जिया है। दशकों राष्ट्र के बदलते परिदृश्य को देखा है। उन घटनाओं को घटित होते भी जिनसे उभरे ऐतिहासिक निर्णय कुछ ऐसे हुए कि धरती के दो टुकड़े हुए और बँटवारे की हकीकत में बदल गए। देश की आजादी और विभाजन दोनों एक-दूसरे से ऐसे जुड़े ज्यों देश का भूगोल और इतिहास अवाक् होकर एक-दूसरे को अविश्वास से घूरते हों। विभाजन रेखा खिंची, धरती बँटी, दरिया और नदियाँ बँटे और देश की जनता बँट गई। लूटमार, हिंसा, नफरत, हत्या,

आगजनी, अल्लाह ओ अकबर–हर हर महादेव के ऊँचे शोर में इंकलाब जिन्दाबाद की गूँज खो गई। लाहौर के गोलबाग में आयोजित एक सभा को याद कर रही हूँ। आजाद हिन्द के तूफानी दिन थे। गोलबाग भीड़ से भरा था। लाहौर का कोई कॉलेज ऐसा नहीं था जो वहाँ मौजूद न हो। एकाएक इन्कलाब जिन्दाबाद के नारे आसमान को छूने लगे। दिलों की धड़कनों को तेज करने लगे। मंच पर हलचल हुई। शहीदों के खून से भीगी कमीज लहराई गई और एक बार फिर आसमान थर्रा गया—आजादी हमारा पैदायशी हक है। उस शाम किसी होस्टल में खाना न पका। बड़ी धनराशि इकट्ठी की गई थी। लाहौर बंगाल के क्रान्तिकारियों से जुड़ा था। उस पीढ़ी के नायक हुआ करते थे—जान की बाजी लगा देनेवाले शहीद। हँसते-हँसते फाँसी पर चढ़ जानेवाले देश के इन्कलाबी बहादुर। हवा में गूँजते रहते थे उनके गाने, उनके गीत।

शिमला–दिल्ली का सामाजिक वातावरण खास तरह की सफाई, सुरुचि और अनुशासन में बँधा। आतंकित करती अंग्रेजों की उपस्थिति आप में मिले–जुले भाव जगाती। विदेशी सरकार के लिए काम करनेवालों के बच्चे यह अच्छी तरह जानते थे कि हुकूमत उनकी थी और देश हमारा था।

गिरजा मैदान पर हम हाईलैंडर्स बैंड सुनते—अपनी कोठी से दिखता स्केटिंग रिंग जाने हममें कैसे–कैसे भाव जगाता—झुँझलाहट, गुस्सा, विद्रोह। उन दिनों वहाँ हिन्दुस्तानियों को जाने की इजाजत नहीं थी। कभी क्रोध में बर्फ पड़ने पर, बर्फ की गेंद बनाते और खिड़कियों से नीचे फेंकते। सरकारी अमले का हिस्सा होकर भी हम बच्चे अपने देश की पराधीनता की बात समझते थे। दिल्ली–शिमला का सरकारी समाज सुविधाओं का अभ्यस्त था। सोच और संस्कार में उदार। बेहद संयमित और अनुशासित।

बेटे–बेटी के दरम्यान हमारे परिवार में कोई फर्क नहीं था। माता–पिता की ओर से बराबरी को बरकरार रखा जाता बिना किसी अतिरिक्त सावधानी के। यह बात हम लोगों के लिए कितनी मूल्यवान सिद्ध हुई—यह हमारे दृष्टिकोण और सोच में जाहिर है। रहन–सहन में सादगी, संयम। कायदे–करीने में सबसे बड़ा आग्रह सुविधाजनक होने का। रूढ़ि, परम्परा को लेकर एक ऐसा लचीलापन कि जो अर्थहीन लगे, उसे बदल दो। जरूर आर्य समाज का भी प्रभाव रहा होगा।

बचपन में देखा गांधी जी को शिमला के वकील मोहनलाल सूद की कोठी में। रोमांचक लगा था उन्हें प्रार्थना सभा में देखना।

शिमला आर्य समाज के जलसों में हम अपनी मनपसन्द किताबें खरीदते। विवेकानन्द, सुदर्शन, आनन्दमठ, फूल वालों की सैर, राजा राममोहन, ईश्वरचन्द्र विद्यासागर,

रामकृष्ण परमहंस, दयानन्द सरस्वती, राजस्थान की वीरांगनाएँ—शेख सादी। सेंट्रल सेक्रेटेरिएट लाइब्रेरी से लगातार किताबें लाते। पत्र-पत्रिकाएँ आतीं और पढ़ने के बाद सफाई से लौटा दी जातीं। 'सुधा', 'माया' इत्यादि। खाने की मेज पर पत्र-पत्रिकाएँ देखने-पढ़ने की मनाही थी। क्योंकि लाइब्रेरी की पत्रिकाओं पर कोई दाग लग सकता था। मैं आज भी खाने की मेज पर अखबार या किताब लेकर बैठने से कतराती हूँ।

जिन्दगी के लम्बे सफर में मेरी जीवन शैली में कोई खास परिवर्तन नहीं हुए। सुविधाएँ कम हों या ज्यादा, बुनियादी रूप से ऐसे बदलावों को मैंने दूर ही रखा जो एक साधारण मध्यवर्ग की चौखट से दूर पड़ते हों। व्यक्ति की अस्मिता और स्वतंत्रता में आस्था और सही को सही और गलत को गलत कहने की दो टूक छूट। मैं अपने अधिकार के प्रति उतनी ही सजग हूँ जितनी दूसरों के। मैं न अपने को कम गम्भीरता से लेती हूँ न दूसरों को।

दिल्ली में रहकर मैंने देखे हैं अपने देश के चार बड़े जुलूस। नेहरू जी की अन्तिम यात्रा और तीन राजनीतिक हत्याओं के जुलूस। दुखद-दिल दहलानेवाली थी बापू की हत्या। जिस बापू ने हमें आजादी दिलवाई उसे ही हमने गोली से खत्म कर दिया।

क्या सृजन के मूल में जन्मजात प्रवृत्ति रहती है ? आपको साहित्य-सृजन के लिए किन चीजों ने उकसाया ?

लेखन का रचनात्मक अनुशासन इतने सहज ढंग से मुझ तक पहुँच जाएगा, यह सचमुच विस्मयकारी रहा। अहसास तब न हुआ और इस अनुशासन में मैंने प्रवेश पा लिया। घर में पढ़ने-लिखने का माहौल था। किताबों की कमी न थी। हम सभी भाई-बहन अपनी-अपनी डायरी में कुछ न कुछ दर्ज करते। कभी-कभी इतवार को अम्मी और पिताजी को पढ़कर सुनाते।

बीमार पड़ने पर भी कहा जाता कि लिखकर लाओ—क्या तकलीफ है।

मैं बताऊँ, सन् छत्तीस या सैंतीस में हिन्दी साहित्य सम्मेलन का शिमला अधिवेशन हुआ। उस सम्मेलन का अनुभव मेरे लिए निर्णायक साबित हुआ। शिमला अधिवेशन में अध्यक्ष बनकर 'आज' के सम्पादक पंडित बाबूराव विष्णु पराड़कर आए थे। सम्मेलन में निराला, भगवतीचरण वर्मा, सुमन, विद्यावती कोकिला भी आई थीं। हमें पता चला कि माल रोड पर इन लेखकों का जुलूस निकलेगा तो हम फूल लेकर सड़क किनारे खड़े हो गए। अनोखा जुलूस था। सरदारों ने हाथों में नंगी तलवारें ले रखी थीं।

निराला जी लम्बे थे, उन्होंने हम बच्चों को नहीं देखा। हमने भगवतीचरण वर्मा,

सुमन, कोकिला को फूल भेंट किए। बाद में सम्मेलन में निराला ने जब कविता पढ़ी तो सारा हॉल उत्तेजित हो गया। निराला की कविता ने श्रोताओं को अजीब तरह से उत्साहित कर दिया था। हम बच्चों ने स्टेज पर जाकर बड़े लेखकों के ऑटोग्राफ लिए थे। मैंने भगवतीचरण वर्मा का ऑटोग्राफ लिया था। वहीं उन्होंने बताया कि वे कलकत्ता से 'विचार' निकालने जा रहे हैं। मैंने 'विचार' का पता लिया और उसी में मेरी पहली रचना 'उसकी रोटी' शायद सन् उनतालीस में छपी थी। बाद में अज्ञेय जी ने 'प्रतीक' में मेरे उपन्यास का अंश 'चन्ना' और कहानी 'सिक्का बदल गया' छापा। लिखने की शुरुआत हुई तो क्रम चलता रहा। वैसे लेखन के क्षेत्र में मैं कंजूस रही हूँ। कम लिखा है।

साहित्य सृजन के मूल में जन्मजात प्रवृत्ति रहती है या नहीं, यह पेचीदा प्रश्न है। यह पूरे व्यक्तित्व को जानने से सम्बन्धित है। भाषा बाद की चीज है। अहम प्रश्न ये है कि किस भाषा से आप जिन्दगी को पढ़ते हैं, लिखते और दूसरों के प्रति जागरूक हैं ? मैं गहरे तक समझती हूँ कि अगर स्थितियों को ऊपर-ऊपर वृतान्त तक बाँध लिया जाए और वह अर्थ न दे, तो लिखने की क्या जरूरत है ? रचना और रचनाकार में सम्बन्धों की गहरी गूँथ किसी भी छोटे-बड़े लेखक के निकट मूल्यवान होती है। रचना और रचनाकार के सम्बन्ध कभी सरसरी नहीं होते। वह रागात्मक सम्बन्धों की हद तक गहरे और दूर तक फैले होते हैं और जटिल भी।

कोई भी रचना सिर्फ ऊपर का खोल नहीं जिसे शिल्प और शैली से बुन लिया जाता है। महत्त्वपूर्ण है उसमें निहित विचार, विचार की शक्ति और कथ्य। रचना मात्र भाषा की कौशलपूर्ण अभिव्यक्ति नहीं। शब्द और विचार के संयोजन से गुँथी हुई वह वैचारिक कलात्मक प्रस्तुति है जो अपने होने में स्वयं अपनी सत्ता है। रचना की प्रतीति रचनाकार को उस क्रियाहीन एकान्त में होती है जहाँ बेमेल टुकड़ों की फंतासी अपने रहस्य को विस्मयकारी ढंग से उद्घाटित कर जाती है। हर लेखक के निकट उसकी सृजनात्मक प्रक्रिया नितान्त उसकी अपनी होती है। मेरी भी है, कोई भी लेखक अपने से अलग और अपने ही भीतर एक अदीखते गर्भगृह को समादृत करता है। कहीं गहरे से संकेत देती उसकी आन्तरिक समग्रता को आत्मचेतन से समेटता है और अपने को सहज कर लेता है। उसके तनाव और दबाव के आतंक से दूर हो जाता है। बस फिर यहीं से वह यात्रा शुरू होती है जिसे लिखना कहा जाता है।

शिल्प से कथ्य ज्यादा महत्त्वपूर्ण है ?

यह तो रचना की जो जमीन है और जमीन में से उभरता कथ्य, अगर शिल्प के स्तर पर कुछ कमतर भी हो तो शायद रचना की गम्भीरता में फर्क नहीं आएगा। लेकिन

शिल्प यदि कथ्य पर हावी हो, तो रचना अपने होने में आधी रह जाती है। स्थितियों और पात्रों पर तो नहीं, किन्तु रचना के स्वभाव, संस्कार और विचार पर पकड़ रखते हुए—रचना के तनाव और दबाव से जूझते हुए कथ्य की बराबरी में अगर शिल्प भी उसकी माँग पूरी करता है, तो रचना अद्वितीय बनती है। मुझे लगता है कि कोई भी लेखक इतना सजग होकर या यत्नपूर्वक इसे नहीं करता। लेखक होना सहज नहीं है। वह अपने भीतर समूची दुनिया को समेटे रहता है। एक अच्छी कृति उसे नया जीवन देती है। शिल्प-कथ्य में सामंजस्य अनुभव के बल पर रचना में घटित होता है। कहानी वो विधा है, जहाँ कथाकार के कथ्य और शिल्प का सीधा प्रभाव उस चौखट में स्थित हो जाता है, जिसे आप कथा या कहानी कहते हैं। कहानी अपने में एक छोटे से आरम्भ से अन्त तक पहुँचनेवाली विधा है। इसी के बल पर कथाकार की साहित्यिक यात्रा उसके लेखक को रचनात्मक स्तर पर कथाकार का रुतबा नहीं देती, कहानी, कथाकार से आगे निकल जाती है। अगर पूरे परिदृश्य को देखें, पिछले दशकों की कहानियों, कथाकारों के नाम लें तो पाएँगे कि कहानियाँ अपनी ही नहीं, कथाकार की रचनात्मकता को भी प्रमाणित करती हैं। यही बात उपन्यास के बारे में सिद्ध नहीं की जा सकती।

आप कह रही हैं कि कहानियाँ अपनी ही नहीं, कथाकार की रचनात्मकता को भी प्रमाणित करती हैं लेकिन इस समय तो उल्टा ही कहा जा रहा है कि आज कथाकार हैं, कहानियाँ नहीं?

ये दिलचस्प है, हमारी जो नई कहानी है, उसने पुराने चौखटे को तोड़ा है। और उसके लिए हम नए लेखकों का आभार मानते हैं। कहानी के नहीं होने की बात सही नहीं है। एक क्रिकेट के खेल की तरह कहानी की विधा अब धीरे-धीरे या तेज भी घटनाचक्र में से निकलकर शिल्प और कथ्य के मिले-जुले रूप में परिवर्तित हो चुकी है। सटीक रूप में पुराने कहानीकार और नए कहानीकारों के बीच में एक फर्क आ चुका है। कहानी विधा अब मात्र कलात्मक रूप से प्रस्तुत किया जा रहा घटनाचक्र या सामाजिक संवेदन अथवा व्यक्ति के क्रियाकलापों का ही प्रस्तुतिकरण नहीं है। कहानी विधा के रूप में हमारी युवा पीढ़ी ने उसे तराश दिया है। क्रिकेट के खेल की तरह अब आप इसे एक पिच में खेल रहे हैं। जरूरी ये भी है कि जो लिखा जा रहा है उसके दौरान आप चौकसी से और तीव्रता से उस गेंद का सामना करें, जो आपके सामने से आपकी ओर फेंकी जा रही है। जरूरी नहीं कि आप अपनी कहानी में चौके या छक्के मारें। जरूरी ये भी है कि आप कहानी के परिदृश्य पर बने रहें। यदि ऐसा नहीं होगा तो आप पैवेलियन में बैठे नजर आएँगे। ऐसी कहानी के लिए वे लेखक जिम्मेवार हैं जिन्होंने अपनी आँख से, अपने संवेदन से एक ऐसी जिन्दगी को जिया है जहाँ पुरानापन अब पिछवाड़े जा चुका है। और एक

त्वरित गति वाला खेल उनके हाथों से जा रहा है। तमाम सामाजिक परिवर्तनों के फलस्वरूप सुविधाओं और सम्पन्नता ने एक अच्छा-खासा सफर तय किया है जिसने हमारी नई पीढ़ी को एक नया मुहावरा दिया है। इसलिए राजनीतिक पक्ष में यह बात बहुत शिद्दत से उभरकर आती है कि लोकतांत्रिक मूल्यों ने समूचे बुद्धिजीवी वर्ग की सोच को प्रभावित किया है।

नई पीढ़ी की कथा-कृतियों में आपको और क्या विशेषताएँ दिखती हैं?

इस वक्त दो धाराएँ साफ तौर पर एक दूसरे का जायजा ले रही हैं। सामाजिक वर्गों में जो लोग शिक्षित हैं और व्यवस्था के तंत्र की अन्दरूनी चौखट के पार बसते हैं, उनका संवेदन एक प्रबुद्ध पाठक को सम्बोधित करता है। और दूसरे वो लोग जो कम शिक्षित हैं और एक खास तरह की देसी स्थितियों से उबरने की कोशिश में हैं, उनकी रचनाएँ कहीं ज्यादा अनुभव की ऊर्जा से भरपूर हैं। उनके पास कहने की तालीम न भी हो पर स्थितियों का लेखा-जोखा प्रस्तुत करने की उत्सुकता और उत्साह है जहाँ भारतीय देशज जीवन अपने लोकतांत्रिक ढाँचे को नजदीक से और दूर से देख रहा है, वह पहली श्रेणी से काफी भिन्न है। हम लोग एक खास तरह के शोर से अभिभूत नहीं हैं, तो भी मनोरंजन के रूप में उसे स्वीकार कर रहे हैं। देशज स्तर पर वो लोग अपने शोर को सुनते हुए भी ग्रामीण समाज के नए कोलाहल को अपनी कहानी में प्रस्तुत कर रहे हैं। उनके पास कहीं पहुँचने की सिर्फ जिज्ञासा नहीं, उनके अनुभव में उनका संघर्ष है, जो उन्हें एक ऐसी भाषा प्रदान कर रहा है जो हमारे आरामतलब वर्ग के पास नहीं है।

विचारधारा का दबाव नहीं है?

विचारधाराओं ने और कुछ भले नहीं किया हो पर कहानी को गहराई से प्रभावित किया है और गैर-जरूरी को छान दिया है। एक जो साहित्यिक दबाव एक वर्ग की कहानी में देखा जाता था, अब आप देखें उसमें आज अनावश्यक विस्तार नहीं है। उसे संक्षिप्त कर दिया गया है। टेक्नोलॉजी के प्रभाव ने भी कहानी के इस तेवर को तय किया है।

हिन्दी कथा आलोचना की साम्प्रतिक स्थिति से आप सन्तुष्ट हैं?

कथा आलोचना की स्थिति मेरे खयाल से सभी भाषाओं में एक-सी है। हिन्दी में और भी ज्यादा स्पष्टता से देखें कि बहुत बड़े हिन्दी प्रदेश होने के नाते लेखकों की संख्या भी कम नहीं है। साहित्य का श्रेष्ठ चुनने का काम आलोचकों और पाठकों का जरूर है लेकिन हम ये भी मानकर चलते हैं कि आलोचक और पाठक को इस बात का अधिकार है कि वह अगर रचना को पढ़ता है और खामोश रहता है, उसके

बारे में कुछ कहना नहीं चाहता या भाषा के एक बड़े क्षेत्र में वो किसी साहित्यिक कोटि में कथा संग्रह को न रखना चाहे, तो हम उससे जवाब तलब नहीं कर सकते। हम लोग लगातार ये कहते हैं कि हमारे यहाँ आलोचना का वर्चस्व ऐसा है कि वो कृतियों की जाँच-पड़ताल नहीं करता। मैं खुद ऐसा सोचती हूँ कि पिछले पाँच दशकों में आलोचकों को लेकर हमारी शिकायतें कम नहीं हुईं। बाकायदा दर्ज की गईं। फिर भी अगर कुछ अच्छा लिखा गया है तो उसे आलोचकों के मौन के बावजूद पाठकों ने कबूल किया और वो साहित्य की गम्भीर उपलब्धि ही बना है। मैं अभी पाठक के नाते कुछ उपन्यासों का नाम लूँ, जो जब लिखे-पढ़े गए और महत्त्वपूर्ण के शब्द से जाने भी गए—वो अपनी यात्रा में सचमुच महत्त्वपूर्ण सिद्ध हुए—'शेखर एक जीवनी', 'राग दरबारी', 'आधा गाँव', 'तमस', 'भूले बिसरे चित्र', 'उसका बचपन', 'वरुण के बेटे', 'गिरती दीवारें', 'डूब', 'मुझे चाँद चाहिए', 'सूरज का सातवाँ घोड़ा', 'पंचनामा', 'बूढ़ा बरगद', 'दास्ताने लापता', 'नदी को याद नहीं', 'रात का रिपोर्टर' जैसे उपन्यास खूब पसन्द किए गए। हाँ, ये है कि आलोचकों के चाहने पर भी साहित्य में हर चीज सबसे ऊँचे निशान पर नहीं पहुँच सकती।

आपने कविता का आसन गद्य से ऊँचा बताया है, आपकी इस स्थापना का आधार क्या है?

कविता घटित होती है कुछ आपके चाहने से, लेकिन कुछ आपके अनजाने में भी, उस रहस्य में से जिसका तर्क आपको स्थूल रूप से नहीं दिखता; यह आप पर उतरती है। लेखक के न चाहने के बावजूद ऐसा होता है। आपके अवचेतन में आपके चैतन्य से, अन्तरंग से क्षण के रूप में उभरती है कविता और पन्ने पर फैल जाती है। कविता का सम्बन्ध अपने समूचे अन्तरंग से होता है और बाहर के आलोक से उसे हम अन्दर पाते हैं। दोनों के अँधेरे और उजाले से कविता का जन्म होता है। पर कहानी के लिए यह बात नहीं। उसमें जो आँखों से बाहर देखते हैं, उस अनुभव को लिखते हैं। इसलिए कहा जाता है कि कवि लौकिक नहीं, अलौकिक शक्ति से ऊर्जा पाता है। उदात्त प्रकृति से सिमटा हुआ नहीं, वह दूर तक जीता है। इसलिए कविता का स्थान गद्य से ऊपर है। गद्य वालों को मान लेना चाहिए कि वे नम्बर दो पर हैं। नम्बर एक पर कवि हैं।

क्या कभी आपको यह महसूस हुआ है कि जो आप लिखना चाहती हैं, नहीं लिख पातीं?

मुझे लगता है, बहुत बार बहुत से लेखकों के साथ ऐसा होता है, क्योंकि जिसे आप लिखना चाहते हैं उसे आप लिखने से पहले अपनी सम्भावनाओं-सीमाओं से

तौलते–परखते हैं। किसी भी गलतफहमी में किया गया लेखन यदि उन मानदंडों पर खरा नहीं उतरता तो लेखक को बाध्य होकर उसे यह कहकर टालना पड़ता है कि मैं उसे वैसे नहीं लिख सका, जो लिखना चाहता था। ऐसी स्थितियाँ कई बार आती हैं।

अच्छा आप बताएँ कि आदर्शों–मूल्यों में अवमूल्यन की वजह क्या है? लोग अपनी समृद्ध विरासत और परम्परा से क्यों कटते चले गए?

अवमूल्यन पूरे विश्व में हुआ है। हमारी नई पीढ़ी ने नई चीजों के साथ तालमेल बिठाने के लिए कुछ ऐसी स्थितियाँ उभारी हैं, जिन्होंने पुरानी परम्परा को बदला है। परम्परागत मूल्यों और आदर्शों के अवमूल्यन से खतरा यह है कि ऐसी कार्यकारी लेखकीय संस्कृति का रूप निर्धारण सरल नहीं होगा, जहाँ साहित्यकार का संस्कार और स्वाधीन गरिमा सुरक्षित रहे। अन्तर्राष्ट्रीय बाजार संस्कृति ने हमारी संस्कृति के उदात्त मूल्यों को गहरे तक झिंझोड़ कर रख दिया है। इससे जुड़ी हमारी चिन्ताएँ गहरी हैं।

जीवन के हर क्षेत्र में उपभोक्तावाद जिस तरह अपनी जड़ें जमा रहा है, क्या साहित्य उससे बच पाएगा?

उपभोक्तावाद का जो प्रभाव है, उसके साथ ही साहित्य नए अनुशासन से घिरा है। वो अनुशासन जिसका सम्बन्ध टेक्नोलॉजी और विज्ञान से है। अन्तरिक्ष में मीडिया का होना साहित्य के पूरे प्रकरण पर प्रश्नचिह्न ही नहीं लगाता, उन खतरों से भी आगाह करता है जिनसे कई दूसरे देश गुजर रहे हैं। और उनकी स्थितियों से सचेत नहीं हो रहे। पुस्तक पर भी खतरा है, इंटरनेट से। इस स्थिति में बदलाव की एकमात्र संभावना यह है कि जब हम लोग थक जाएँगे तो हम वापस किताब की तरफ पहुँचेंगे। क्योंकि एक व्यक्ति के रूप में आपको यह लगेगा कि आप अपने अन्तरंग में उन अर्थों को खोजें जो किसी लेखक ने शब्दबद्ध किए हैं। इसके साथ ही उन खामोशियों को भी पढ़ें, जो शब्दों के पिछवाड़े से एक कृति ही प्रस्तुत कर सकती है।

उपन्यास की तुलना में निःसन्देह कहानी कठिन, सटीक कौशल की विधा है

'अन्यथा' पत्रिका से बातचीत

हिन्दी पाठकों की बहुत बड़ी संख्या न होना आप जैसी बड़ी उपन्यासकार को रचनात्मक स्तर पर किस तरह प्रभावित करता है?

आपकी इस जिज्ञासा के उत्तर में मैं अपने को बाहर रखकर कुछ कहती तो बेहतर होता। बहरहाल, इतना ही कहना चाहूँगी कि हिन्दीभाषी समाज की रूढ़िगत रुचियों को देखते हुए स्थिति अब पहली सी नहीं है। मैं ऐसा कह सक रही हूँ शायद इसलिए कि अपनी साहित्यिक यात्रा के आरम्भ से ही अपने छोटे मगर प्रबुद्ध पाठक वर्ग पर मुझे गहरा भरोसा रहा है। उनकी गम्भीर परख और पाठकीय आलोचना मेरे लेखक को सावधान करती रही है। आश्वस्त रखती रही है कि मेरी कृतियाँ गम्भीरता से पढ़ी जाती हैं।

कहना होगा कि हिन्दी का साधारण पाठक मेरे पात्रों की सामाजिक बुनत को तनिक आश्चर्य से भी देखता रहा है। अब स्थिति बदल रही है। अब उसके सामने हिन्दी-उर्दू और अन्य भारतीय भाषाओं की बड़ी दुनिया है जो उसकी पाठ्य-सामग्री का हिस्सा है। देश की भाषायी विविधता के सांझेपन ने उसे नई अन्तर्दृष्टियाँ दी हैं। मीडिया के शोर के बहाने उसे आत्मसात् भी किया है। इस प्रक्रिया को हम नई ताज़ा पीढ़ियों के लेखन में देख सकते हैं।

क्या आप सोचती हैं कि अंग्रेजी या विदेशी भाषाओं में अनुवाद की अपेक्षा पहले अपने देश की भाषाओं में अनुवाद ज़रूरी है? क्या आपकी कृतियों का भारतीय भाषाओं में अनुवाद हुआ है? पाठकीय प्रतिक्रिया वहाँ कैसी रही?

निश्चय ही भारतीय भाषाओं की अनुवाद सम्पदा हमें उपलब्ध हो तो बौद्धिक रूप से हम विभिन्नता के एकत्व को सकारात्मक रूप से आत्मसात् करेंगे और क्षेत्रीयता की संकीर्णता से उबरेंगे। यह सही है कि अंग्रेजी में होनेवाले अनुवाद पाठकों की

बड़ी संख्या तक पहुँचते हैं और उत्सुकता से पढ़े जाते हैं। अंग्रेजी भी भारतीय भाषा परिवार में शामिल है। भारतीय बुद्धिजीवियों ने लम्बे अरसे तक अंग्रेजी साहित्य की भावनात्मक और रचनात्मक सोहबत में बहुत कुछ जज़्ब किया है। अकारण नहीं कि अंग्रेजी में लिखनेवाले भारतीय लेखकों ने विश्व-स्तर की सराहना अर्जित की है।

मेरी कृतियों के अनुवाद अन्य भारतीय भाषाओं में हुए हैं और अंग्रेजी में भी। मूल हिन्दी से अनुवाद पढ़ने-समझनेवाला अंग्रेजी का विशिष्ट पाठक वर्ग बहुत बड़ा न होने पर भी साहित्यिक रुचि को प्रभावित करता है। आज हिन्दी का भाषायी विकास लेखन और प्रकाशन में पहले से कहीं ज़्यादा विस्तार पा रहा है। मगर हिन्दी समाज समूह संख्या में जितना बड़ा है उसके अनुपात में उसका पाठक-वर्ग सीमित है। भविष्य की सम्भावनाएँ लेखक, पाठक और प्रकाशक सभी के लिए आशाजनक हैं। देश का उभरता नवशिक्षित वर्ग पठन सामग्री के प्रति नया रुझान दिखा रहा है। उसका एक कारण मीडिया के दृश्य-श्रव्य का निरन्तर शोर भी है। मनन-एकान्त की ज़रूरत महसूस की जा रही है। टी.वी. पर सूचना, जानकारी और सार्वजनिक मनोरंजन के बढ़ते दबाव-तनाव से नागरिक थोड़ी छूट ज़रूर चाहता है।

इतनी ख्याति मिलने के बाद आपको लेखन में किस तरह की रचनात्मक चुनौतियाँ पेश आई हैं? उससे आपका लेखन कैसे प्रभावित हुआ है?

लेखक के निकट उसकी सबसे बड़ी चुनौती तो उसके चैतन्य और उसकी आन्तरिक दृष्टि में उलझे महीन तन्तुओं के आर-पार हो गहराइयों में दुबक जाती है। इसके पहले कि लेखक क्षणांश में उसे पहचाने, वह दिल-दिमाग और रूह पर साये की तरह घूमती हुई ओझल हो जाती है। लेखक हकबकाकर हड़बड़ाकर अपने को टटोलता है और उन पराई इमेजेस को ढूँढ़ने निकलता है जो किसी को खोजने के लिए उसने अपने में छिपा रखी हों। क्षमताओं और सीमाओं की जुगलबन्दी में हर कृति एक नया इम्तहान, एक नया जोखिम है।

कुछ दूसरी चुनौतियाँ

लेखक होने की शर्त ही कुछ ऐसी है कि आप रचनात्मक अभिव्यक्ति की स्वाभाविक कठिनाइयों या इससे जुड़ी प्रकाशकीय उलझनों की अतिशयोक्ति नहीं कर सकते। आप यह मानकर चलते हैं कि लेखक के निकट रचनात्मक अभिव्यक्ति निज का निर्णय है और जीवन में यदा-कदा सिर उठानेवाली उलझनें यहाँ भी पेश आएँगी ही।

यह सोचना सुखद है कि बचपन में रोजमर्रा की डायरी और अस्वस्थ होने पर बदन की हालत का ब्योरा लिखते-लिखते जब कुछ पत्रिका के लिए लिखकर 'विचार'

सम्पादक श्री भगवतीचरण वर्मा को भेजा तो मन में उसके स्वीकार, न स्वीकार होने की कहीं कोई चिन्ता नहीं थी।

लिखा गया एक छोटा-सा टुकड़ा था 'उसकी रोटी'। 'विचार' के लैटर-हैड पर स्वीकृति आई तो माँ-पिताजी को दिखाई। पिताजी ने पढ़ा। उठे और अपनी रैक से एक फाइल कवर दिया। देखो बेटे ऐसे ख़त फाइल में इकट्‌ठा रखा करो। आज अपनी स्टडी की बेतरतीब फाइलों को देखकर मैं मन ही मन हँसती हूँ कि जाने क्या सोचकर पिताजी ने कवर दिया होगा कि मेरा जुड़ाव भी वैसे ही पत्रों से रहा मगर फाइल की तरतीब आज भी मेरी मेज़ से गायब है।

हाँ, मैं खुशकिस्मत रही कि मुझे अच्छे सम्पादक मिले। भगवतीचरण वर्मा, अज्ञेय, धर्मवीर भारती और अनेक प्रतिष्ठित सम्पादक। मेरे निकट सन्तोष का इतना ही कारण था कि जो प्रकाशित हुआ उसे न कहीं बदला गया और न सुधारा गया। मैं अपने सम्पादकों की कृतज्ञ हूँ। उन्होंने मेरे रचनात्मक परिश्रम और आत्मविश्वास को कायम रखा।

चुनौतियों की बात करें। अगर इसे 'चुनौती' समझ कर ही मान लिया जाए।

पहला उपन्यास 'चन्ना' विभाजन के बाद लिखा। लेखक का पहला उपन्यास साधारणतया ज़रूत से ज़्यादा ही लम्बा होता है। यह भी था और लैटर-हैड पर लिखा गया था। लैटर-हैड पर लिखने का सुझाव पिताजी का था।

मैंने भगवतीचरण वर्मा जी के कहने पर पांडुलिपि ही भारती भंडार, इलाहाबाद को भेज दी। पत्र मिला कि हम उपन्यास छापना चाहेंगे। आप कृपया इसे टाइप करवाकर भेजें। मैंने टाइप करवाया। लगभग एक हजार पन्ने। उपन्यासकार होने का अहसास हुआ। यह और बात है कि उस उपन्यास में से बस 'अहसास' भर ही निकला क्योंकि वह प्रेस में जाकर भी प्रकाशित न हो सका।

हुआ यह कि उपन्यास छपना शुरू हुआ। प्रूफ देख रहे थे नागरी प्रचारिणी सभा के श्री लल्लू लाल जी। उन्हें लेखक की अहिन्दीप्रदेशी भाषा को भी सुधारना ज़रूरी लगा। छपे हुए कुछ फार्म मुझे मिले तो मेरे लिए एक चुनौती लाए जिसका हल आज भी मेरे पास नहीं निकल सका। श्री लल्लू लाल जी ने शाहजी को तो 'शाहजी' ही रहने दिया, मगर शाहनी को शाहपत्नी में बदल दिया। काका को लल्लू, मसीत को मस्जिद, पैड़ियों को सीढ़ियाँ और इसी तरह के देशज शब्दों के कुछ और भी बदलाव किए गए।

जाहिर है मेरी ओर से प्रतिक्रिया होनी ही थी। यह मेरा पहला उपन्यास था। उनका तर्क था कि अहिन्दी प्रदेश के लेखक द्वारा प्रस्तुत किया गया है, ऐसे शब्दों को समझने में हिन्दी पाठक को दिक्कत होगी।

गम्भीरता से इन मुद्दों पर सोचने पर मैंने प्रकाशक को टेलीग्राम किया "कृपया छपाई रोक दें। इलाहाबाद पहुँच रही हूँ।"

इलाहबाद में पाठक जी और बिन्दा प्रसाद ठाकुर साहिब से दो-तीन मीटिंग्स हुईं। मेरा कहना था कि मैं इन शब्दों के इन बदलावों के साथ उपन्यास को देख नहीं सकती। वहाँ के खेतीहर वाचन और वृत्तान्त में जो शब्द आपको भदेस लग रहे हैं वही परिवर्तित शब्द मुझे अटपटे लग रहे हैं। विभाजन के साथ अन्तिम नियति के फलस्वरूप जो उस धरती और कालखंड से विलग हो चुके हैं उस शोर को अंकित करने को ही खेतिहर समाज की भाषा और स्थानीय शब्दों के तेवर इस्तेमाल किए गए हैं। मूल लिखित के अनुसार ही इसे छपना चाहिए। कुछ ऐसी शाब्दिक ध्वनियाँ हैं जो उस धरती के भाषायी रूढ़ को सजीव करती हैं।

प्रकाशक भारती भंडार लीडर प्रेस लगभग तीन सौ से अधिक पृष्ठ छाप चुके थे। उनका लगातार यही कहना था कि कागज और छपाई बेकार करने में हम असमर्थ हैं। मैंने बहुत ही संजीदगी से एक बार फिर इबारत पढ़ी। बदले हुए शब्दों पर गौर किया। अविभाजित पंजाब, खेतिहर समाज, मोटी गाढ़ी भाषा और इस्तेमाल किए गए मूल शब्द अपने समयकाल और समाज को प्रतिबिम्बित करते थे। अगले दिन की बैठक में मुझे कहा गया कि उपन्यास अच्छा है। इसे ऐसे ही चलने दीजिए। अगले संस्करण में हम आपके मूल के अनुसार इसे प्रकाशित कर देंगे।

मुझे यह स्वीकार नहीं हुआ। मैंने लीडर प्रेस को कागज और छपाई की कीमत चुका देने के प्रस्ताव के साथ उपन्यास वापिस लेने का फैसला कर लिया। किस्सा-कोताह यह कि मैंने अपने पहले उपन्यास के कागज, छपाई की कीमत चुकाई और उपन्यास वापिस ले लिया जिसकी टाइप प्रतिलिपि अब तक मेरे पास रखी है। इसकी प्रेस कॉपी कमलेश्वर ने बनाई थी। प्रकाशक ने इतनी कृपा की कि उपन्यास मुझे इंश्योर्ड पार्सल से भेजा गया जिसे मैंने बॉक्स में बन्द कर दिया। यह बॉक्स बरसों बॉक्सरूम में पड़ा रहा। आखिर 70 के दशक में खुला, वह भी मेरे प्रकाशक राजकमल के बहुत जोर देने पर। दुबारा खुलने का मुहूर्त्त निकला आधी रात। अलग-अलग जगह से चार छह टुकड़े पढ़े और उपन्यास दुबारा वहीं पहुँच गया जहाँ पहले बन्द था। पन्ने पढ़कर अहसास ज़रूर हुआ कि यह नौसिखिया लिखित तो है मगर इसमें अच्छे उपन्यास की सभी सम्भावनाएँ हैं। यह भी कि दुबारा लिखने में, इसे सामने रखने में कोई लेखकीय गुण नहीं। एक रात गाँव की मसीत से चार मीनार नज़र आए और कानों में फज़र की अजान गूँजने लगी। यही 'ज़िन्दगीनामा' की शुरुआत थी। मैंने स्वतंत्रता संघर्ष और विभाजन के सन्दर्भ में उपन्यास के तीन भाग लिखने का मन बनाया था। 'ज़िन्दगीनामा', 'जिन्दारुख', 'इंकलाब ज़िदाबाद' और 'आज़ादी हमारा पैदाइशी हक है।' इसके आगे की दास्तान खासी लम्बी है और असली चुनौती है।

इतनी कि हाईकोर्ट में शीर्षक अतिक्रमण का मुकदमा दायर किया। प्रकाशकों की साँठगाँठ से अमृता प्रीतम को गुमराह करने का। इस ज़ोर पर कि उनकी पहुँच राजनीति के गलियारों तक थी।

चारों प्रकाशकों की मिलीभगत से कॉपीराइट एक्ट की खूब लुगदी बनाई गई।

इतना साहसिक लेखन हिन्दी में कम ही था। आपने ये लेखकीय और सामाजिक साहस कैसे अर्जित किया ? किसी कहानी, उपन्यास के माध्यम से थोड़ा बताइए।

अपना लेखकीय साहस जुटाने के लिए मुझे न कुछ कुरेदना पड़ा और न कहीं से कुछ बटोरना पड़ा। परिवार के कौन-से गुण और अवगुण तथा वंशीय वृत्तियाँ मुझमें आन इकट्ठा हुई, मालूम नहीं। जैसा भी मिश्रण हुआ वह घर के अनुशासन के अनुरूप ज़रूर रहा। जिसे ठीक समझा उसे कर लेने में झिझक महसूस नहीं की। 'यारों के यार' की शुरुआत पर ज़रा रुकी। स्थानीय दफ्तरी माहौल जिस मर्दाना वाचन की शाब्दिक ध्वनियों से उभरता है उससे पाठ की मर्यादा लेखक क्यों भंग करे। बोलियों और किसी हद तक भाषा में भी गालियों की अपनी सामाजिक हैसियत है। इन्हें इस्तेमाल करने में लेखक को क्यों परेशान होना चाहिए। क्रोध, घृणा, बेबसी, एकरसता, विक्षोभ प्रकट करने के लिए ही ये गालियाँ ईजाद की गई हैं। हाँ, एक दिलचस्प नुक्ता—कहानी खत्म होने से पहले बहन की जगह माँ की—तेरी माँ की गाली दी गई तो कलम तनिक रुकी। इसलिए कि बहन की गाली तो इकसार हो चुकी। संवाद में घुल-मिल चुकी। माँ की गाली से टैक्स्ट का सन्तुलन बिगड़ जाएगा। सो एक नई वैजिटेरियन गाली का आविष्कार करना पड़ा तेरी माँ की बहन मेरी मौसी।

आप अपने अनुभव कहाँ से जुटाती हैं ?

मैं गहरे अनुभव को कथ्य का निर्णायक मानती हूँ। फिर भी विश्वास और ईमानदारी से कह सकती हूँ कि अनुभव मात्र वह कच्चा माल नहीं जिससे कथ्य का ताना-बाना बुना जाता है। यह सही है कि लेखक के पास अनुभव का बड़ा विस्तार होना उसे अच्छे पाठ की संरचना का प्रशिक्षण और जुर्रत देता है। वह सलीका भी कि शब्द को संयम से कैसे प्रवाहित करना है। शैली में रचना के स्पन्दन को कैसे प्रभावित करना है। अपनी लम्बी जीवन-यात्रा में मेरे पास अपने जिए हुए समय की ऐसी असंख्य विस्मयकारी घटनाएँ और किस्से हैं जो लिखित में प्रस्तुत कर दूँ तो दिलचस्प पाठ्य-सामग्री बन सकते हैं। उन्हें लिखने की बात कभी सोची नहीं क्योंकि रोमांस मात्र साहित्य का कथ्य नहीं अगर उसमें उसकी आत्मा नहीं।

नितान्त व्यक्तिगत घटनाओं, अनुभवों और रुचिगत कार्यकलापों के अनुशासन में से

बहती प्रक्रिया का विश्लेषण करें तो उनमें से आप निथरे हुए कथ्य का धड़कता आकार नहीं गढ़ सकते।

कथानक या कथ्य में से जो मुखर होता है वह लम्बे समय तक आपके अवचेतन में मलबे के ढेर की तरह पड़ा रहता है। कभी अचानक आप उसके सुनसान से हल्की-सी आहट सुनते हैं। मेरे निकट रचनात्मक पाठ की प्रयोगधर्मिता कुछ ऐसे रहस्यमय तत्वों में रहती है कि मैं चाहूँ तो उसे सुनूँ, न चाहूँ तो मचल मार लूँ। अगर कलम की उड़ान से, संयोग से या उतावलेपन से घटनाक्रम सामने खुल जाए तो उस रचना पर मैं कभी कलम नहीं उठाती। मुझे पहली पंक्ति के साथ किसी अनजान गहरे में उतर कुछ पाना होता है।

अपने को अपने होने के सगेपन से या सर्जक के कोण से देखें तो किसी भी कृति की संरचना न मात्र निज के अनुभव से, न आँखों के सामने घटित हो चुके से, दूसरों से सुने-सुनाए से, कि चिलमन में से झाँकती वह बहुत लम्बे अरसे तक खामोशी से पड़ी रहती है। कभी उसमें से कुछ भी उभरता नहीं। और कभी अपवाद सिर उठाते हैं। 'ऐ लड़की' के महीन धागों का ताना-पेटा लेखक के पास नहीं, माँ के पास सुरक्षित था। वही शेष हो चुके को दुबारा साँस दे रही थी। बेटी के इकहरे अस्तित्व में एक कामकाजी व्यक्ति हो सकने की आस्था थी। अपनी शर्तों पर अपने चुनावों तक पहुँचने की ढिठाई थी। अपने को रूढ़िगत सामाजिक पूर्वग्रहों को उलांघ कर अपनी महत्त्वाकांक्षाओं को पाने की ऊर्जा थी। संघर्ष का ताप था। यह सब वह खुद नहीं, उसकी माँ अपने आगे की पीढ़ी में चीन्हती है। इस टैक्स्ट की संगति की गूँथ लेखक के पहले हाथ के अनुभव में नहीं थी और माँ का समय उनके निर्वासन का था।

कहना पसन्द करूँगी कि कथ्य सिर्फ इन ऊपरी जटिलताओं में नहीं कथ्य की आत्मा में है। रचना का सांस्कृतिक पर्यावरण, उसकी स्थानीयता, पात्रों में धड़कते संस्कार, सामाजिक परिस्थितियाँ, सतही और गहरी परतें, विभिन्नताएँ यदि संवेदन के मौन में पंक्तियों के पीछे न पसरी हों तो हल्के भारी शब्द कथ्य का रस खींच लेते हैं।

'ऐ लड़की' से ठीक विपरीत 'मित्रो मरजानी' मुझ तक कैसे और कैसी-कैसी राहों से पहुँची, भी देखने लायक है।

किसी विशिष्ट रचना के लिए लेखक की जीवन दृष्टि महत्त्वपूर्ण हो उठती है यह तथ्य भी कि क्या आप अपनी आँख से चीज़ों को देखने-परखने के आदी हैं या अपने से हटकर भी उनकी पहचान करते हैं? क्या अपने पर ही लागू सम्बन्धों के ठप्पों से आप अपने बाहर भी देखने और तलाशने के आदी हैं? लेखक होने के नाते क्या जीवन और साहित्य की समग्रता को मात्र स्थितियों से मापते हैं?

क्या आप अपनी जिज्ञासाओं को ही मानव-मन की गहराइयाँ समझकर उन्हें लिखने लगते हैं। लेखक की दौड़ निश्चय ही इन सीमाओं से परे जानी चाहिए। कथन की सम्प्रेषणीयता ही उसका एकमात्र औचित्य नहीं। मानव-मन किसी भी मोड़ पर, किसी भी क्षणांश में अचम्भित हो सकता है, विस्मित कर सकता है।

सपाट, स्थूल अथवा बेहद उलझी स्थितियों, घटनाओं के आर-पार कई उतार-चढ़ाव आते-जाते हैं।

इन सबकी सतह तले कुछ ऐसा भी बिछा-ठिठका रहता है जो अपने होने में बहुत कुछ समेटे-सँजोए रहता है जिसे सिर्फ आँख ही नहीं देखती; डुबकी मारकर गोताखोरी की तरह गहराई में जाकर आपको कुछ मूल्यवान समेटना होता है जिसे सत्य कहा जाता है, समझा जाता है। सत्य की प्रतीति सिर्फ चातुर्य में नहीं है। विवेकपूर्ण लेखक अपने ज्ञान-अनुभव से अलग एक गर्भगृह समाहित करता है और रचना से जुड़ी कलात्मक समग्रता को उसकी आभ्यन्तरिकता में प्रस्तुत करता है। मेरा सत्य ही सबका सत्य है; यह दुराग्रह लेखक को उस प्रतीति से दूर ले जाता है जिसका नाम अन्ततः सत्य ही है।

देखा जाए तो सत्य हमारी रचना के पात्र-पात्र में सुरक्षित व्यक्ति, नाम और संज्ञा ही नहीं होते, उनके तन-मन, प्रेम-प्यार और मुखौटे भी होते हैं जिन्हें अपना अधिकार समझकर वह उन्हें ओढ़े भी रहते हैं। इनके बीच की दूरी और नज़दीकी ही वह सन्धिस्थल है जहाँ लेखक को अपनी दौड़ का भान होता है। लेखक यदि अपने पर हावी है तो पात्र अपने आधे-अधूरे अस्तित्व से सँभलता-सरकता रहता है। आप पात्र की उपस्थिति से अपनी दूरी, अपने से उसकी नज़दीकी पर अंकुश लगाते हैं तो आप अपने रचनाकार की मदद करते हैं। रचना की रचनात्मकता मात्र वृतान्त नहीं। सतर्कता, बौद्धिक जागरूकता, अन्तर्दृष्टि रचना के लिए एक बुनियादी माँग है। रचनाकार की मानसिकता का गुण-धर्म मिथ्या साक्ष्य को भी आरोपित सत्य में रूपायित करता है उसे पाठक चीन्ह लेता है। पहचान लेता है।

मित्रो व्यक्ति की जिस छटपटाहट का प्रतीक है वह यौन-उफान ही नहीं, व्यक्ति की अस्मिता का भी अक्स है जिसे नारी की पारिवारिक महिमा में भुला दिया जाता है। हाथ की मेहनत और देह से सुखदान, इतना-सा ही है उसका यशोगान। मित्रो को लिखने से पहले कुछ मालूम नहीं था कि वह किस तस्वीर का नेगेटिव थी या उस नेगेटिव से कौन-सा चेहरा उभर आएगा। डूंगर के पास सिर पर बोझा उठाए एक जीती-जागती काया हरियाली क्यारी-सी दीखी थी। राजस्थान में। आँखों में ललक, आँचल तले उभार। लहँगा-ओढ़नी में मढ़ा हुआ गेहुँआ गदराया बदन। हाड़-मांस की अनोखी देह रुपहले पानी में कसी हुई। आँखों में ललचाती आदिम दीठ। लौंग से इतराती छुटकी-सी नाक। झाड़ियों की सीध तनिक उसकी गर्दन घूमी। ठेकेदार

को पास आते देखा तो उठाकर काँकरी मार दी 'इधर से देखना मत, ठेकेदार जी, लहँगड़ू की माँद में अट गए तो गए काम से।' झेंप ने अधेड़ ठेकेदार का चेहरा लीप दिया। खिसियानी हँसी से उबरकर चुहल की 'आप ही भरमा रही है, कमज़ात। तेरी महामाया बींध दी तो सारा मर्म-धर्म धरा रह जाएगा, पगलाई फिरेगी।' ओढ़नी से संकेत छलकाती पथरीले पठार पर नुकीली बिजली चमक गई 'जाप कर, शर्बती का, कच्ची-पक्की होंस से तभी छुटकारा मिलेगा, ठेकेदार।'

लेखक अपने सफेदपोश दिल-दिमाग के दम्भ में मौन था। वाचालता पर कोई रोक नहीं। जो भी बोला जाएगा हवा में तैरता रहेगा। ठिठका रहेगा। पकड़ लिया जाएगा या दिल के पिछवाड़े गुम हो जाएगा। लेखक के असमंजस को परे ठेल शब्दों की कड़ी गाहे-बगाहे कान में फुसफुसाती रही 'तन बड़ा कि मन?' कहने को मन और पाने को तन, इसी अँगियारी नोक पर दुनिया स्थित है।...जिस देह से हरसिंगार झरते हैं, उसी द्वारा आत्मा की मूल निधि को उगाया जाता है। उसकी वसूली की जाती है। देह में रूह की प्रतिष्ठा होती है तो क्या उसकी अवहेलना बदगुमानी नहीं?...राजस्थान से लौटने पर भी देर तक पुराने पठार को अपने स्पर्श से जगाती-लहराती उस बाई की रंगोली चूनर झुलाती रही।

एक शाम न जाने किस आगजानी में लेखक ने ठेकेदार की धुआँखी निगाह से परे उस लहर को पहचान लिया और उस साक्षात् पर विराम लगाने की पेशकश में उसका पीछा-पिछौना देखने की हिमाकत कर डाली। दुविधा से हवा में पत्ते उड़ने लगे और अजन्मी रचना और रचनाकार के बीच लावारिस वक्त पसर गया।...फिर, बरसों बाद, ठिठुरती सर्दी की रात। शहर की पुरानी खस्ता बस्ती में से गुजरते हुए सहसा कदम ठिठक गए। किसी के झींखने-कलपने की आवाज़ कानों पर ठुक गई, 'अम्मा, अपने बेटे को किसी वैद्य-हकीम के पास ले जा। यह लीला इसके बस की नहीं।' फिर, चटाक-चटाक और उसके बाद वही आवाज़ 'मारो, मारकर गाड़ दो मुझे। इस सन्ताप से तो छुट्टी हो।'

लेखक सहमकर सोचने लगा क्या कोई पुरानी बात दोहराई जा रही है? इस संवाद को पहले भी सुना था कभी। कोई उलाहना, कोई लाँछन नहीं, कोई परदा नहीं, जो कहा गया है उतना ही। दोष है तो किसका? काया के बिना कामना। जिस प्यास का यह मंत्र है, उसकी तृष्णा से वितृष्णा कैसी?...अपने से दूसरे तक, दूसरे से अपने तक एक ही आदिम लय के दो टुकड़े। दोहरे क्षण की सनसनाहट में दोनों संज्ञाओं के चेहरे सरसराकर एक हो गए। इस दोहरी टक्कर की सामर्थ्य ही क्या? दो अलग-अलग सतहों पर इनकार और स्वीकार। भला इस माँग की भी कितनी बिसात होगी? औकात कितनी होगी उस छलकती-छड़कती चाहत की जो पाप और पुण्य से बड़ी है और उनके दावों तक से बाहर है।

किसी भी तरह की रूमानी कल्पना को परे ठेल लेखक की नज़र एक सीधी-सादी गृहस्थी की चौखट पर अटक गई। पहले घर का रोशनदार दीखा, फिर पुरानी छत और प्रकट हो गए गुरुदास बिछौने पर लेटे हुए। चूल्हे के पास बैठी धनवन्ती और अन्दर से झाँकती बहुओं की परछाइयाँ। जितनी आँख की तौफीक है उतना ही तो देखा जाएगा, जितना गहरे पैठोगे उतना गहरा छुआ जाएगा।...घर गृहस्थी के कपाट के पीछे से मित्रो झाँक गई, अपने चैतन्य से अपने आसपास को पढ़ती-हँसती, खेलती, तरेरती, औरत होने के पुरानेपन को खोलती-उघाड़ती, अपने में विवेक जगाती।...मंच बन उठता है एक परिवार का। घर आँगन अपने में ही कब सम्पूर्ण हैं! वे सब पाने-जुटाने की उस दहक-महक में जुड़े-बँधे हैं जो हाड़-मांस के कपड़ों में धधकते-फड़कते हैं।

रचनात्मक स्तर पर कोई भी प्रामाणिकता केवल तथ्यात्मक जानकारी या शिल्प या उसकी उड़ान की सामर्थ्य से ही नहीं, चरित्र की मांस-मज्जा, स्वभाव, संयम और उसकी हड्डी की किस्म से भी जुड़ी होती है। उसके न होने पर कोई भी रचना अपने रचाव-संस्कार और सार-सँवार से अनोखी भले लगे, पर उसकी सूक्ष्म-स्थूल काया में फुरना नहीं धड़कता, जान नहीं फड़कती है। मित्रो कल्पना की सृष्टि नहीं। इसी से मित्रो के प्राण में जितना खम था, उसकी टक्कर में जितना दम था, उतने गहरे अंकुश लेखक पर भी लगते चले गए। मित्रो के स्वरूप में किनारों को उलांघती-तोड़ती बाढ़ को रोकने के लिए नहीं उसके उन्मुक्त बहने के लिए ही लेखक ने लिखकर अपनी भूमिका निभाई।

यह मात्र लेखकीय कौशल और स्थितियों-परिस्थितियों से ही घटित नहीं होती। यह उभरती है विभिन्न सामाजिक मूल्यों के घर्षण से, आपसी खटखटाहट टकराहट से, घर गृहस्थी की परिक्रमा के ऐन बीचोबीच।

लिखते समय लेखक के निकट कुछ भी योजनाबद्ध नहीं था। पर्त-दर पर्त कहानी, खुद-ब-खुद उभरती चली गई। तन-मन की लहर, प्यार-मनुहार, लड़ाई-झगड़े, गृहस्थी की जुगलबन्दी में गुँथते चले गए। यह संयुक्त परिवार की बन्दिश थी। मित्रो में दहकती आदिम आग, छोटी-बड़ी और मँझली से ठुनकती बोली-ठोली। बुढ़ापे में भी बच्चों की तरह परिवार को धारण किए गुरुदास और धनवन्ती, संग-संग बिताई उम्र के ताव-भाव में लीन, कुटुम्ब-परिवार अपने होने में ही सम्पूर्ण नहीं होता। उसकी चौखट के अन्दर उसकी नीवों और शहतीरों में जलजले उठते रहते हैं। मित्रो के रूप में एक जलजला उठ ही आए तो स्वयं बन जाती है 'मित्रो मरजानी' की कहानी।

सरोकारों से जुड़ा लेखन, लेखन की कलात्मकता को कितना और कैसे प्रभावित करता है?

अगर आपकी अपेक्षा मात्र विचारधाराओं से है तो उनकी पैरवी करते हुए लेखक के शिल्प और कौशल के बावजूद रचना कलात्मक स्तर पर क्षीण हो सकती है। मगर मानवीय मूल्यों पर आँख रखनेवाला लेखन अपनी कमजोर रचनात्मक शिल्प-शैली के बावजूद भी मूल्यवान माना जाएगा। वैसे आज बाज़ार की शक्तियाँ जिस आक्रामक तेजी से मानवीय मूल्यों को बदल रही हैं उससे निश्चित ही साहित्य में भी बदलाव होगा। उसकी समझ और प्रस्तुति दोनों पत्रकारिता और विज्ञापन की चपेट में होंगे।

जनविमर्श, लोकानुभव आज कहानी में किस तरह व्यक्त हो रहा है?

भूमंडलीकरण के चलते बाज़ार की शक्तियाँ व्यक्ति, समाज और तंत्र की गहराइयों तक पहुँच चुकी हैं। इन ताकतों के विरोध में राजनीतिक दलों के मुखौटों को जीवित रखने की ही जाहिरा कसरत है। हकीकत में बाज़ार अब लोकतंत्र पर हावी है।

साहित्यिक टकराव की स्थिति अपने फैलाव में कितनी ही बड़ी क्यों न लगे, साहित्य की परिधि में विचारधाराओं के आपसी विरोध, प्रतिरोध के जवाब-सवाल राजनैतिक तर्ज पर जारी हैं। इन सबके बीच में से बहती भारतीय मन की अभिरुचियाँ अपने ढंग से मुखर हैं।

कहानी के पुराने लोक आख्यान की रूढ़ियाँ बदल चुकी हैं। कहानी का कथ्य और शिल्प व्यक्ति के निजी संवेदन को प्रतिध्वनित करता है। सामाजिक स्तर पर संयुक्त परिवार की चौखट से बाहर होते ही कहानी का कथ्य बदल गया है। बड़े पैमाने पर आज कहानी नागरिक विमर्श के विभिन्न दाँव-पेंचों को प्रत्यक्ष कर रही है। अभावों से त्रस्त और पुरानी रूढ़ियों से ग्रस्त विभिन्न जनसमूह लोकतांत्रिक सशक्तिकरण की ओर बढ़ रहे हैं। आज की कहानी यकीनन इसे अंकित कर रही है। हाँ, सतह पर पुरानी गिरफ्त से निकलने की रफ्तार तेज़ लगती है पर लोक के निकट बराबरी का भाषायी रचाव क्षेत्रीय संकीर्णता और राजनैतिक संगठनों का अपराधीकरण और वोट की संस्कृति इस विकासोन्मुख संघर्ष में अड़ंगा लगाने से नहीं चूकते।

प्रतिवाद का स्वर आज किस रूप में किस स्तर पर कहानी में नज़र आ रहा है?

हमारे साहित्य में प्रतिवाद का मुखड़ा साधारणतया अभावग्रस्तों, पिछड़ों, दलितों और स्त्रियों के लेखन से जुड़ा रहा है। औद्योगिकीकरण और व्यापक बाज़ार की अनिवार्यता से जब व्यवस्था तक में कोई स्पीडमनी से परहेज न करे तो धीरे-धीरे किसी भी कार्यक्षेत्र में विरोध, प्रतिरोध के स्वर मद्धम पड़ने लगते हैं। लोकतांत्रिक प्रणाली में 'सहयोगी-श्रृखंला' के आधार पर न केवल एक-दूसरे का साथ ही दिया जाता है, एक-दूसरे की सुरक्षा का भी जुगाड़ कर लिया जाता है। यह नए सामाजिक मूल्य न सिर्फ समाज में गहरे तक व्याप्त हो चुके हैं, इनकी पुनर्रचना आज हमारी

कहानी, उपन्यास और कविता में भी देखी जा सकती है। दलित, पिछड़े और निर्धनों का वाचन संवाद कहानी में तीव्रता के साथ व्यक्त हो रहा है। यह हमारे नागरिक जीवन का वह यथार्थ है जिसका सामना सम्पन्न, धनी गम्भीरता से, विवेक से करने को तैयार नहीं। सामाजिक, राजनीतिक स्थितियों से सरककर अपनी दार्शनिक सम्पन्नता से पुरानी परम्परा और चिन्तन की शैली में एक विशेष नुमाइशी मुद्रा में साहित्य का मर्म उजागर करने में व्यस्त है। रूढ़िवादी संगठनों की विचारधारा बेचारगी की भाषा और उससे जुड़े वर्गों के रचनात्मक लेखन को निचली श्रेणी में रखती है। दलित विमर्श और स्त्री विमर्श पर किश्तों पर किश्तें प्रिंट हो चुकी हैं। मगर इसका विश्लेषण करते इन विद्वानों की नज़र इस नए सामाजिक उत्थान की ऊर्जा को देखने नहीं उठती जो एक बड़े सामाजिक परिवर्तन की भूमिका है। कविता, कहानी में बहुत कुछ नया लिखा जाने पर भी परम्परा और पुराने से अभिभूत विवेकी विद्वान शास्त्रीय मुखौटोंवाली आलोचना पर ही टिके हैं।

आज कहानी में समाज और बाज़ार का एकीकरण तो नज़र आता है, पर टकराव नज़र नहीं आता। क्या इसे अनुभव की सीमा के रूप में रेखांकित किया जा सकता है?

कहानी और बाज़ार की धंधई साझेदारी ने अन्य सब साहित्यिक विधाओं से कहानी को मूल्यवान व्यापारिक साख दी है। हिंसा, अपराध, सैक्स और सस्ती, महँगी लड़की से गुलछर्रे उड़ाना बाज़ारू कहानी का पैमाना है। नए अर्द्ध-शिक्षित हिन्दी पाठक के मनोरंजन का यही स्त्रोत है। इन्हीं पाठकों को ध्यान में रख सस्ती पत्र-पत्रिकाएँ अच्छे कागज और भोंडे चित्रों के साथ प्रकाशित होती हैं। तकनोलॉजी तेजी से हमारी जीवन-शैली में रच-बस रही है, पर अभी हमारी भाषा में साइंस-फिक्शन का प्रकाश नज़र नहीं आता।

क्या आज की कहानी प्रचलित विमर्शों से ऊपर उठकर मिश्रित दबावों और स्थितिजन्य अनुभवों की बात अधिक करती है?

आज की कहानी पुराने विमर्शों से बहुत आगे बढ़कर मानवीय अनुभवों को अंकित करती है। इस संवेदन की तराश तक पहुँचने से पहले स्वतंत्रता प्राप्ति के बाद वाली कहानी का जायज़ा लेना ज़रूरी होगा। स्वतंत्रता प्राप्ति के बाद के कहानीकारों की नई पीढ़ी ने नए आत्मविश्वास से भारतीय मानस को नई ऊर्जा से अंकित किया। इलाहाबाद से प्रकाशित होनेवाली 'कहानी' पत्रिका के 1955 के विशेषांक का ज़िक्र करना ज़रूरी होगा। एक साथ दर्जन-भर कहानियों ने हिन्दी की 'नई कहानी' की शुरुआत की। इसी के साथ-साथ देश के विभाजन की कहानियों का महत्त्व भी कम न था। बँटवारे की त्रासदी पर लिखी कहानियों ने कहानी के कथ्य को इतिहास की

खलबलियों से निकाल कथ्य को मानवीय मूल्यों से जोड़ दिया। इस ऐतिहासिक टकराहट और विस्थापन से कहानी में घटित होनेवाले लम्बे वृत्तान्त और पात्रों की सोच और समझवाली विधा को उठा-पटक से उठाकर संवेदन की ओर मोड़ दिया।

उसके बाद के दशकों में कहानी के शिल्प और कथ्य में लगातार परिवर्तन होते रहे। कभी कहानी घटना के लिए पात्र जुटाती थी। जन और नायकों-नायिकाओं के सपनों के बहाने आख्यान का ताना-पेटा खींचती चली जाती थी। आज़ादी से मिले आत्मविश्वास ने गहरी दृष्टि से देश की विविधता को समेटा। स्थानीयताओं के रंग और स्वर उभरने लगे। पिछला काता-बुना एकाएक पुराना लगने लगा। पात्र बिचारे और पुराने। यहीं हिन्दी कहानी के लेखक के व्यक्तिगत रूप 'मैं' का पदार्पण हुआ।

देश की नागरिक इकाई और उससे जुड़े अधिकारों की अस्मिता ने कहानी को संयमित मगर खुली हवा में प्रस्तुत किया। जन को आश्वस्त करते राजनैतिक और सांस्कृतिक रचाव ने हमारे कहानीकारों को बहुत ही शालीन फैंटेसी की ओर आकर्षित किया। यह नई आर्थिक योजनाओं द्वारा मध्यवर्ग को दी गई आसूदगी का परिणाम था। इसने ऐसे कथ्य और शिल्प का संचार किया जिसमें शालीनता, नफरत और मानसिक जकड़न में से बाहर होने की ललक थी। दिलचस्प यह भी कि इसी के बाद हिन्दी कहानी का मुख्य स्वर जन के बहाने विचारधाराओं के द्वन्द्व का था। एक-दूसरे के दोहरेपन को खोलने का था। जनसाधारण की भाषा का दबाव लोकतांत्रिक गतिशीलता को प्रभावित प्रमाणित करने लगा। संयुक्त परिवार के बन्धन ढीने होने के साथ ही एक ओर सम्बन्धों के बन्धन ढीले होने लगे और दूसरी ओर कहानी का क्षेत्र नागरिक महत्त्वाकांक्षा, ग्रामीण समाज, कस्बों, महानगरों को मापने लगा। भाषा के स्तर पर एक ओर कहानी की भाषा दो टूक तेवर ले रही थी, और दूसरी ओर बोलियाँ आक्रामक ढंग से पुराने भाषायी ढाँचे को बदलने लगीं। इस कालखंड में हिन्दी कहानी में वह तथाकथित नैतिक साहस भी उभरा जिसके परिणामस्वरूप परिवार के सयाने माता-पिता, चाचा-ताऊ, दादा-दादी स्मृतियों की छाया बनकर रह गए।

नए मध्यवर्ग ने कहानी विधा के खोल को बदलते-बदलते उसके ऊपरी खोल को ही नहीं बदला, उसके सरोकार ही नहीं बदले, उसके भाषायी पाठ का मुखड़ा भी बदला। आज हमारे राष्ट्र की विविधता सामाजिक, राजनैतिक स्थितियाँ और सांस्कृतिक बहुरूपियापन हमारे कहानीकारों की दृष्टि का ही कमाल है।

विमर्श और हाशिया आज की कहानी में है, तो किस रूप में?

आज हाशिए पर साहित्य नहीं साहित्यकारों की जमात है। पन्ने पर वृत्तान्त, संवाद, तर्क, राजनैतिक खेमों का है। इन्हीं खेमों में साहित्यिक पक्ष से कहीं दूर साम्प्रदायिक

और जातीय द्वन्द्व और हिंसा का हर पहलू उनकी अपराधीकरण की तिजोरी में बन्द है। तिजोरियाँ कभी जवाब नहीं देतीं। वह प्रजाओं के सामने सिर्फ हथियार फेंकती हैं। अजीब करिश्मा है। फेंके हथियार उठाए जाते हैं और नागरिक अधिकारों के मानवीय मूल्य फेंक दिए जाते हैं।

एक ओर लोकतंत्र है दूसरी ओर किसी पुरानी भारतीयता को ढूँढ़ा जा रहा है, गैरबराबरी के लम्बे गौरवमय इतिहास को।

इस बौद्धिक खरीद-फरोख्त से हम क्या लौटाना चाहते हैं। शायद सिर्फ हिंसा! यह किसी को नहीं मालूम।

कुछ लोग मानते हैं कि कहानी सबसे कठिन साहित्यिक विधा है। किस कारण ऐसा कहा जाता है?

उपन्यास की तुलना में नि:सन्देह कहानी कठिन, सटीक कौशल की विधा है। अच्छा कहानीकार अपने कथ्य को लेकर मनचाही छूट नहीं ले सकता। सच तो यह कि अच्छी कहानी लिखना क्रिकेट के अच्छे खेल के समान है। चौकसी, कौशल और गहरे संयम की धार पर कथ्य का भार-तौल और उसका उद्घाटन। अच्छी कहानी, कहानी का गोपनीय विश्लेषण करती नहीं, वह स्वयं घटित होता है। अगर कहानी की अन्तरंग सम्भावनाओं का जोड़-तोड़ लेखक के कौशल या शिल्प के जोड़बन्ध में दिखता चले तो पाठक के लिए कहानी की गठन हलकी पड़ेगी।

आज की सफल कहानी अपनी तराश में कथ्य और संवाद का मिश्रण और मंजाव है जो उसे वृत्तान्त से अलग करता है। उसका सबसे महत्त्वपूर्ण तत्त्व रचनाकार की अन्तर्भाषा और संवेदनीय अनुभव है जो उसे कहानी के 'घटित' से अलग करता है।

पाठक को कहानी के अनुभव तक ले जाने में कहानी का कौन-सा तत्त्व सबसे अधिक प्रभावशाली रहता है? कहानी कला पर कुछ कहिए।

कहानी की भाषा कविता की भाषा नहीं। कथ्य की विषय-वस्तु के अलावा भाषा की संक्षिप्तता, व्यावहारिक तेवर समझने-बूझने, शब्दों के गहन अर्थों के सृजनात्मक सत्य उसकी तान, ताप और शाब्दिक घराने की सघनता, उदारता, उत्तेजना मिलकर कहानी के कथ्य की अभिव्यक्ति को कहानी की निपुणता प्रदान करते हैं। अच्छी कहानी की माँग सबसे महँगी है और कहानीकार का परिश्रम दूसरी विधाओं से कहीं ज़्यादा दूभर।

आज की कहानियों में जादुई यथार्थ या फैंटेसी की टैकनीक का तर्कसंगत या प्रभावशाली प्रयोग हो रहा है या यह भी हमारे यहाँ एक नुमाइशी चीज़ बन गई है?

सर्वसाधारण के लिए अनेकों ऐन्द्रजालिक श्रव्य–दृश्य साधन उपलब्ध हैं। ऐसे में कथा–संसार की पंक्तियों में फैंटेसी की प्रयोगधर्मी नुमाइशी कल्पनाएँ पाठक को दूर तक ले जाने में असमर्थ हैं। यथार्थ की विसंगतियाँ और विद्रूप से ध्यान हटाने की काशिश और वह भी फैंटेसी की ढलानों के उतार में असम्भव है। विशेषकर विज्ञान द्वारा प्रकृति, पर्यावरण, स्पेस और ब्रह्मांड के रहस्यों तक पहुँचने की कोशिशों ने फैंटेसी की इमेजेज और विस्तारों को सीमित कर दिया है।

कुछ बुद्धिजीवी आज के सम्पन्न इलीट वर्ग में इसके कुछ अपवाद ज़रूर पाए जा सकते हैं जो अपनी साधन–सुविधाओं के घेरे में अपने से ऊब गए हों और फैंटेसी के अंकित रंगों का लुत्फ उठाना चाहते हों जो उन्हें एकरसता से उबार सके। दूर भविष्य में पाठक शायद साइंस–फैंटेसी का ज़रूर इन्तज़ार करेंगे जब विकसित देशों की तरह राष्ट्र की जीवनशैली भी उतनी ही तकनोलॉजी पर निर्भर होगी।

इस दशक की कहानी को हम आज से बीस वर्ष पहले की कहानी से क्या केवल लेखकीय अनुभव के स्तर पर अलग करके देख सकते हैं या प्रमुख अन्तर कोई और ही हैं?

इस दशक की कहानी और आज से बीस वर्ष पहले वाली कहानी को पढ़ें तो कुछ ऐसा ही महसूस करेंगे जैसे एक साथ हम दो पीढ़ियों को देख रहे हों। इस अहसास के साथ कि सन्तति विस्तार के साथ पीढ़ियाँ एक दूसरे से सरक चुकी हैं। पुरानी और नई ताजी। पहली अपने समय को जी चुकी है और नई अपने ही ढंग से नए वक्त की आमद का सत्कार कर रही है।

इन दोनों का अन्तर मात्र उम्र का नहीं। अनुभव और संवेदन का भी। भाषायी गूँथ और सम्प्रेषण का भी। शिक्षित जनसमूह महत्त्वाकांक्षाओं की ओर अग्रसर है। कहानीकार अब आत्मलीन नहीं। न हीं आत्मालाप से बेखबर। सम्बन्धों के उतार–चढ़ाव की त्रासदी में नहीं परिचय की पहचान में जीने को प्रतिबद्ध। कल, जो था वह था। आज को 'नया' कर लेने में क्या संक्रोच क्या झिझक। हाँ, धंधई प्रतिस्पर्धा में उत्पीड़ित होने का कथानक अब जातीय और वर्गीय स्वायत्तता में अभिव्यक्त हो रहा है। लोकतांत्रिक अनुभव की चिचोरी अब नए शास्त्र की भाषा गढ़ रही है। गुजरे हुए कल के मुकाबले महानगरों की ओर बढ़ते शिक्षित मध्यवर्ग द्वारा कहानी नए कलेवर और संवेदन में आध्यात्मिक आत्मिक सपनों से दूर नागरिक महत्त्वाकांक्षाओं को अंकित कर रही है। यही कारण है कि कहानी को देखने–परखने का विवेकी ढंग जो नए 'तत्काल' अनुभव से उभरा है वह पठनीय कम और नाटकीय ज़्यादा है। जातीय क्षेत्रीय सीमाओं पर खड़े होकर साहित्यिक नेतागिरी की मुद्रा में 'अपनों' की कहानी–कविता को अतिशयोक्ति से फुलाई हुई शंसा से अपने–अपने इलाके के

कथाकारों को विभूषित करना है।

अगर आज साहित्य सचमुच हाशिए पर है तो हम अगले दशकों में मीडिया के शोरगुल में भी गम्भीर शिक्षित लेखक और पाठकों के वर्चस्व की उम्मीद करते हैं जो विचारणीय और अनुभव और मात्र 'इंस्टैंट पठनीयता' की 'तत्काल' कहानी को अलग करके देखने की तालीम जुटाएँगे।

आपके प्रिय देशी और विदेशी लेखक कौन-से रहे हैं? उनके प्रिय होने का कारण मुख्य रूप से क्या रहा?

लम्बे सफर से इस मोड़ पर अपने प्रिय लेखकों के नाम गिनाना मुश्किल होगा। बहुत पढ़ा और जो भी देशी-विदेशी कृतियाँ पढ़ीं साहित्यिक सम्पदा की गहराइयाँ, कौशल और कलात्मकता अनुभव की, अपने में दूसरों की सोच अर्जित की, उसके लेखकों की कृतज्ञ हूँ। उन्होंने जाने-अनजाने मेरी सोच के संवेदन को सम्पन्न किया। विस्तार दिया। साहित्यकार के लिए तंगदिल होना अपराध समझती हूँ। नैतिक, राजनैतिक विचारधाराओं के दबाव में भी जो किन्हीं 'दूसरों' के दृष्टिकोण को न देख सके, न समझ सके न अपनी सीमाओं के चलते पूर्वग्रहों को उलाँघ सके, ऐसी वैचारिक हदबन्दी और आक्रामकता विश्लेषण की माँग करती है। लेखकीय स्वतंत्रताओं, कलात्मक सम्भावनाओं और मानवीय मूल्यों से कलम की आत्मीयता को कहीं न कहीं जख्मी ज़रूर करती है।

कुछ अपने बचपन, घर परिवार, आरम्भिक शिक्षा और वातावरण के बारे में बताइए।

आज माँ और पिताजी की अनुपस्थिति में उनकी जीती-जागती धड़कती उपस्थिति को दोहराते हुए स्मृति-श्रृंखला में रंग-बिरंगी छवियाँ लहराने लगती हैं। जैसे हवा में फहराती हों, दीखतीं हों, मगर मौजूद न हों। हम जो माँ और पिताजी के साँझे समय की देन हैं उनके बीते हुए का उपसंहार लगने लगते हैं। हमारा अपना समय जैसे किसी पुराने टैक्स्ट का हिस्सा हो। पीढ़ी-दर-पीढ़ी हर परिवार किसी कालखंड का एक शाश्वत आख्यान है। एक साधारण हाड़-मांस का रचनात्मक पाठ। उसी पाठ का नया लिप्यन्तर या अनुवाद विभिन्न मुखड़ों में एक-दूसरे के साथ जुड़ता चला जाता है। नए वजूद में एक अलग-सा पाठ जो भाषान्तर के चलते भी मूल से उभरा हो, मगर अलग हो।

माता-पिता और हम बच्चों के बीच के समय को जिस संचित रूप में अनुभव करते, बच्चों ने अपने-अपने ढंग से अपने में महसूस किया, सँजोया वह एक रंग नहीं था और न ही कोई एक उज्ज्वल तरंग ही जो दो विपरीत रंगों और स्वभाव के मिश्रण

से सभी बच्चों के आकारों में धड़कती रही।

बचपन को लाँघ जब सोचना-समझना शुरू किया तो माँ को देखकर ऐसे लगता जैसे वह मुझ जैसी नहीं हैं और मुझ जैसी हैं भी। यह भी कि वह हम सब में कहीं न कहीं थोड़ा-बहुत प्रत्यक्ष हैं।

माता-पिता पर निर्भर समय हम बहन-भाइयों पर अलग-अलग दबाव बनाता, सफलताओं-असफलताओं को लपेटता-समेटता निकल गया और मैं अपने ही ढंग से इसकी दर्शक भी बनी रही। मेरे पास दो जोड़ी आँखें थीं, एक माँ की गहरे संयमवाली महत्त्वाकांक्षी और दूसरी कायदे-करीने से हर दिन को जी भर कर सन्तुष्टि से जीने वाली पिताजी की।

माँ व्यवस्था की धुरी होते हुए भी आगे बढ़ने को उकसाती लगतीं और पिता दिनचर्या की साधारण निरन्तरता को 'विशेष' कर जीने के सलीके को।

घर में माँ की व्यावहारिक जीवनशैली और पीढ़ियों की सम्पन्नता से निथरा पिताजी का सलीका एक-दूसरे में कैसे गुँथा, नहीं मालूम। इसके बीच व्याप्त जो दूरी थी उसे मैं सिर्फ माँ की अन्तिम बीमारी में ही देख पाई।

बहरहाल, हर किसी की तरह जन्म लेने के लिए मुझे भी परिवार चुनने की छूट तो नहीं थी। आँख खोलते ही विविधताओं के तीन अकाउंट मेरे नाम के इम्पीरियल बैंक में खुल गए।

पहला खाता खुला ननिहाल-घर में। क्या नहीं था इसमें! चनाब का मनमौजी किनारा, लहराते खेत, लय में चलते रहट, अमृत भरे कुँए-कुंइयाँ, छाँहदार पेड़, मुँडेरों पर खड़े मोटे गाढ़े में खुरदरे लोग, मजबूत कद-काठीवाली गरमीली मुटियारें।

दूसरा खाता खुला ददियाल घर। उदयगिरी गुजरात। चिल्लियाँ वाले मैदानवाला ऐतिहासिक शहर। फिरंगी को हमारी सेनाओं ने दो बार मात दी और तीसरी बार हार कर रणजीत सिंह का पंजाब अंग्रेजों ने हथिया लिया। सर्रायों से लगी सोबतियों की हवेली छोटी ईंट में चुनी। तीन पाटोंवाला लकड़ी का फाटक। पीतल के कीलों की जड़तवाला। खुला सहन। पक्के-ऊँचे चबूतरे पर कुईं। आगे ड्योढ़ियाँ। पौढ़ियाँ। ऊपर जाती। सँकरी सीढ़ियाँ नीचे तहखाने को जातीं। हवेली पर उतरती थी दोहरी साँझ। चढ़त का वक्त गुजर चुका था और धीरे-धीरे उतार पसर रहा था। लड़ाइयों की गवाह इमारत खुद ही हारी हुई लगती थी। अपने को विशेष का वंशज समझनेवाले खानदान का गुम्बद ढहने लगा तो दादा साहिब गुजरात से रावलपिंडी को निकल गए। छावनी में अच्छे अधिकारी की कुर्सी पा ली। पिंडी और मरी, फिर तबादला कलकत्ता। डिफैंस के मेडिकल में। मेरे पिताजी और उनके छोटे भाई सब वहीं बड़े

हुए। राजधानी कलकत्ता से दिल्ली आ गई तो फिर परिवार छह महीने दिल्ली और छह महीने शिमला। छुट्टियों में हम कभी अपने वतन गुजरात जाते। कभी उसे अपनी और कभी पराई आँखों से देखते। वहाँ अब भी बहुत कुछ ऐसा था जो मूल्यवान था और ऐसा भी जो फीका, खस्ता हालत में था। वह उस पर से गुजर चुके गुलजार और वीरान मौसमों की याद दिलाता। अपनी हवेली का पता हम में खास तरह का स्वाभिमान जगाता। सोबती स्ट्रीट, डिस्ट्रिक्ट गुजरात, पंजाब। फिर उमंग से लौटते अपनी दिल्ली, शिमला की सुहाती धूप में।

उन दिनों नई दिल्ली की सड़कें सुबह शाम टैंकरों से धुलतीं। शिमला की माल रोड अनोखी सजीली। अंग्रेज मेम और साहिब एक-दूसरे को थामे माल पर चहलकदमी करते और टाऊन हॉल और स्कैंडल पाइंट पर भीड़ जमा रहती। देसी और अंग्रेज के फर्क को देखते-बूझते हम छह-छह महीने बड़े हो रहे थे। घर में एक ओर कड़ा अनुशासन ऐसा कि मालूम ही न हो कि कोई जबर्दस्ती है। बच्चों को काफी आज़ादी। मानने न मानने की इतनी छूट कि आप बड़ों को कुछ भी बताने में न कतराएँ। चुपके-चुपके गुस्सा करने की छूट नहीं थी। बिना डर और हिचक के आप माँ-पिताजी को अपनी बात कह सकते थे। फिर भी एक छोटी-सी मगर बच्चों की बड़ी दुनिया हममें छिपी रहती। बड़ों का कायदा कुछ ऐसा कि किसी के हिस्से भी अतिरिक्त लाड़-चाव कम ही आता। कभी-कभार डाँट भी पड़ती। अपनी ओर से हमने गलती कर रखी हो तो सुनते नहीं तो अपनी सफाई देने से न चूकते। शाम माल पर घूमने जाते तो हम बारी-बारी से डेविको या वैंगर्स से ब्राउन ब्रेड लाते। एक हफ्ता मैं और एक हफ्ता जगदीश भाई। एक हफ्ते के बाद हम अपने लिए चॉकलेट खरीद सकते थे। जगदीश भाई घर लौटते हुए रास्ते में ही खत्म कर देते और मैं रात को बिस्तर में बैठकर आराम से मजा लेती।

सेक्रेटेरियट सरकुलेटिंग लायब्रेरी से पत्र-पत्रिकाएँ आतीं और किताबें भी। खाने की मेज पर बैठकर पत्रिकाएँ पढ़ने की इजाज़त नहीं थी ताकि उन पर चिकनाई के दाग न पड़ें। घर में किताबों की कमी नहीं थी। पिताजी के पास उर्दू-अंग्रेजी का काफी खजाना था। आर्यसमाज के जलसों में हिन्दी की किताबें ली जातीं। इन जलसों के दिन हमारे लिए बहुत ही जोश-खरोश के होते। हर शाम वहीं। हम अपनी-अपनी पसन्द नोट करते और आखिरी दिनों में पिताजी के साथ जाकर खरीद लेते।

बहुत पीछे लौट रही हूँ। अपने बचपन की ओर। जाने कितने मोड़ उलांघ आई हूँ। हर मोड़ का एक रंग। आँखों के आगे बेशुमार रंग झिलमिला रहे हैं। ऐसा देख सकने के लिए जाने कितने बसन्त, पतझर, सर्दी, गरमी, बरसात की ऋतुएँ जी चुकी हूँ। मैंने ही उन्हें जिया है। सर्द-गर्म हल्की हवाओं को, बरसाती गीले झोंकों को। बर्फ

के सरदीले मौन एकान्त को। फायर प्लेस के सामने बैठी चॉकलेट खाते फिर अनमने मन से अँगीठी में जलते अंगारों में से कुछ ढूँढ़ते हुए। उसकी राख में चटकते चैसनेट को तिड़काते हुए। फिर बड़े होकर दो हाथों के स्पर्श में सिहरते हुए। और फिर दो हाथों में सिमटते-झिझकते, चुपके-चुपके हँसते हुए।

हाँ, मुझे आइनेवाले चैस्टर ड्रार में तहाकर रखे गए अपने फ्रॉक याद आ रहे हैं। फ्रिल चुन्नट और लेसें। दो छोटे डिब्बे। एक में है रिबन, रुमाल और सेफ्टी पिन। दूसरे में मोजे और स्टोकिंग। कितनी छोटी और मुख्तसर-सी दुनिया थी। पहाड़ का लम्बोतरा कमरा। एक कोने में छोटे भाई जगदीश की मेज और पलंग। दूसरी ओर मेरा। बड़ी राजदीदी का अलग कमरा। जूतों की कतारें अपने-अपने पलँग के पैताने।

मेरी बटनदार ब्राउन जूती, खेल और सैर के लिए फ्लीट और घर में छोटी-सी चप्पलें। कोने में पड़ी एक केन की टोकरी में रखे रहते हमारे उतरे हुए मोजे। उन्हें हम इतवार को खुद धोते। अपने जूतों की पालिश भी आप ही करते। यह दोनों काम हम बच्चों के जिम्मे थे और इन्हें नौकर या नौकरानी से करवाने की मनाही थी। हम सभी बहन-भाई शाम पिताजी के दफ्तर से लौटने से पहले तैयार रहते उन्हें नमस्कार करने के लिए। वह जब कपड़े बदल चाय लेते तभी हम लोग खेलने जाते और हमेशा लाइटनिंग अप से पहले लौट आते। रात हमारे सोने का वक्त था ठीक 9 बजे। तब तक हम रात के कपड़े बदले हुए होते। हमारे कमरे की बत्ती बुझा दी जाती।

पिताजी के पास किताबों का खजाना था। पिताजी अपने कमरे से हमें किताब से कहानी या कुछ-न-कुछ सुनाते। हम सुनते-सुनते सो जाते। इतवार सुबह नाश्ते के बाद हमारा इम्तहान भी ले लिया जाता। कहानी के प्रसंग पूछकर वह जान लेते कि हम कितना सुन पाए। हाँ, बचपन से एक सिरदर्दी लगातार बनी रही। हर शनीचर को बच्चों को रात सोने से पहले ओलिव-ऑयल या क्रस्टायल पीना ही पड़ता। इससे छुटकारा नहीं था। पीने की बात सोचकर ही मुझे मितली होने लगती। शनिवार की यह घबराहट मैं कभी नहीं भूल सकती। इसे लेकर बड़ों की ओर से किसी छूट की गुंजाइश ही नहीं थी। वैसे हम लोग इस ओएल-वायल की सजा के कारण कुछ कम ही बीमार पड़ते। बीमार होते तो कहा जाता कि जैसा भी महसूस कर रहे हो वह लिखकर लाओ। जब इस लिखे हुए को पिताजी द्वारा पढ़ा जाता तो गलतियाँ सही कर दी जातीं। उसके बाद बीमारी पर टिप्पणी होती।

—देखो बेटे, अगर तुम बीमारी को बढ़ा-चढ़ाकर लिखोगे तो डॉक्टर की मदद नहीं होगी। वह तुम्हें तेज दवा देंगे और अगर कमतर दिखाओगे तो इलाज लम्बा चलेगा।

अब सोचती हूँ तो हँसी भी आती है और हैरत भी होती है। अतिशयोक्ति से दूर रहने का यह हमारा पहला पाठ था।

रेड-मिक्श्चर एक और पेटेंट दवा थी। पीने में इतनी बुरी नहीं थी। जुकाम और गला खराब होने से गले पर बनफ्शा बाँध दिया जाता। शिमला में होते तो हम तीनों के पास अपनी-अपनी यारडले-वैसलीन की शीशी होती। पहाड़ पर खुश्की का इलाज। रात को सोने से पहले हाथ-मुँह पर लगाते। हमारे कम्बल और रजाई पर उनकी चिकनाई के दाग ज़रूर पड़ते। एक दिन देखा रजाइयों पर कवर चढ़ाए जा रहे हैं।

मैंने ऐतराज किया।

—नहीं मुझे रजाई पर गिलाफ नहीं चाहिए।

—देखो बेटे रजाई का यह किनारा कितना चिकना हो चुका है! इसीलिए यह कवर बनाए गए हैं।

—पर मैं अपनी चमकीली रजाई को ढकना नहीं चाहती। मैं उसे देखना चाहती हूँ।

माँ ने सख्ती से कहा—मैं भी अपनी रजाई का चिकना देखना नहीं चाहती। तुम इसका इलाज बताओ। राज दीदी ने तरेरा—जिद्द छोड़ दो। अब तो कवर सिल चुके, रजाई पर चढ़ाने ही पड़ेंगे।

मुझे कुछ सूझ गया।

—चिकनी हुई रजाई को मैं पैताने रख लूँगी।

माँ ने कहा—इस्तेमाल के बाद ऊपरवाली तह फिर वैसी ही हो जाएगी तो क्या करोगी?

—मैं रजाई को ओढूँगी ही गले तक। अगर चिकनी हुई तो मुझे दीजिएगा काला स्टार।

हमें हर महीने पिताजी द्वारा स्टार दिए जाते। अच्छे व्यवहार, सफाई और नियम अनुशासन के लिए सबसे ऊपर लाल, फिर नीला और फिर काला। माँ और पिताजी इसे मेरी जिद्द भी समझ सकते थे पर जाने क्या था कि मुझे एक महीने का वक्त मिल गया यह दिखाने को कि मैं ऐसा कर पाऊँगी कि नहीं।

मैं ऐसा कर सकी। तब से लेकर आज तक मैंने न कभी मुँह ढँका और न ही रजाई को गिलाफ से ढँका। उन दिनों मोटी रजाइयाँ मखमल की होतीं और पतली चमकदार कपड़े की। माँ को ज़रूर अच्छी रजाइयों का शौक रहा होगा।

बचपन में दिलचस्पियों की कोई कमी नहीं थी। सबसे उत्साहित करनेवाला होता मूव। मूव मतलब दिल्ली से शिमला और शिमला से दिल्ली। गर्मी से पहले सभी सरकारी विभाग शिमला मूव कर जाते और सरदी से पहले नीचे दिल्ली उतर आते। तारीखों के मुताबिक 'बैच' बनते। रेल रिज़र्वेशन होते और जाने के दिन और तारीख

तय हो जाते। जाने से महीना-भर पहले सामान असबाब बँधने लगते। उन पर टाट चढ़ाए जाते। हम बच्चों के जिम्मे होता नीली, लाल स्याही से नाम-पते लिखना। हम उन पर टैग लगाते। हमें यह काम बहुत भाता।

असबाब के बंडल खूब बड़े-बड़े होते। हम लोग दातुन या होल्डर की निब उतारकर ऊपर कपड़ा लपेटते और उन्हें गीली स्याही में डुबोकर घर का नम्बर, पता लिखते।

दिल्ली से शिमला जाते कालका का ब्रेकफास्ट और शिमला से दिल्ली को उतरते दिल्ली स्टेशन के रिफ्रेशमेंट रूम का नाश्ता हमारे सफर को दिलचस्प बनाए रखता। कालका से ऊपर चढ़ते या उतरते हम बड़ोग की चाय कभी न भूलते। शिमला में हम घर से बाहर और घर में खेलते स्टापू, टीलो और फूलों में हम आते हैं ठंडे मौसम में, बैगेटेल, कैरम और वर्ड-बिल्डिंग। इतवार की छुट्टी खूब गुंजान रहती।

नई दिल्ली के तालकटोरा में हॉकी खेलते। बैडमिंटन खेलते हुए सयानों को देखते। फूल-पत्ते इकटठे करते और दिल्ली शिमला की अलग-अलग बोटनी-एल्बम को भरते। नई दिल्ली में टैंकर्स से धुलती तारकोली सड़कों को देखते और पटरियों के साथ-साथ छाँवदार पेड़ों की कतारें गिनते।

मैं पिताजी के साथ गोल मार्किटवाला चौराहा पार कर रही हूँ। मैंने गुलाबी धारीदार फ्राक पहन रखा है। अन्दर पहुँचते पिताजी मीट-शॉप पर रुकते हैं। वह चाँपे कटवा रहे हैं।

—पिताजी इसमें आलू डलेंगे कि पालक।

—तुम क्या पसन्द करोगी।

—पालक।

—तो पालक ही लेते हैं।

मुझे वह कैनवेस बैग कभी नहीं भूलता। वह ऐसा जादू का पिटारा था जिसमें से फल, सब्जी, मीट, अंडे निकलते ही रहते। हाँ पिताजी सेब लाना कभी न भूलते।

उन दिनों गोल मार्किट से सेक्रेटेरियट स्पेशल बसें चलतीं। जैसे ही हॉर्न बजता लोग तेजी से स्टैंड पर पहुँचते और बस में सवार होते। पिताजी कभी साफा बाँधने में देर करते तो बस छूट जाती। वह साढ़े पाँच गज का साफा बाँधते। बहुत ही साफ और गठा हुआ। उन्हें अक्सर देर होती और वह ताँगे में ऑफिस पहुँचते।

घास के चौकोरपन में माली मोटे से पाइप से पानी दिया करते। पानी में चलने का मन होता तो हम जूते उतारकर गीली घास में उतरते। इस एक अच्छी आदत से मैंने बचपन से कुछ ऐसा देखा जिसको न मैं कभी भूली और न ही अपने को माफ किया।

मुझे बार-बार पूछकर सब सयानों ने भी कुछ ऐसा बना दिया कि जूतों की इतनी सावधानी ने मेरे पड़ोसी मित्र रवि मुंजाल को दुर्घटनाग्रस्त कर दिया और मैं बच गई। हुआ यह कि हम दोनों शाम को ठीक वक्त पर तैयार होकर अपने-अपने घर से निकले तो घास पर पानी तैर रहा था। हम दोनों को ज्योग्राफी के मैप लाने के लिए मार्किट तक जाना था।

रवि पानी को छपछपाता हुआ आगे बढ़ता चला और मैंने अपने जूते बचाने के लिए बच्चो के लिए किनारे पर बनी सीमेंट की सँकरी रौस पर सँभलकर सड़क पार करने को कदम बढ़ा दिया। हैवलाक स्वीयर की ओर से आती मोटर बाइक की आवाज़ थी। सार्जेंट मोटर बाइक पर ही नज़र आते। हाँ, जब तक मैं पटरी से सड़क पर पहुँची तो तारकोल की सड़क पर रवि खून से लथपथ पड़ा था। वह मोटर बाइक के नीचे कुचला गया था।

मैं दौड़ती हुई पानी में छपछपाते रवि के घर पहुँची और रवि की माँ को बताया कि रवि मोटर साइकिल के नीचे आ गया है।

मैं कभी नहीं भूली जैसे मुंजाल मौसी दौड़ती हुई सड़क पर पहुँचीं। सार्जेंट ने खून से लथपथ रवि को उठा रखा था। रात होते-होते रवि को सफेद कपड़ों में लपेट दिया गया। मैं उस हादसे को कभी नहीं भूलती।

मुझे याद है। मैं बहुत देर गोल मार्किट की ओर जाने से कतराती रही। कितना अचानक हुआ था यह सब।

एक रात खाने पर पिताजी ने बताया—बच्चों इस बार हम जाड़ों में दिल्ली नहीं जा रहे।

—क्यों-क्यों पिताजी?

—ऐसे ही आर्डर हुए हैं। हमारी कुछ ब्रांचें शिमला में ही काम करेंगी। हम बहन-भाई निरुत्साहित हो गए। माँ ने समझाया—उदास होने की बात नहीं। यहाँ सरदी में तुम खूब मजे करोगे। बर्फ पड़ेगी सब पहाड़ सफेद हो जाएँगे।

हमारे जो साथी जाड़ों में शिमला ही रहते वह अक्सर 'स्लेजेस' की बातें किया करते।

—पिताजी क्या हमें भी 'स्लेजेस' मिल सकेंगे।

—ज़रूर बेटे।

अगले ही दिन से सरदी में रहने की तैयारियाँ होने लगी।

खाने के बाद माँ और पिताजी गर्म कपड़ों की बातचीत करने लगे। किस बच्चे को क्या चाहिए?

अगली शाम माँ पिताजी को तारघर पर मिलीं और दोनों लोअर बाज़ार खरीदारी करके घर लौटे। हम अपने-अपने कपड़ों के रंग देखने को बेताब थे।

खाने के बाद मौका मिला तो लिफाफे खुले। यह रहा शेर की सी खाल का रंग। यह है हमारी पप्पी का। देखो पसन्द है। मैंने हाथ लगाया—आह मखमली! पिताजी ने सही किया—यह मखमल नहीं कहलाती, यह ट्वीड है। मैंने शक से देखा—पिताजी ट्वीड तो बहुत चुभती है।

—वह खादी भंडार की होती है। खालिस ऊन की। खूब गर्म जगदीश भैया के निकट, कोट का कपड़ा नीलाहट पर ग्रे।

—देखो पसन्द है।

—अच्छा है मैं इसकी कैप भी बनवाऊँगा। फुल्लबूट पहनकर कमांडर-इन-चीफ के फाटक का गार्ड लगूँगा।

हम सब खूब हँसे।

माँ ने कहा—बच्चों के बूट भी लेने होंगे।

—बच्चों अब देखो यह हमारी बेबी की निकर बाकर और कोट का कपड़ा। एकदम नर्म गरम। बेबी हाथ फिराओ। देखो कितना नरम है। तुम्हें यह रंग पसन्द है न। बेबी ने टुकड़ा हाथ में लिया। उठकर साथवाले कमरे में गई, हम सब जान गए कि वह आइने के सामने खड़ी होगी। कपड़े को अपने पर फैलाकर देख रही होगी।

लौटी तो बड़ी-बड़ी आँखों से हँसकर बोली—अच्छा है। हाँ, बड़ी दीदी के लिए क्यों नहीं?

माँ ने कहा—बेबी वह होस्टल से आएगी तो उसे भी उसकी पसन्द का दिलवाएँगे।

एक इतवार सुबह मिडिल बाज़ार के हमारे दरजी उस्ताद गुरुदास राम हुशियारपुरी आए और सबके 'माप' ले गए। माँ की ओर से हर कपड़े में गुंजाइश रखने की हिदायत दी जाती रही। हम जैसे-जैसे बड़े हों पहनने का कपड़ा जरा खुला और लम्बा हो सके।

यह बात माँ ने जब बार-बार दोहराई तो गुरुदास राम शायद तंग हो गए।

हाथ के गज को समेटते हुए कहा इतना फिक्र न लगाइए इस बात का, बच्चों को खाने-पीने और बढ़ने दीजिए। पुराने ही कपड़े थोड़े पहनते रहेंगे। नए-नए कपड़े बनने दीजिए।

दो-चार दिन बाद हमें माँ ने एक पैकेट दिया। शाम को जब माल पर जाओ तो इसे

गुरुदास राम को दे देना। कपड़ों के लिए अलग-अलग 'फर' हैं। चिट पर लिखा हुआ है किस पर क्या लगेगा ? हाँ, माल से मिडिल बाज़ार की सीढ़ियाँ उतरकर दाईं ओर फिर मस्जिदवाली सीढ़ियों से बाएँ।

हम जानते हैं कि उसकी दुकान पर बोर्ड लगा हुआ है गुरुदास राम एंड बरोस।

—पिताजी 'बरोस' क्या होता है।

—ब्रदर्स की जगह लिखवाया है 'बरोस'। हम सभी बहन-भाई इस शब्द पर हँसते।

हम लोगों के गर्म कपड़े जब बनकर आए तो कमरा रंगों से जगमगाने लगा और हम खुशी से चहकने लगे।

बाजू और गले पर फर। टोपी के सामने फर। जगदीश भैया का सूट खूब स्मार्ट। उनकी टोपी मेरी से बिलकुल अलग।

—लो काकाजी यह है साहिबी टोपी। जैसी साहिब लोग पहनते हैं और खूब तड़ी से माल पर घूमते हैं।

बेबी निकर बाहर सूट पहनकर आई तो गुरुदास के मुताबिक अंग्रेज बच्चे की तस्वीर लगने लगी।

—भरजाई जी अब आपका माप ले लूँ।

माँ ने कहा—मास्टरजी मेरा कोट तो अगले महीने ही बनाइए। मैंने अभी कपड़ा पसन्द नहीं किया है। हाँ, फर के कोई टुकड़े बचें तो उन्हें सँभालकर रखिएगा।

मास्टरजी ने रुखाई से पूछा—भला वह किसलिए ?

—काम आ जाएँगे।

—अँगुली जितनी कतरनें किस काम आएँगी, बताइए तो सही। इतनी किड़सकारी भी अच्छी नहीं।

—बच्चों के स्लीपरों पर लग जाएँगी। मेरी छोटी-मोटी गुत्थलियों पर। यह देखिए कैसे लगाया है बॉर्डर इसके ऊपर।

गुरुदास राम ने हाथ में पकड़ उस छोटी-सी थैली को उलट-पलटकर देखा और खुश होकर कहा—दूँगा, आपको कुछ और भी दूँगा। आपकी सिलाई अच्छी है। अच्छा बच्चो जाओ, कपड़े एक बार ट्राई कर लो।

—कोई नुक्स होगा तो ठीक कर दूँगा।

हम तीनों अपनी-अपनी पोशाक पहनकर आए तो मास्टरजी ने कन्धे देखे, लम्बा

न चौड़ा, फिटिंग ठीक है—अब सिर पर अपनी-अपनी कैप भी लगाओ तभी पोशाक खुलेगी।

हम ऐसे खड़े हुए जैसे हमें नम्बर दिए जा रहे हों, माँ ने हमें कैसे देखा पता नहीं, पर मास्टरजी का चेहरा खिल उठा।

—देखो भरजाई जी बच्चे अपने तो अंग्रेज लग रहे हैं।

—आपकी मेहरबानी है मास्टरजी। अगर सिलाई के लिए शागिर्दों को दे देते तो फिर यह हिन्दुस्तानी ही लगते।

मास्टरजी ने सिलाई की परची आगे बढ़ाई।

माँ अन्दर गईं। मास्टरजी का हिसाब किया और नौकर मास्टरजी के लिए नाश्ता ले आया।

हमने बारी-बारी नमस्कार किया। और उनके जाते ही हम लोग बारी-बारी से अपने को आइने में देखने लगे।

हाँ, बिलकुल अंग्रेज बच्चे लग रहे हैं हम। शाम पिताजी ऑफिस से लौटे तो खामोशी से नई सिलाई देखी। उनकी चाय लगी तो हम उत्सुकता से उनकी ओर देखने लगे कि वह नए कपड़ों के बारे में क्या कहते हैं? पिताजी ने सबसे पहले बेबी की जाँच की। फिर सिर हिलाया—हमारी बेबी तो बहुत जँच रही है।

तुम खुश हो न!

—जी पिताजी।

मैं और भाई जगदीश दोनों इतराने लगे।

—पिताजी, मास्टरजी ने कहा कि हम अंग्रेज बच्चे लग रहे हैं। पिताजी का चेहरा कुछ कड़ा-सा हो गया।

इशारा किया-आओ यहाँ बैठो। पम्मी पुम्मी कपड़े पहनकर यह कभी न सोचना कि तुम अंग्रेज लग रहे हो। हम अंग्रेज नहीं हैं। हम देसी लोग हैं। हिन्दुस्तानी। अगर तुम्हें कपड़े जँच रहे हों तो पहनकर यह सोचो कि हम देसी बच्चे भी चाहें तो ऐसे कपड़े पहन सकते हैं, जैसे अंग्रेज बच्चे पहनते हैं। मगर हम देसी हैं और देसी ही रहेंगे।

हम लोग जैसे-जैसे बड़े होते गए देसी और अंग्रेजी का फर्क समझ में आने लगा।

बर्फबारी से पहले हमारी स्लेज आ गई। काफी लम्बी थी मगर सिर्फ एक।

—पिताजी एक क्यों?

—देखो बच्चो! जब बर्फ पड़ेगी तभी इस्तेमाल होगी। नहीं तो गोदाम में पड़ी रहेगी। ध्यान से मेरी बात सुनो। इसे लेकर तुम आपस में झगड़ा नहीं करोगे। मिलकर फैसला कर लो। किस दिन और कब किसकी बारी है।

—और बेबी?

—बेबी छोटी है वह चाहे तो अपनी बारी ले सकती हैं नहीं तो तुम में किसी के साथ पीछे बैठ सकती है। हमने एक-दूसरे को देखा और सिर हिला हामी भरी।

खाने पर मैंने पिताजी से पूछा—हम लोग ब्लैस्गिंटन रिंक में स्केटिंग के लिए क्यों नहीं जा सकते?

पिताजी ने सख्ती से देखा जैसे मैंने कुछ गलत पूछा हो।

—स्केटिंग तो तुम्हें आती नहीं, वह सीखनी होती है। फिर रिंक में जाने का ख्याल कैसे आया? वैसे वहाँ हिन्दुस्तानियों को जाने की इजाज़त नहीं। उसके लिए हम लोगों को इन्तज़ार करना होगा।

पहली बर्फ पड़ी तो हमारा सुबह का नाश्ता बदला। अंडा, टोस्ट, मक्खन और फल की जगह टोस्ट, दूध में अंडा और दूध में कुछ बूँदें ब्रांडी की मिलने लगीं।

पिछले कई दिनों से रात में पिताजी 'फैमिली डॉक्टर' नाम की मोटी इंग्लिश की किताब पढ़ते और माँ को तर्जुमा कर हिन्दी में समझाते। इस किताब को हमने बचपन से ही अपने घर में देखा था। डॉक्टर के पास जाने से पहले पिताजी इसे पलटते और माँ को बताते। जब हमारी सबसे छोटी बहन बेबी पहुँची थी तो यह किताब ज़्यादा नज़र आने लगी। हाँ, हमारे नाश्ते ने कमाल दिखाया। हम सरदी महसूस न करते। हाँ, रात को जब बैठक की दीवार में अँगीठी जलती तो हम उससे दूर न रहते। वह बहुत ही दिलचस्प वक्त होता। अँगीठी में आग जल रही है और हम सब उसके इर्द-गिर्द। कभी चॉकलेट, चिलगोज़े, किशमिश, तिलपट्टी, गुड़पट्टी, चने, मुरमुरे और कभी गर्म-गर्म पकौड़े।

हमें बाहर से खाने की चीज़ खरीदने, खाने की मनाही थी। जिस पर मन होता वह हम माँ से कहते और हमें मिलता। स्कूल में हमारे टिफिन को हमारे साथी लालच से देखते। पहाड़ी कसमल और काफल बहुत भाते। मगर गला खराब होने के डर से कम ही मिलते। एक और गजब की चीज़ थी अनारदाने का मीठा चूर्ण। वह माल पर नहीं सिर्फ लोअर बाज़ार में बिकता। कभी-कभी हमें दूध में जलेबी मिलती। वैसे घर में मिठाइयाँ बहुत कम और फल ज़्यादा होते। बिस्कुट और चॉकलेट के मजे लूटते।

मेज़ पर नाश्ता लगा है। माँ किसी को परोस नहीं रही। सभी कुछ सामने है, जितना चाहो लो। उनकी ओर से इसमें कोई हस्तक्षेप नहीं होता। माँ की इस मुद्रा में खामोश

निगरानी रहती मगर लाड़-प्यार की मुखरता नहीं।

हमें न यह अटपटा लगता और न ही अखरता। माँ की इस भंगिमा ने अपने बारे में खुद सोचना सिखाया। किसी भी अतिरिक्त से उबारकर हमें स्वावलम्बी बनने का संस्कार दिया। किसी के कहे, दबाव में कुछ न करने का अहसास दिया। इसके साथ वह विवेक भी जो जहाँ तक हो सके 'दूसरे' और अपने बीच के अधिकार का उल्लंघन नहीं करता।

सुबह उठते ही बरामदे की खिड़कियों से धुँध छाई दिखी। हम खुश हुए। छुट्टी का दिन इतवार। इस मौसम का मजा आएगा।

नाश्ते के लिए बैठे—मुझे आमलेट—मुझे उबला हुआ।

—टोस्ट पर मक्खन—मेरे टोस्ट पर मारम्लेड!

दूध में ओवलटीन-कोको! पिताजी के सामने चाय की ट्रे रख दी गई। अब माँ और पिताजी चाय पी रहे हैं और हम फर्श पर रखे गोलमेज पर अपना-अपना सामान फैलाकर बैठ गए। मैं अपनी ज्योग्राफी बुक में पैंसिल से पठार बनाने लगी। कल ही तो सीखा था। दाएँ हाथ की अंगुल तले पैंसिल रख, बाएँ हाथ से पैंसिल को घुमाती चली। एक के बाद एक रेखाओं को। अब उस पर ब्राउन मटमैले रंग का पेंसिल घुमा दिया।

पिताजी को दिखाया। खुश हुए। अच्छा बना है—शाबाश! पिताजी ने अखबार मेज पर रख दिया और हमसे कहा—बच्चों, तुम्हें पन्द्रह मिनट दिए जाएँ तो क्या घूमने के लिए तैयार हो सकते हो?

—जी हाँ।

हमने जल्दी से मेज समेटा और कपड़े बदले। मोजे-जूते पहन लिये।

मैंने माँ से अटैची से स्टिकिंग, प्लास्टर और रुई ले अपने कोट की जेब में डाल ली। जब भी लम्बा चलें मेरी एड़ी पर छाले ज़रूर पड़ते हैं। उधर माँ पिकनिक बॉस्केट तैयार कर रही हैं और गोबिन्द मदद पर है।

हमने खूँटी पर से अपने-अपने रेनकोट और छाते उतारे और घोषणा की कि हम तैयार हैं। एकाएक टीन की छत पर टपका पड़ने लगा। बाहर जाने का प्रोग्राम रद्द समझो।

झुँझलाहट हुई। बरामदे में जाकर बरसात का रंग-ढंग देखने लगे।

देखा माँ पिताजी रेनकोट और छाते पकड़े बाहर निकले। गोबिन्द के हाथ में बॉस्केट। हम लोग गिरजा मैदान पर पहुँचने वाली अपने घर की चढ़ाई चढ़ने लगे।

रीडिंग रूम पर पहुँचकर पिताजी ने पूछा—बच्चों किधर चलें। इलीजियम की ओर कि बड़े जाखू राउंड।

कमांडर-इन-चीफ की कोठी पर पहुँचते-पहुँचते बारिश तेज हो गई।

—कुछ देर रुकना होगा।

पास से दो रिक्शाएँ गुजरीं। रिक्शा को खींचनेवाला एक कुली आगे और दो पीछे। नीली वर्दी पर पीतल के पट्टे लगाए।

अंग्रेज!

खुशबू।

जगदीश भाई ने पूछा—पिताजी वायसराय बड़े हैं कि कमांडर-इन-चीफ।

—यूँ तो वायसराय बड़े हैं पर कमांडर-इन-चीफ के अंडर हिन्दुस्तान की सारी फौजें हैं। वह भी कम नहीं हैं।

—डफरिन जहाज भी कमांडर-इन-चीफ के नीचे है?

—सभी जहाज हवाई और पानी के उन्हीं के नीचे हैं। हाँ, तुम अच्छा पढ़ो तो तुम भी डफरिन में जा सकते हो।

—नहीं, नहीं पिताजी मैं पानी के जहाज में कभी नहीं जाऊँगा।

—ऐसा क्यों?

—समुद्र के पानी में जहाज डूब जाता है। डफरिन की किताब में देखा था समुद्र ही समुद्र। नहीं पिताजी, मैं डफरिन में न जाऊँगा।

पिताजी ने हँसते हुए माँ से कहा—बड़े होकर आपका बेटा जो भी बने, सेनाओं से तो बाहर ही समझिए।

फिर पिताजी ने मुझसे पूछा—हमारी बेटी क्या करेगी बड़े होकर?

—मैं पहाड़ों पर चढ़ूँगी, घोड़ा दौड़ाऊँगी, खूब मजे करूँगी, पिताजी क्या समुद्र में घोड़ा दौड़ाया जा सकता है?

—तुम सोचो क्या कभी पानी पर घोड़ा सरपट भाग सकता है?

—नदी के कम पानी में तो दौड़ सकता है, पर समुद्र में नहीं।

—उसके पैरों तले लोहा लगा दिया जाए जो जहाज के तलवे में लगा होता है।

—बड़े घोड़े के पैर जमीन पर होने चाहिए। न घोड़ा समुद्र में भाग सकता है न ऊपर

आसमान में, उसके पाँव तले जमीन होनी चाहिए। घोड़ा पहाड़ पर चढ़ सकता है। सवार तजुर्बेकार होगा तो चढ़ जाएगा चोटी पर, नहीं तो गिराएगा खड्ड में।

—घोड़ों के अलग-अलग रंग कैसे होते हैं माँ।

—वैसे ही जैसे हम लोगों के होते हैं। कोई सफेद, कोई काला, कोई ब्राउन-ग्रे—उसी तरह जैसे हम लोगों में कोई गोरा, कोई साँवला—वैसे ही जैसे अंग्रेज गुलाबी गोरे होते हैं जैसे बन्दर।

पिताजी ने सख्ती से भाई को खबरदार किया—'बन्दर' के साथ अंग्रेज को कभी मिलाना नहीं। समझे।

—पिताजी इससे क्या होगा?

पुम्मी मेरी बात ध्यान से सुनो—हमारे देश में अंग्रेज का राज है। फिर किसी की भी तुलना जानवर से करो यह कोई गवारा नहीं करेगा।

जगदीश भाई पिताजी के दाएँ से बाएँ हो गए।

माँ से कहा—मुझे घोड़ों की बात बताइए।

माँ ने बताया—घोड़ा बहुत तेज, चौकस और दर्शनी जानवर है। उसे सवार के बैठते ही पता लग जाता है कि सवार अनाड़ी है कि उसकी सवारी करना जानता है। अनाड़ी को गिराएगा ज़रूर। घोड़ों की भी कई किस्में हैं। कई नस्लें। अरबी, तुर्की, काठियावाड़ी, बख्तियारी, ईरानी।

—आप कभी घोड़े से गिरीं?

—हाँ शुरू-शुरू में तीन बार।

—सुनो-सुनो किसी घोड़े के माथे पर सितारे का निशान भी होता है।

पानी तेज बरसने लगा था।

जो पहला शेड आया। हम सभी उसके नीचे जा बैठे।

माँ ने बॉस्केट में से हमें भुने चने और कुछ मेवे दिए।

नीचे देखा बादलों के अम्बार पहाड़ों से ऊपर उठ रहे हैं।

पिताजी बोले—लगता है कुछ देर में मौसम खुलेगा। अभी यहीं बैठते हैं।

जगदीश भाई लगातार चरपराते रहे। कभी कुछ। कभी कुछ।

—पिताजी, कमांडर-इन-चीफ की कोठी तक पहुँचते ही पानी बरसना बन्द हो जाएगा।

गोबिन्द ने पूछा—वह कैसे और क्यों बन्द होगा काकाजी?

—कमांडर-इन-चीफ कहेंगे अगर मैं कह रहा हूँ बन्द हो जा तो पानी बरसना बन्द ज़रूर होगा।

मैंने भाई को चिकोटी काटी।

—ऐसे नहीं। फौजों के कमांडर-इन-चीफ बादलों को हुक्म देंगे। देखो, शिमला में बरसना बंद कर दो। हुक्म जारी हो चुका है। दिल्ली में जाकर बरसो।

—वाह! पिताजी ने मेरी सराहना की। शाबाश, अच्छा कह रही हो।

माँ ने पूछा—तुम्हें जूता तो नहीं काट रहा है?

—जी नहीं, स्टिकिंग प्लास्टर मेरे पास है।

बादल छँटने लगे और बाईं ओर के पहाड़ दीखने लगे। बारिश थम गई थी।

माँ ने सुषी बेबी का हाथ थामकर पूछा—बेबी बताओ कहाँ बैठकर खाना खाएँ?

—जी, सामने पहाड़ पर।

—बच्चो, चढ़ सकोगे ऊपर?

मैंने कहा—जी हाँ, खड़ी चढ़ाई नहीं है। पहाड़ आलथी-पालथी मारकर बैठा है।

पिताजी ने पूछा—किशन बेटी आजकल क्या पढ़ रही है?

—डी.एल. राय का दुर्गादास।

—हूँ-हूँ...फिर आलथी-पालथी वाली उपमा कहाँ से आई।

—यह तो मैंने खुद ही सोचा है पिताजी। यह पहाड़ खड़ा तो नहीं है, आराम से बैठा हुआ लग रहा है।

हम ऊपर चढ़ने लगे।
यह पेड़ मेरा
यह पेड़ माँ का
यह पेड़ पिताजी का
यह पेड़ भाई का
यह पेड़ बेबी का

बेबी बोली—नहीं यह पेड़ मेरा नहीं है। वह छोटेवाला पेड़ मेरा है।

माँ ने लाड़ से पूछा—तुमने छोटे पर क्यों हाथ रखा बेबी?

—मैं सबसे छोटी हूँ न। मेरा पेड़ भी छोटा है।

पहाड़ अपने छोटे-बड़े पेड़ों के साथ अनोखा लग रहा था। पेड़ों के पत्ते पानी से भीगे थे।

—हम बैठेंगे कहाँ?

—ऊपर चलेंगे। कहीं न कहीं बैंच ज़रूर होगा।

चढ़ते-चढ़ते हम पेड़ों के झुंड तले की समतली जमीन पर पहुँच गए।

कोई बेंच नज़र नहीं आ रहा। अपना-अपना रेनकोट बिछाकर यहीं बैठते हैं।

बेबी बोली—जगदीश भाई आप मेरे साथ बैठें और अपनी बरसाती गोबिन्द को दे दें।

पिकनिक बॉस्केट खुलने का इन्तज़ार।

सबसे पहले आमपापड़ मिला।

माँ ने कहा—बच्चो, आसपास घूमो, उतने में हम अपना काम करें।

पिताजी ने जेब घड़ी देखी और कहा—सिर्फ दस-पन्द्रह मिनट।

भाई बोले—आओ विद्यामाता इकट्ठा करें।

—नहीं अभी नहीं जाती बार। नहीं तो पत्ते कुम्हला जाएँगे।

हम गीली जमीन पर कूदने-फाँदने लगे।

एकाएक सुना, किसी ने आवाज दी—स्टॉप।

हम उधर देखने लगे जिधर माँ और पिताजी बैठे थे। आवाज उधर से नहीं थी। फिर आवाज आई—स्टॉप।

देखा, ऊपर से एक अंग्रेज टॉमी चला आ रहा है।

हम दौड़ते हुए पिताजी के पास जा खड़े हुए।

टॉमी ने अंग्रेजी में पिताजी से कहा—आप यहाँ क्यों बैठे हैं?

—आप बॉस्केट देख रहे हैं न। बच्चे पिकनिक पर आए हैं।

—यह पिकनिक की जगह नहीं है।

पिताजी ने कहा—यह प्राइवेट इस्टेट नहीं है।

—यह प्राइवेट इस्टेट ही है।

—बोर्ड कहाँ लगा है दिखाइए।

—अच्छा होगा अगर आप यहाँ से उठ जाएँ।

पिताजी ने हमसे कहा—बच्चो, आप अपनी-अपनी बरसाती पर बैठो।

माँ की ओर देखा—इन्हें खाने के लिए दीजिए।

माँ ने हम सबको खाने को देकर पिताजी से पूछा—ठीक जँचे तो इनके आगे भी कुछ करें।—जैसा ठीक समझो।

माँ ने उठकर मेवे वाला डिब्बा आगे किया—लीजिए।

—नो थैंक्यू।

जगदीश भाई बोल उठे—'प्लीज़' सर हिलाया—हूँ।

—सो यू नो इंग्लिश।

—सर, वी ऑल नो इंग्लिश।

—युअर स्कूल?

—हार्टकोट बटलर!

—तुम जानते हो हार्टकोट बटलर कौन थे?

—जी, हमारे मदरलैंड के वायसराय।

टॉमी ने हँसकर शाबाशी दी—गुड-गुड।

अब पिताजी की बारी थी।

टॉमी से कहा—मैं पृथ्वीराज हूँ और आप?

—विलियम ट्रैविलयन।

दोनों ने हाथ मिलाया। पिताजी ने बैठे-बैठे ही।

—मिस्टर रिचर्ड्सन साहिब के यहाँ क्या करते हैं?

—है तो।

—और आप रिचर्ड्सन साहिब के यहाँ क्या करते है?

—मैं उनके होम स्टाफ में हूँ।

पिताजी ने सख्ती से देखा और मासूमियत से कहा—उन्हें मेरी याद दिलाइएगा। कभी उनकी और हमारी ब्रांच एक ही फ्लोर और एक ही विंग में बैठती थी।

टॉमी ने गोरेपन की अदा से कहा—अच्छा, मुझे मालूम नहीं था। अब चलता हूँ।

पिताजी ने हँसकर कहा—याद रखें यह पिकनिक की जगह है। इस पर किसी का भी ऐतराज करना वाजिब नहीं।

गोरे साहिब ने देसी साहिब से हाथ मिलाया।

—आई एम रियली सॉरी सर।

—आगे से आप याद रखें यहाँ सबको पिकनिक की छूट है।

टॉमी को ऊपर जाते हम सभी देखते रहे। जब आँख से ओझल हो गए तो जगदीश भाई बोले—पिताजी, यह गोरा हमें यहाँ बैठने से क्यों मना कर रहा था।

—इसलिए कि हमारे मुल्क की हुकूमत गोरों के पास है।

अपनी कोई खास व्यक्तिगत बात जो आप पाठकों से साझा करना चाहें, बताइए।

इंस्ट्टीयूट ऑफ एडवांस स्टडी, शिमला सरदी में बन्द था और मैं दिल्ली आ गई थी। इलाहबाद से नीलाभ अश्क का आग्रह था कि अश्कजी पर हो रही संगोष्ठी में मैं उन पर आलेख प्रस्तुत करने के लिए आऊँ। मैंने उन्हें सूचित किया कि अश्कजी पर लिखे 'हशमत' के आलेख का ड्राफ्ट शिमला में पड़ा है। यहाँ बैठकर दुबारा लिख पाना मुश्किल है। इसलिए मुझे क्षमा करें।

नीलाभ का आग्रह जारी था। सो मैंने शिमला जाकर आलेख ले आने का फैसला किया। रात कालका मेल से निकली और मुँह-अँधेरे कालका। हाथ में एक छोटा-सा बैग लिये सीधे चाय के काउंटर पर। चाय लगभग गर्म, शर्बत, पर उसके मजे में कमी नहीं थी। प्याला आधा ही पिया था कि प्लेटफार्म पर 'रेलकार' आती नज़र आई। चाय छोड़कर टिकट के लिए भागी और अचरज कि जाते ही टिकट मिल गया। सीट नम्बर-1। वाह! उत्साह में सोचा एक और चाय हो जाए। चाय पीकर लौटी तो रेलकार हनीमून जोड़ों से भर चुकी थी। नम्बर एक सीट पर बैठते हुए एक क्षण लगा जैसे मैं रेलकार में मौजूद युवाओं की वार्डन हूँ। खैर साहिब, रेलकार के ड्राइवर साहिब के ठीक सीट की बगल में बैठने में भी कुछ खास है। यह कि आप लैंडस्कोप को दाएँ-बाएँ की खिड़की से नहीं सामने से देख पाएँगे।

जैसे ही रेलकार चली हनीमूनर्स के कंठ जुगलबन्दी में तैरने लगे। शैवालिक में जैसे एक से एक रिकार्ड लगे हों।

पहला मोड़, रेलकार को झटका लगा। नज़र ड्राइवर साहिब को उठी, स्टेयरिंग को घुमा-फिरा रहे हैं मगर रेलकार टस से मस नहीं। काफी नखरों के बाद महारानी साहिबा फिर चलीं, चलती गईं और परवाणू मोड़ पर फिर जिद्द। सोचा चक्कर क्या

है। ऐसा तो नहीं ड्राइवर साहिब को कोई ज़रूरी काम हो। एकाएक अपनी ऐसी सोच पर हमें खासी शर्म-सी आई। भारतीय रेल की प्रसिद्धि दुनिया-भर में है। ऐसा सोचकर मैं एक भारतीय नागरिक का खुद ही अपमान कर रही हूँ।

मगर नहीं साहिब, ड्राइवर साहिब अपनी वर्दी में हल्कान हो रहे हैं। सामने आसमान पर खिंचे पहाड़ों के सिलहट ऊपर की ओर बुला रहे हैं और रेलकार साहिबा टस से मस नहीं।

आखिर हनीमूनर्स के गानों की आवाज भी धीमी पड़ी। मैंने कहा—ड्राइवर साहिब यह चलती दिखती नहीं। इसे पीछे की ओर चलाएँ। कम से कम वहाँ तो पहुँच जाएगी। क्या रिवर्स में कर सकेंगे।

आधे घंटे की मशक्कत के बाद ड्राइवर साहिब ने रेलकार को पीछे ढलवाँ पर उतार दिया और इसकी सवारियाँ जहाँ से चढ़ी थीं वहीं पहुँच गईं। कालका प्लेटफार्म पर भीड़ जमा हो गई। ड्राइवर साहिब स्टेशन मास्टर साहिब के साथ लौटे।

उन्होंने स्टेशन का अधिकारी होने के रोबीले मगर विनम्र गले से कहा—सॉरी आप लोगों को तकलीफ हुई। आपको रिफंड के लिए इंतज़ार करना होगा।

मैंने आगे बढ़कर कहा—नहीं साहिब हम रिफंड लेने के लिए बिलकुल इन्तज़ार नहीं करेंगे। आपने ऐसी रेलकार लाइन पर क्यों उतारी जो चालू हाल में नहीं।

—साहिब हम मजबूर हैं—मशीन है, कभी बिगड़ ही जाती है।

किसी ने पूछा—रिफंड कब तक मिलेगा?

—आपको घंटा डेढ़ घंटा इन्तज़ार करना होगा।

तब तक हिमालयन क्वीन और शैवालिक दोनों निकल जाएँगी।

मुझे एकाएक सूझा—स्टेशन मास्टर साहिब आप शेड से दूसरी रेलकार निकलवाएँ। शेड में खड़ी है।

—वह वी.आई.पी. के लिए रिजर्व है।

मेरी आवाज तेज हो गई—रेलवे के लिए हनीमून टूरिस्ट से बढ़कर और कौन वी.आई.पी. हैं?

—साहिब इसके लिए जोर मत दीजिए। मैं बिना ऊपर के ऑर्डर के कुछ नहीं कर सकता।

काफी लोग इस बात पर अटक गए।

मैंने सुझाव दिया—आप उनका फोन नम्बर दीजिए। हम फोन करते हैं और उनसे

इजाज़त लेते हैं।

स्टेशन मास्टर साहिब अपने स्टाफ से मशविरा करने लगे।

—सॉरी साहबान, यह हो नहीं सकेगा।

सुनते ही हम लोगों ने बिना एक–दूसरे के कुछ कहे तय किया कि हम जाएँगे तो रेलकार में ही।

मेरा सीट नम्बर 1 मेरे अन्दर कुलबुलाने लगा। मैंने अपनी आवाज तेज कर दी। अनजाने में ही वी.आई.पी. जैसी भंगिमा अपने में भर ली।

—साहिब सवाल यह है कि अगर रेलकार ठीक नहीं थी तो शेड में से निकाली कैसे? आप हमें चेयरमैन रेलवे–बोर्ड का नम्बर दीजिए, हम उनसे बात करते हैं। स्टेशन मास्टर साहिब ने हम सबको चुप करवाना चाहा पर अब मामला जोर पकड़ चुका था।

—आप हमें चेयरमैन साहिब को फोन तो करने दीजिए।

—मेरी आप लोगों से विनती है कि ऐसा क़रने का सोचिए मत। हम लोगों को आप मुश्किल में डालेंगे।

—जनाब, अभी तक आपके पास किसी वी.आई.पी. के आने की खबर नहीं। एक रेलकार चल नहीं रही। सबने टिकट ले रखे हैं और यह सभी हनीमूनर जल्दी से पेशतर स्नोफाल के लिए पहुँचना चाहते हैं। आप ऑर्डर दें और सारा मामला हल होता है। सोचिए जरा पहले हमलोग आप से रिफंड लेंगे, फिर टैक्सियाँ करेंगे।

—मैं इंजीनियर साहिब से बात करता हूँ।

लोग कालका के लम्बे प्लेटफार्म पर टहलने लगे।

इस बार स्टेशन मास्टर साहिब एक और अधिकारी के साथ तशरीफ लाए।

—क्यों साहिब? हमने आक्रामक रुख अपनाया—लाइन पर लाने से पहले गाड़ी की देखभाल भी तो स्टाफ को करनी चाहिए थी?

स्टेशन मास्टर साहिब ने विनम्रता से कहा—आप लोग ठीक कह रहे हैं साहिब मगर असल हकीकत यह है कि दोनों रेलकार बहुत पुरानी हो चुकी हैं। साहिब यह 1925 में इंग्लैड से मँगवाई गई थी।

कहाँ तो मैं सबसे आगे होकर उन पर वी.आई.पी. रेलकार के लिए जोर डाल रही थी कि एकाएक मेरी बोलती बन्द हो गई।

स्टेशन मास्टर साहिब ने बहुत ही कायदे से ऐलान किया कि वी.आई.पी. रेलकार

शेड से निकल चुकी है। आपको परेशानी हुई उसके लिए हम आपसे माफी माँगते हैं।

हमने तहेदिल से स्टेशन मास्टर साहिब का शुक्रिया अदा किया। मगर मेरे दिल की धीमी धड़कन ने मेरे मूड को नीचे उतार दिया। 1925 मेरा जन्म वर्ष। मैं ही बढ़-चढ़कर इतना क्यों बोल रही थी। बेखबरी में ही मुझे आईना दिखा दिया गया।

मैंने एक ठंडी निगाह जवान हनीमून जोड़ों पर डाली और परदे लहराती वी.आई.पी. रेलकार की सीट नम्बर 1 पर जा बैठी।

इधर रेलकार ने प्लेटफार्म छोड़ा। उधर गानों की जुगलबन्दी शुरू हुई और अपनी ही बेरुखी में मेरा बी.पी. नीचे जा लगा। जाने यह साठ किलोमीटर कैसे निकलेंगे?

नम्बर 1 सीट पर बैठे-बैठे अनमने मन पहाड़ों पर नज़र टिकाई। 1925 में बनी रेलकार अब तक चल रही है तो इस पुरानी तारीख की इज्जत रखने में आपने भी कुछ कसर तो नहीं रखी। बक-अप।

बस साहिब, यह सोचना था कि डिप्रैशन पहाड़ों की दीखती ऊँचाइयों में घूमने लगा। अपने से कहा—चुस्त हो जाओ। जब तक यह नजारे हैं, देखो और ठंडी हवाओं का मजा लो।

अपनी पहली आलोचक मैं खुद ही होती हूँ

'हारमनी' पत्रिका से बातचीत

कृष्णा सोबती के शब्द अपने वक्त के दुखों में सने हैं, उनका मानना है कि बतौर लेखक हमें अपनी व्यक्तिगत पीड़ाओं और त्रासदियों से ऊपर रहना चाहिए। उनका कहना है कि 'असहमत होना, अपनी असहमति व्यक्त करना, अन्वेषण करना, चीजों को शब्दों में रूपायित करना, परिभाषित और परिष्कृत करना और फिर भाषा के साथ मिलकर अपना पाठ तैयार करना मुझे लेखक बनाता है।' लेखक के रूप में सत्ता से अपनी दूरी के संरक्षण के लिए उन्होंने 2010 में पद्म पुरस्कार लेने से मना कर दिया था। प्रस्तुत हैं उनसे बातचीत के अंश—

बँटवारे और विस्थापन के अलावा और कौन-सी चीजें हैं जो आपकी रचनाओं की जमीन बनीं?

हमारी पीढ़ी मूक दर्शक नहीं थी। उसे लम्बे संघर्ष के बाद मिली आजादी और उसके साथ आये विभाजन जैसी ऐतिहासिक घटनाओं के चक्रवात से गुजरना पड़ा। इतिहास हमारे उपमहाद्वीप का पीछा कर रहा था, बड़े तनाव और टकराव थे जिनका नतीजा अभूतपूर्व हिंसा और विस्थापन में हुआ। विभाजन को भूलना आसान नहीं है। विभाजन पर मैंने सिर्फ दो कहानियाँ लिखीं। 'सिक्का बदल गया' और 'मेरी माँ कहाँ है'। दूसरी कहानी अभी भी उस सामूहिक विस्थापन की स्मृति के तौर पर कुछ संग्रहों में मिलती है। मेरी रचनात्मक प्रतिक्रिया का उत्स गहरे तौर पर तीव्र और संघनित मानव-अनुभवों में होता है।

जिन विषयों को आपने लिखने के लिए चुना, वे अपने समय से आगे के विषय थे। अपने समय के आलोचकों से आपके क्या समीकरण रहे?

मेरे आलोचक कहते हैं कि मैं अपने लेखन में जीवन का उत्सव रचती हूँ। मैंने निराशा और भय के इर्द-गिर्द कभी कुछ नहीं बुना। हर आदमी का हक़ है कि उसे आज से बेहतर दुनिया जीने को मिले। आलोचकों को भी पता है कि रचनाकार

अपने–अपने ढंग से अपने यथार्थ को पकड़ते और उससे एक बड़े सपने की रचना करते हैं। सघन बिम्ब, हमारी कलात्मक और बौद्धिक क्षमताएँ और आन्तरिक ऊर्जा, इस सबसे मिलकर एक मानवीय वृत्तान्त आकार लेता है। लेखक को भी कवि की तरह अपने यथार्थ को एक दुर्लभ कौंध में छूना और पकड़ना होता है।

आप अपने अलग–अलग कथ्यों को अलग किस तरह करती हैं, कि पहले की या बाद की कृति आपस में जुड़ी न दिखें?

मेरे रचनात्मक पक्ष से मेरा रिश्ता मेरी 'चिन्तन दृष्टि' से बनता है। जब मैं किसी नए पाठ पर काम कर रही होती हूँ, मुझे याद रहता है कि जो कृति मेरे हस्ताक्षर के साथ प्रकाशित हुई है, उसे अनेक पाठकों और आलोचकों ने पढ़ा है। मुझे यह भी पता है कि रचनात्मक असफलताएँ भी हम में से हर किसी के हिस्से में आती हैं। कोई काम या किताब छपने के बाद मेरे लिए भीतरी तौर पर अपनी पूर्णता को पहुँच चुकी होती है।

आप अपने लेखन की रणनीति कैसे बनाती हैं? अपने निज के जीवन के कितने हिस्से को आपकी रचनाओं में आने की इजाजत मिलती है?

रचनात्मक लेखन एक जटिल प्रमष्तिष्कीय गतिविधि है जो आपके बौद्धिक और भावनात्मक जगत से आती है। यही बदले में एक विचार और वास्तविकता के रूपांतरण का रूप लेती है। मैं अपनी शुरुआत कभी भी पहले से सोचे गए किसी विषय या अभिकल्पन से नहीं करती। मैं एक सजग दृष्टा की तरह खुद को जीवन के समक्ष स्थित करती हूँ और पाठ के अपनी छब में खुलने का इंतिजार करती हूँ. यह लगभग ऐसा है कि आपने अपने आधे लेखकीय अधिकारों को अपने पात्रों के नाम कर दिया हो, क्योंकि बाकी आधा सचेत रूप से उभरते हुए पाठ में निहित होता है। मैं बजाते–खुद अपने पात्रों को पूरी आजादी देती हूँ, ताकि वे अपनी खुद की गति और अपनी खुद की भाषा में अपनी खामोशियों को कह सकें। हो सकता है कि दो लोग एक ही स्थिति के भोक्ता हों लेकिन उनकी रचना, उनका वृत्तान्त एकदम अलग हो। आत्मवृत्तान्त के लेखक को अपनी जीवन और अपने समय की बड़ी चिन्ताओं के चयनित बिन्दुओं से अपनी रेखा खींचनी होती है। यह निर्णायक आन्तरिक यात्रा लेखक और उसके लेखन को एक बड़ा परिदृश्य प्रदान करती है।

माना जाता है कि आपके जीवन का एक बड़ा हिस्सा 'जिन्दगीनामा' के आसपास ही बुना जाता रहा...

'ज़िन्दगीनामा' जिन्दगी का एक विराट आख्यान है। इसे लिखते हुए मेरी कोशिश किसानी भाषा के दृश्य और नाट्य को खासतौर पर केन्द्र में रखना थी। उसी सरल

दृश्य और श्रव्य ने वह स्वायत्त दुनिया रची। मेरा उद्देश्य मनुष्यता के उछाह को, उसके सख्त ग्रामीण चेहरे को और उसकी ध्वनियों को अंकित करना था। इसके लिए मुझे वह शब्दावली उठानी पड़ी जिसका अपना खुरदुरापन और अपनी ताकत थी। इसके लिए ग्रामीण बोली की मदद ली। हम जो भाषा बोलते हैं वह वही नहीं होती जो हमें सिखाई गयी है और जो व्याकरणीय कौशल से समृद्ध है, उसमें हमारे जीवन के तजुर्बों की कमाई भी न्यस्त होती है। यही कुछ था जो मैंने 'जिन्दगीनामा' में किया। मुझे यकीन है कि हर शब्द की अपनी देह, अपनी रूह, अपनी एक भीतरी लय और जीवन होता है। यह लेखक के ऊपर है कि वह अपने पाठ की सही धड़कन को कैसे कहाँ से चुनता है। यह किताब मुझे इसलिए भी प्यारी है कि इसके शीर्षक को लेकर मैंने 26 साल अदालती लड़ाई लड़ी। मुझे एक ताकतवर पंजाबी लॉबी का सामना करना पड़ा जिसको लगता था कि इस शीर्षक पर अमृता प्रीतम का हक़ है।

क्षेत्रीय साहित्य और भारतीय अंग्रेजी लेखन को लेकर आप क्या सोचती हैं?

क्षेत्रीय साहित्य को जब अंग्रेजी में अनुवाद किया जाता है तो उसके अपने संकेतार्थ गायब हो जाते हैं। इसी प्रकार जब विभिन्न संस्कृतियों के लेखक अंग्रेजी में लिखते हैं तो भाषा को अपना क्षेत्रीय स्वाद देते हैं जो बहुत आकर्षक लगता है। अंग्रेजी या कहें ब्रिटिश अंग्रेजी अभिजात तबके की जुबान रही है और प्रशासन की। दूसरी तरफ हिन्दी आम आदमी की जुबान रही इसीलिए उसका भारत में एक बड़ा आधार बना। बौद्धिक रूप से क्षेत्रीय साहित्य कहीं ज्यादा ऊर्जावान है और अनेक क्षेत्रों के लोगों के सम्पर्क में आने से उसमें नए क्षितिज भी प्रकट हो रहे हैं। इससे एक नया भाषिक रोमांस जन्म ले रहा है।

लेखन के साथ-साथ आप आन्दोलनों में भी आगे की पंक्तियों में रही हैं। मिसाल के तौर पर पाठ्य-पुस्तकों में इतिहास की तोड़-मरोड़ का आपने खूब विरोध किया।

पुरातात्विक प्रमाण और सरकारी रपटें घटनाओं का शासकीय ब्यौरा होती हैं, लेकिन उतनी ही अहमियत आम लोगों की सामूहिक स्मृति में बसे इतिहास की भी होती है। लेखक को इन दोनों को साथ-साथ छूना होता है और इन दोनों के फर्क के प्रति सचेत भी रहना पड़ता है। इतिहास की एक वैचारिक भूमिका भी होती है। कुछ राजनैतिक दलों में एक खतरनाक प्रवृत्ति बढ़ रही है जिसके तहत वे इतिहास की व्याख्या अपने एजेंडे के अनुसार कर रहे हैं। कुछ लोग अध्यात्म को इतिहास में घोल रहे हैं और लोकतंत्र की बहुलता को अनदेखा कर रहे हैं। अतिरंजित विभेद किसी का फायदा नहीं करने जा रहे।

आपके विचार से समाज के रूप में हम किस दिशा में जा रहे हैं?

मैं एक रचनाकार हूँ। मेरे पास सच्चाई से मुँह चुराने का कोई कारण नहीं है। न विचारक की तरह न विद्वान की तरह। मुझे जो मालूम है वह ये कि हमारा समाज एक उथल-पुथल से गुजर रहा है। पुराने मूल्य तेजी से बदल रहे हैं लेकिन ये सारे बदलाव हमारे लोकतंत्र के लिए अच्छे हैं। उनके चलते विचार और प्रतिक्रियाएँ एक आन्दोलन का रूप लेती हैं। इसके चलते देश का सवर्ण और दलित वृत्तान्त समानता के एक बिंदु की तरफ अग्रसर होता है।

आपका एक साहित्यिक आल्टर-ईगो रहा है—हशमत। रचनात्मक रूप से कोई और होकर देखने, महसूस करने और लिखने को आप किस तरह साध पाती हैं।

हशमत मेरा आध्यात्मिक प्रतिरूप है। युगों पुरानी अर्ध-नारीश्वर की अवधारणा में अपने विश्वास के चलते, मेरा मानना है कि बाई-सेक्सुअलिटी किसी जटिल मन की कल्पना भर नहीं है। रचनात्मक क्षेत्र में यह एक यथार्थ है। मैं अपनी तरह की एक व्यक्ति हूँ लेकिन जब मैं मेज पर होती हूँ एक अलग व्यक्तित्व होती हूँ। कागज पर पहली पंक्ति के उभरते ही लेखक और पाठक की जगह तय हो जाती है। फिर किसी को किसी के इलाके में अतिक्रमण की इजाजत नहीं।

लेखक के रूप में आपकी अपनी कौन-सी विशिष्ट पद्धति है जिसे आप अपनाती हैं?

मैं रात में काम करती हूँ, और मेरी मेज कृति की मूल कौंध के हवाले रहती है। उसकी बाद आती है भाषा अपनी साँस शब्दों के जरिये लेती हुई। सही अभिव्यक्ति और सही शब्द चुनने के लिए बहुत संयम की आवश्यकता होती है। आम तौर पर मैं तीन ड्राफ्ट बनाती हूँ। पहला तो पहली कौंध के साथ ही पूरा हो जाता है। दूसरे ड्राफ्ट में मुझे जो जरूरी लगता है वह ठीक करती हूँ। कई बार मामूली सी कोई फेरबदल बहुत बड़ा परिवर्तन कर देती है। लेकिन ज्यादा भरोसा मुझे अपने पहले ड्राफ्ट पर ही होता है और तीसरे ड्राफ्ट को मैं इसी से मिलाकर देखती हूँ। आम तौर पर पहले और तीसरे ड्राफ्ट में बहुत कुछ एक जैसा होता है। तीसरे ड्राफ्ट के बाद मैं पूरे पाठ को ऊँचे स्वर में अपने सामने पढ़ती हूँ। आप कह सकती हैं कि अपनी पहली आलोचक मैं खुद ही होती हूँ।

हारमनी, मार्च, 2013

(अंग्रेजी से अनुवाद : आर. चेतनक्रान्ति)

यह राष्ट्र एक महाकाव्यात्मक रचना है

आशुतोष भारद्वाज से बातचीत

चार माह पूर्व जीवन के 91 वर्ष पूरे करके 92 में कदम रख चुकीं कृष्णा सोबती का नया उपन्यास इसी वर्ष जनवरी में सम्पन्न पुस्तक मेले में आया है। इस समय वे सम्भवत: भारत की सबसे वरिष्ठ उपन्यासकार हैं। लेकिन उनकी रचनात्मक ऊर्जा और लेखकीय प्रतिबद्धताओं पर उम्र का कोई खास असर दिखाई नहीं देता। अब भी वे रोज़ तीन समाचार-पत्र देखती हैं, लेखकों-बुद्धिजीवियों के विरोध-सम्मेलनों और सेमिनारों में जाती हैं और लगभग रोज ही किसी न किसी मिलने वाले को अपने आतिथ्य से नवाजती हैं। हाल ही में जो उपन्यास प्रकाशित हुआ है, उसे उनकी आत्मकथात्मक रचना कहा जा सकता है जिसके लिए उनका कहना है कि कायदे से इसे उनका पहला उपन्यास होना चाहिए था। 'गुजरात पाकिस्तान से गुजरात हिन्दुस्तान' शीर्षक इस उपन्यास में उन्होंने बँटवारे के बाद आजाद हिन्दुस्तान में अपनी पहली नौकरी का सन्दर्भ लेकर तत्कालीन समय और विभाजन की त्रासदी का पुनर्पाठ किया है।

यह बातचीत उनके घर पर कई बैठकों में थोड़ी-थोड़ी हुई। कुछ शारीरिक दिक्कतों के बावजूद वे आज भी पूरी तरह सजग और सतर्क हैं। याददाश्त भी एकदम सही। उन्हें वे घोड़े भी याद हैं जिनकी सवारी उन्होंने बचपन में की, वे किताबें भी जो उन्होंने पढ़ीं और वे दोस्त भी जिनके साथ उन्होंने वह समय बिताया। प्रस्तुत हैं बातचीत के कुछ अंश :

आप जीवन के दसवें दशक में हैं, धुर बचपन की कौन-सी स्मृतियाँ आज भी ताजा हैं?

जीवित रहना एक बरक़त है, और इस महान देश के इतने महत्वपूर्ण ऐतिहासिक दौर को देखना तो और भी। चार पीढ़ियाँ मेरी आँखों के सामने रही हैं। हजारों सूर्यास्त देखे हैं (सूर्योदय कुछ कम, क्योंकि मैं देर से उठती रही हूँ।), इस खूबसूरत देश को सराबोर करने वाले वसन्त और पतझड़ के असंख्य रंगों को देखा है, बारिशों में भीगी हूँ।

जन्म के बाद मेरे भाषिक और साहित्यिक खाते तीन अलग-अलग जगहों पर खुले—मेरे जन्मस्थान गुजरात (पाकिस्तान) में, फिर शिमला और दिल्ली में। पिता

सीनियर सिविल सर्वेंट थे। लाहौर कॉलेज जाने से पहले हम शिमला (जो उस समय ग्रीष्मकालीन राजधानी होती थी) और दिल्ली में बारी-बारी से रहते रहे। लाहौर के मुकाबले दिल्ली उस समय गाँव थी। तेजी बच्चन जो शेक्सपियर के नाटकों में अपने अभिनय की वजह से काफी प्रसिद्ध हो चुकी थीं, लाहौर के फतेहचन्द कॉलेज में अंग्रेजी पढ़ाती थीं। रहन-सहन के अलग-अलग तरीकों और अलग-अलग भाषाओं की अपनी सीमाएँ और स्वतंत्रताएँ थीं, जिनसे मेरे लेखन को रोशनी और वुसूअत मिली।

मैं शिमला के लेडी इरविन स्कूल में पढ़ी, निर्मल (वर्मा) हारकोर्ट बटलर स्कूल में थे। वे मेरे भाई जगदीश से एक साल जूनियर थे, लेकिन तब शायद ही कभी हमारी मुलाकात हुई हो। यह ब्रिटिश राजधानी होने का असर था कि भारतीय लोग भी बहुत औपचारिक व्यवहार करने लगे थे। शहर भी दो हिस्सों में बँटा था—लोअर बाजार में भारत की खुशबू मिलती थी, तो मॉल का अपर बाजार अपनी अंग्रेजियत के लिए जाना जाता था।

शिमला में उस समय ब्रह्म समाज और आर्य समाज दोनों सक्रिय थे। ब्रह्म समाज के सदस्य शिक्षित लोग थे, जो देखने में अंग्रेज लगते। आर्य समाज वहाँ हिन्दी का वाहक बना।

यह 1930 के दशक की बात है, शिमला में एक हिन्दी साहित्य सम्मेलन हुआ। लेखकों का जुलूस मॉल से नहीं, लोअर बाजार रोड से गुजरा। जब वे मॉल से गुजरे, हम लोगों ने उनके ऊपर फूल बरसाए। सूर्यकांत त्रिपाठी निराला भी उनमें थे। वे बहुत प्रभावशाली दीखते थे। लगता था कि हाँ, कोई जा रहा है!

आपकी पीढ़ी के अनेक हिन्दी-लेखक अंग्रेजी में भी पर्याप्त माहिर थे, फिर आपने हिन्दी को ही अपनी रचना-भाषा क्यों चुना?

भारत के बहुत सारे महाकाव्य जिन्हें हिन्दुओं और मुस्लिमों, दोनों ने सिरजा, हिन्दी में हैं। मलिक मुहम्मद जायसी, तुलसीदास, सूरदास और कबीर ने इसी भाषा में लिखा। हिन्दी का ध्वनि-संसार बहुत बड़ा है जिसे वह विभिन्न बोलियों से प्राप्त करती है। हर शब्द की अपनी विशिष्ट ध्वनि है। पंजाब से आये शब्द कुछ परुष हैं तो राजस्थानी शब्दों की अपनी एक अनूठी संक्षिप्तता और लय है। मेरे रचनालोक में अनेक हिन्दी बोलियों की स्मृति शामिल है, उर्दू और संस्कृत की भी।

मैं जब अपना पहला उपन्यास लिख रही थी, अमृतलाल नागर ने कहा कि यह पंजाबी-मिश्रित हिन्दी चल नहीं पाएगी। मैंने उन्हें कहा कि दस साल इंतजार करिए। हम लोगों ने जब हिन्दी में लिखना शुरू किया, तब इस भाषा का उपहास किया जाता था। निर्मल और फणीश्वरनाथ रेणु जैसे लेखकों ने इसकी काया ही बदल दी।

एक बार मैं स्वीडेन में थी। यू.आर. अनंतमूर्ति भी थे। कोई सेमिनार था। किसी ने मेरे अंग्रेजी अनुवादों के बारे में जानना चाहा। मैंने कहा, मेरी प्राथमिकता यह रहती है कि मेरे मूल पाठ की खामोशियाँ अंग्रेजी में भी उतनी ही साफ़ सुनाई दें।

आजादी के बाद देश का माहौल कैसा था?

विभाजन भयावह था। उस त्रासदी को, और उस नफरत को जो इसके साथ आयी, सहना–जीना बहुत मुश्किल था। लेकिन हम जिये। इससे इस राष्ट्र की जिजीविषा की परीक्षा हुई, इसकी ताकत का पता चला, भरोसा हुआ कि जल्द ही यह मुल्क इस विभीषिका से निकल आएगा। लेकिन आज की सरकार जो युद्ध अपने ही नागरिकों के खिलाफ छेड़े हुए है, वह इस देश को नष्ट कर देगा।

आजादी ने हमें आत्मविश्वास दिया। पहले गणतंत्र दिवस पर रायसीना हिल्स से चला जुलूस आज भी मेरी आँखों के सामने सजीव है। इसके वैभव ने लुटियन जोन के खूबसूरत स्थापत्य को दोबाला कर दिया था। उस पीढ़ी के भीतर राष्ट्र की बहुत पुख्ता भावना थी। आजादी के बाद कम से कम दो पीढ़ियाँ लेखकों की ऐसी रहीं जिन्हें विश्व–साहित्य की गहरी समझ थी। हम लेखकगण ने इस देश की चेतना का वाहक बनना चाहा था। आजादी के बाद हिन्दी का रचनात्मक स्पेस बहुत विस्तृत हुआ है।

आपने भारतीय साहित्य को कुछ बेहद मुखर और आत्मसम्पन्न पात्र दिए हैं, इसके बावजूद आप 'महिला लेखक' कहे जाने के खिलाफ हैं। एक स्त्री के रूप में लेखक होने को आप कैसे देखती हैं?

मेरी माँ दुर्गा बहुत सख्त औरत थीं। बेमिसाल, अच्छी घुड़सवार भी। उन्हें सबसे ज्यादा अड़ियल घोड़े दिए जाते थे जिन्हें वे सीधा कर लेती थीं। बावजूद इसके शादी में जो किताबें वे लेकर आयीं, उनमें 'सुहागरात' और 'रमणी रहस्य' भी शामिल थीं।

भारतीय चिन्तन में अर्धनारीश्वर की एक अद्‌भुत अवधारणा है, एक इकाई जिसमें स्त्री और पुरुष दोनों समाहित हैं। मेरी कला में, मैं कह सकती हूँ, इसको अभिव्यक्ति मिली है। इस अवधारणा को लेकर प्रयोग करते हुए मैंने 'हशमत' तख़ल्लुस के साथ लिखा, जो एक मर्दाना नाम है। मुझे यह देखकर ताज्जुब हुआ कि बहैसियत हशमत लिखते हुए न सिर्फ मेरे लेखन की बुनावट ही कुछ और हो गई बल्कि मेरा हस्तलेख तक बदल गया। अब शब्दों की जो आकृति निकली वह उससे बिलकुल अलग थी जो कृष्णा सोबती की होती थी। इसे ही कला का रहस्य कहते हैं। यही लेखक होने का सुख है। आपका आत्म आपके सामने खुलता है और आप उसे दर्शक की तरह देखते हैं।

'स्त्री साहित्य' की अवधारणा में मेरा विश्वास नहीं है। सिद्धान्तकारों ने पाठ का विवेचन इस नजरिये से किया होगा लेकिन महान साहित्य में स्त्री और पुरुष दोनों तत्व होते हैं। स्त्री के बारे में लिखा गया कोई उपन्यास सिर्फ इसलिए कम प्रामाणिक नहीं हो जाता कि उसे किसी पुरुष ने लिखा है। पिछले दिनों एक पुस्तक मेले में मुझसे किसी ने पूछा, कि औरत होना क्या होता है। मेरा जवाब था कि संविधान से हमें वही अधिकार मिले हैं जो पुरुष के पास हैं।

'मित्रो मरजानी' की मित्रो जब अपनी छातियाँ खोलकर अपने आप को देखती है तो उसकी निगाह में स्त्री और पुरुष दोनों की निगाह शामिल होती है।

इन स्त्री-पात्रों में आत्मकथा का तत्त्व कितना है?

यह कहना थोड़ा मुश्किल है। लेखन की प्रक्रिया एक जटिल प्रक्रिया होती है। लेखक का अन्दर और बाहर दोनों उसमें शामिल होते हैं। पाठ में असंख्य तनाव काम करते होते हैं। अपनी कथा में आप खुद कहाँ, किस मोड़ पर शामिल हो जाते हैं, आप ऐसी कोई रेखा नहीं खींच सकते। प्रेम, सेक्स और मृत्यु इस ग्रह की पारिभाषिक सच्चाइयाँ हैं। मैंने हमेशा कोशिश की है कि उनके लिए मेरे पाठ में जगह रहे।

लेखन आपके लिए क्या है?

लेखन अपने आप से संवाद है जो भाषा में सम्पन्न होता है। एक तरफ आप अपनी रूह की ध्वनियों को पकड़ते हैं और दूसरी तरफ संसार के शोरगुल को भी अंकित करते हैं। मैं अपने पाठ के हमेशा तीन ड्राफ्ट करती हूँ। पहली पंक्ति लिखते ही आप अपने आधे हक़ पाठ को सौंप देते हैं।

लिखना शुरू करते समय मेरे पास पहले से कोई ढाँचा नहीं होता। बस कुछ छवियाँ, कुछ विचार, और उन्हें काग़ज़ पर उतरते देखने की उत्कंठा। लेखन आपको विनम्र बनाता है, आपको आपकी हदों के प्रति सचेत करता है।

लेखन एक बौद्धिक प्रक्रिया है, लेकिन वह रचनात्मक परिश्रम भी है, और एक सामाजिक और राजनीतिक बयान भी। जब आप उपन्यास या कहानी लिखते हैं, आपके सामने दूसरे पात्र होते हैं, और आप उनमें से एक हो जाते हैं। ऐसी बहुत-सी किताबें हैं, जो बहुत अच्छे ढंग से लिखी हुई हैं, लेकिन उनमें हमें अन्तर्दृष्टि नहीं मिलती क्योंकि वहाँ लेखक ने अपने आप को रूपांतरित नहीं किया होता।

मेरे दोस्त बहुत कम हैं। अपनी कंपनी से मुझे कभी ऊब नहीं होती। मैं रात में लिखती हूँ—रात का अंधकार जब मेरे अकेले टेबल लैंप के रहस्य में आ सिमटता है, तो शब्द मुझे नए राग, नई लय और नई धुन में आ मिलते हैं।

कभी-कभी मेरा मन होता है कि काश मैंने पेंटिंग सीखी होती।

यूपीए सरकार के दौरान आपने पद्मभूषण लेने से इनकार कर दिया था, और पिछले दिनों आपने समाज में बढ़ती असहिष्णुता के विरोध में साहित्य अकादेमी फेलोशिप वापस कर दी। एक लेखक के रूप में आपकी राजनीति क्या है? इस समय का सांस्कृतिक परिदृश्य आपको कैसा लग रहा है?

भयावह। रचनात्मक स्वतंत्रता पर हमले और लेखकों का जैसा अपमान आज हो रहा है, कभी नहीं हुआ। इसके लिए शायद लेखक खुद भी जिम्मेदार हैं। लम्बे समय से वे सत्ता-प्रतिष्ठान में घुसपैठ करने की कोशिश करते रहे हैं।

आजादी के कई साल बाद तक नागरिक भी और सत्ता भी, अपने अधिकारों और कर्तव्यों के लिए सचेत थी। आपसी सम्मान का एक रिश्ता था। वह रिश्ता अब खत्म हो रहा है। लेखक के लिए यह बहुत महत्त्वपूर्ण है कि वह अपनी आजादी को बचाए रखे। लेकिन नई सरकार देश को एक और विभाजन की तरफ ले जा रही है। जो घाव भर चुके थे, या धीरे-धीरे भर रहे थे, इन लोगों ने उन्हें दुबारा खोल दिया है। यह राष्ट्र एक महाकाव्यात्मक रचना है, जिसमें अनेक पुनर्पाठ गुँथे हैं। इसकी स्मृतियों की उम्र हजारों साल है। सरकार इसके ऊपर अपना इकहरा वृत्तान्त थोपना चाहती है। और आप उनके साथ संस्कृति के इन मसलों को लेकर बहस तक नहीं कर सकते क्योंकि उन्हें हमारी संस्कृति की कोई समझ ही नहीं है।

एक बार मैं ट्यूनीशिया (अफ्रीका का एक मुस्लिम-बहुल देश) गयी थी। एक ट्यूनीशियाई लड़की ने मुझे एक व्यंजन खिलाने की इच्छा जाहिर की, और उसने जो आर्डर किया, वह था 'हलवा'। यह शब्द जिसे हम हिन्दी शब्द समझे बैठे थे, इसका मूल मुस्लिम संस्कृति में है। यह मिला-जुलापन ही हमारे देश की, हमारे राष्ट्र की भाषिक संस्कृति है।

यह हम लेखकों का फ़र्ज़ बनता है कि वे लोग हमारे इतिहास पर जो अपनी दावेदारी कर रहे हैं, उसका विरोध करें। बेशक संग्रहालयों में एक इतिहास है, लेकिन उससे बड़ा एक इतिहास राष्ट्र की आत्मा में धड़कता है। इस इतिहास को, इस बड़े वृत्तान्त को बचाए जाने की जरूरत है।

इंडियन एक्सप्रेस, 18 जून, 2017

(अनुवाद : आर. चेतनक्रान्ति)

इतनी बुरी तरह तो बाहर के लोगों ने भी हम पर शासन नहीं किया

मीनाक्षी तिवारी से बातचीत

हिन्दी साहित्य में 'मित्रो मरजानी' का नाम नया नहीं है। 1966 में आए इस उपन्यास ने अपने बोल्ड कथानक के कारण काफी चर्चा बटोरी थी। स्त्री अधिकारों की वर्तमान बहस ने मित्रो की आवाज को ही आगे बढ़ाया है। मित्रो के किरदार को गढ़ने वाली कृष्णा सोबती अब 92 साल की हैं और 'मित्रो मरजानी' की उम्र 50 साल हो चुकी है। विभाजन और देश की कई पीढ़ियाँ देख चुकी कृष्णा जी की कलम अब भी सक्रिय है। देश में चल रहे विभिन्न मुद्दों पर वे मुखर होकर बोलती रही हैं। पहले पद्म सम्मान लेने से इंकार और पिछले दिनों साहित्य अकादेमी का सर्वोच्च सम्मान 'साहित्य अकादेमी फेलोशिप' लौटा चुकीं कृष्णा सोबती देश के वर्तमान हालात से परेशान हैं पर उन्हें युवा नेतृत्व पर भरोसा भी है। विभिन्न मुद्दों पर उनसे बातचीत!

'मित्रो मरजानी' के 50 साल पूरे हुए हैं, आज मित्रो को कहाँ पाती हैं?

अब मित्रो सिर्फ एक किताब नहीं रही, समय के साथ-साथ वह एक व्यक्तित्व में बदल गई है। वह अब एक संयुक्त परिवार की स्त्री नहीं है जो हर बात में पीछे रखी जाती है। उसे अपनी सेक्सुअल डिजायर व्यक्त करने का भी अधिकार है और ये अधिकार उसने अर्जित किया है। और यह एक विस्मयकारी बात भी है कि एक इतना चुलबुलाहट पैदा करने वाला नाम अब इतनी गम्भीरता से लिया जा रहा है। पिछली सदी की जो दस बड़ी किताबें हैं उनमें 'मित्रो मरजानी' आती है और ये मैं जानती हूँ कि ये लेखक का काम नहीं है। ये उसका अपना व्यक्तित्व था, जिसे उसने खुद तैयार किया।

मित्रो को आए आधी सदी बीत चुकी है। इस कालखंड में स्त्री-स्वतंत्रता और समानता के अधिकारों पर ढेरों बहसें हुईं। इन बहस-मुबाहिसों के बीच क्या मित्रो अब भी कहीं खड़ी है?

देखिए, मित्रो इसी दुनिया का हिस्सा है और अब दुनिया बदल रही है। अब हमारे

एक छोटे–से गाँव की लड़की को भी जागृति है कि मैं वह नहीं जो मैं हुआ करती थी। और वह इस बात को खुद में ही नहीं टटोलती बल्कि दुनिया में भी देखती है। तब उसे वो शब्द याद आते हैं जो उसने तब कहे थे जब वो शिक्षित भी नहीं थी। अगर ऐसा न होता कि उसकी उलझनों के पीछे वह गम्भीरता न होती जिसका सम्बन्ध सिर्फ आजादी से नहीं था, शिक्षा से भी नहीं था पर उसका सम्बन्ध सेक्स से भी है, जिसे ये मान लिया गया है कि उस पर महिलाओं का कोई अधिकार नहीं है। उस पर सिर्फ पुरुषों का अधिकार है। ये भी अजीब बात है कि इस वक्त पूरी दुनिया में इस बात का एहसास तीखा होकर उभर रहा है कि स्त्री, जिसे इस पूरे लोक को कायम रखने की ताकत दी गई, उसे हम नीचे कुचल रहे हैं। इसके पीछे कई कारण भी हैं। हमारे यहाँ संयुक्त परिवार ने कई बातों का अपने रूप में अनुवाद करके स्त्री पर थोपा हुआ है। पर अब शिक्षा के साथ, आर्थिक स्वतंत्रता के साथ ये बदलेंगी।

50 साल पहले की मित्रो अपनी सेक्सुअल डिजायर को लेकर जिस आजादी की बात करती है वह वर्तमान में भी नहीं दिखती। शिक्षा, समानता और आर्थिक अधिकारों की बात होती है पर स्त्री अपनी यौन इच्छाओं को जाहिर नहीं कर सकती। इसे 'नैतिकता' के परदे में डाल दिया गया है।

ये दुनिया बहुत बड़ी है। इसमें कई तरह के आवरण हैं। आज जो लड़कियाँ शिक्षित हैं, पढ़ रही हैं उन्हें इस बात का एहसास है। हमारे समाज में इन बातों को लेकर नैतिकता का जो कोड है वो बहुत सख्त रहा है। पर अब ये बदलेगा क्योंकि अब वह सिर्फ घर और परिवार में नहीं है, बाहर भी है। वह अपनी जीविका कमा रही है। मेरा तो यह कहना है कि जब तक कोई व्यक्ति अपनी जीविका नहीं कमाता वह पूरा नागरिक ही नहीं है। वो भी इस समाज में, जहाँ संयुक्त परिवार हैं। संयुक्त परिवार में जितनी भी खूबियाँ हों, यह आपको और स्त्रियों को कितनी भी सुरक्षा देता हो, पर उनके आत्मबल, आत्मविश्वास को कम कर देता है.

तो ये कह सकते हैं कि कहीं न कहीं संयुक्त परिवार स्त्रियों को पीछे खींचता रहा है?

जी, बिलकुल खींचता रहा है और अब जो परिवर्तन हो रहा है वो सिर्फ इसलिए कि बेटियाँ बाहर निकल रही हैं, बेटे देश से बाहर जा रहे हैं। परिवार का जो पहला स्वरूप था वो छिन्न–भिन्न हो रहा है। ये तो समाजशास्त्री भी मानेंगे।

पर समाजशास्त्रियों का ये भी कहना है कि एक समाज के रूप में इन संयुक्त परिवारों का टूटना नकारात्मक है। पर अगर स्त्रियों की बात करें तो संयुक्त

परिवार से निकल कर ही वे कुछ कर पाती हैं।

बिलकुल। मैं खुद संयुक्त परिवार से हूँ पर मेरी अपनी आजादी का एक हिस्सा है जो सभी संयुक्त परिवारों में नहीं मिलता। वहाँ आपको सुरक्षा मिलती है यानी अगर आप नहीं भी कमा रहे हैं तब भी आराम से रह सकते हैं। लोग इन्हीं बातों पर समझौते करते हैं। इसके अलावा एक व्यक्ति के रूप में अकेले रहकर अर्जित की हुई खूबियाँ नहीं आ सकतीं। संयुक्त परिवार में अपना अलग अस्तित्व बना पाना बहुत मुश्किल है।

आज जब स्त्री मुद्दों पर बात होती है तब उसे स्त्री विमर्श का नाम दिया जाता है। इस स्त्री विमर्श पर क्या कहेंगी ?

ये जो शब्द है ये भी एक खास किस्म की इंटेलेक्चुअल धोखाधड़ी है। इस तरह की बातों से आप एक तरह से उन्हें गलत रास्ते पर जाने के लिए लगातार प्रोत्साहित कर रहे हैं कि तुम्हारी सुरक्षा का प्रश्न है तो इतना तो चलेगा। और इसके साथ हमारी नैतिकता भी चलेगी। आप किसे कह रहे हैं नैतिकता! आज की तारीख में चीजें बदल गई हैं। अब पुरानी चीजें नहीं चलेंगी। अब ये एक स्वतंत्र लोकतंत्र है। लोकतंत्र होने की कुछ शर्तें होती हैं, उसकी एक जलवायु होती है। अगर आप अपने समाज के एक हिस्से को लगातार दबाए रहेंगे तो ये मानकर चलिए कि आपकी अगली पीढ़ियाँ वैसी नहीं होंगी जैसा उन्हें होना चाहिए।

सालों पहले मित्रो जिस तरह अपनी शारीरिक इच्छाओं को लेकर आजादी की बात करती है, अब तक कहीं चर्चा का हिस्सा नहीं है।

हमें ये कहने में कोई झिझक नहीं होनी चाहिए कि हम कुछ चीजों पर अटक जाते हैं। उनसे जुड़े रहना चाहते हैं। हम दिखाना चाहते हैं कि हम बदल रहे हैं पर हम इतना ही बदल रहे हैं जितनी हमारी सहूलियत है।

पहले तो स्त्रियाँ लिखती नहीं थीं, न साहित्य का हिस्सा ही होती थीं, अब वे बहुत संघर्ष के बाद वहाँ पहुँची हैं। तो अभी इस नई मिली आजादी को महसूस कर रही हैं। वे बदलाव की तरफ अग्रसर तो हैं। साहित्य में महिलाएँ कहाँ हैं ? कुछ अपवादों को छोड़ दें तो स्त्री प्रेम और त्याग में ही अटकी हुई है।

साहित्य की बात कुछ बदलकर करनी होगी। हमारे यहाँ समाज के बदलने की रफ्तार जरा धीमी है। पर चीजें बदलती हैं, तो ये बातें अपने आप आती हैं। आप किसी पर थोप नहीं सकते कि तुम्हें क्या करना चाहिए। पहले तो स्त्रियाँ लिखती भी नहीं थीं, न साहित्य का हिस्सा ही होती थीं, अब वे बहुत संघर्ष के बाद वहाँ

पहुँची हैं। तो अभी इस नई मिली आजादी को महसूस कर रही हैं। वे बदलाव की तरफ अग्रसर तो हैं।

पर जिस तरह समाज बदला है उस बदलाव को साहित्य में उतनी जगह नहीं मिली है।

ये वो देश है जहाँ नागार्जुन ने कहीं लिखा है कि घर में भी मेरी और मेरी पत्नी की बात नहीं होती थी तो हमने सोचा कहीं भाग चलते हैं। तो जिस तरह का दबाव समाज में है वो साहित्य में भी है। वैसे कुछ लेखिकाओं के लेखन में आपको नयापन मिलेगा।

2010 में आपने पद्म सम्मान लेने से मना किया। तब आपने कहा था कि लेखक को शासक वर्ग से दूर होना चाहिए। वजह?

मैं अब भी ऐसा ही सोचती हूँ। अगर शासक और राजनीतिक दलों द्वारा अपने फायदे के लिए ऐसे सम्मान मिलते हैं तो उससे आप बड़े नहीं हो जाते। इसके बिना आपके पास ये अधिकार रहता है कि अगर आपको कोई बात गलत लग रही है तो आप उस पर बोल सकते हैं।

तो क्या यह समझें कि ये पुरस्कार इसलिए दिए जाते हैं ताकि आप शासन का पक्ष लें?

प्रबुद्ध वर्ग का विरोध का अपना तरीका होता है। जैसे कुछ समय पहले पुरस्कार वापस किए गए। मेरे हिसाब से ये विरोध जताने का सबसे विनम्र तरीका था पर जब आप इसे भी गालियाँ दे रहे हैं तो ये गलत है। ये समझना चाहिए कि ये एक ऐसा मुल्क है जहाँ कोई साधारण लेखक हो या बड़ा, उसके पास ये अधिकार तो है कि वो जो सही समझता है उसे कह सके।

इस बार पुरस्कार वापसी पर भी लेखकों का विरोध हुआ। कहा गया कि ये मोदी विरोधी लेखक हैं जो ऐसा कर रहे हैं।

इस तरह की भाषा और अभिव्यक्ति का ये रूप सही नहीं है। एक लोकतंत्र को ऐसे तरीकों की जरूरत नहीं है। कितने संघर्ष के बाद हमें आजादी मिली, संविधान मिला है, हमें इसे कीमती समझते हुए इसकी सुरक्षा करनी चाहिए। पर इन सबके बीच मैं इन बातों के लिए खुश हूँ कि इतनी गलत बातों के बीच भी हमारे राष्ट्रपति ऐसी बातें कह देते हैं जिन पर नागरिकों और राजनीतिक दलों को भी गौर करना बहुत जरूरी है।

वर्तमान सरकार पर आरोप लग रहे हैं कि वह असहमति के अधिकार को छीन रही है।

हाँ, पर ये बिलकुल गलत है। ये अच्छी बात नहीं है। हम इस देश के नागरिक हैं, हमारे भी कुछ अधिकार हैं। आप उन्हें नहीं छीन सकते।

बुद्धिजीवियों का एक तबका बार-बार कह रहा है कि ये फासीवाद के लक्षण हैं। क्या ये हिन्दू पाकिस्तान बनाने की राह पर हैं?

हमारे पास पॉलिटिकल आइडेंटिटी बनने का एक पूरा इतिहास है। हमने पाकिस्तान बनते देखा है। मैं कह सकती हूँ कि जिस रास्ते पर ये चल रहे हैं उससे देश के और टुकड़े हो जाएँगे। जब आप लोगों में इतनी नफरत पैदा करेंगे तो इसका नतीजा क्या होगा! आप जो कर रहे हैं वो गलत है, आप इसमें कामयाब नहीं होंगे। और अगर हो भी गए तो इससे आपका ही नुकसान होगा।

विश्वविद्यालयों में भी प्रतिरोध के स्वर लगातार उठ रहे हैं। देश के कई नामी विश्वविद्यालय चाहे हैदराबाद हो, जेएनयू या इलाहाबाद विश्वविद्यालय विवादों में हैं। राजनीति के इस तरह से विश्वविद्यालयों में पहुँच जाने पर क्या कहेंगी?

आप हर चीज को अपनी विचारधारा के अनुरूप नहीं बना सकते जबकि असल में वो कोई विचारधारा भी नहीं है। आपकी विचारधारा कुछ नहीं है। देश के लोग प्रबुद्ध हैं। वे सब समझते हैं। एक किसान चाहे पढ़ा-लिखा न हो पर वो भी अपना अच्छा-बुरा सब समझता है। हमारी पीढ़ी के लिए ये देखना बेहद तनाव भरा है। आप उर्दू लेखकों से लिखवाते हैं कि आप सरकार के खिलाफ नहीं लिखेंगे! आप बिना क्रिटिकल हुए तो खुद को बेहतर नहीं बना सकते तो क्या सरकार बिना आलोचना के खुद को बेहतर बना सकती है!

नई पीढ़ी क्या करना चाहती है, वो हमसे कितनी आगे है ये पता होना चाहिए, तभी आप आगे बढ़ पाएँगे। पिछले दिनों एक कार्यक्रम में कन्हैया कुमार और उनके साथियों से मिलना हुआ। वे लोग कितने स्पष्ट हैं कि उन्हें क्या चाहिए, उन्हें क्या करना है! मुझे उन्हें देखकर बहुत अच्छा लगा। और ऐसा इसलिए है कि वे बहुत कुछ पढ़ने-लिखने वाले लोग हैं, वे हिन्दी पढ़ते हैं। वे लोग हमारी तरह नहीं हैं जो ब्रिटिश समय में पढ़े हैं। सरकार को सोचना चाहिए कि वो इस पीढ़ी के साथ क्या कर रही है! नयी पीढ़ी के पास ऊर्जा है, ख्याल हैं, ज्यादा सुविधाएँ नहीं हैं फिर भी वे आगे बढ़ रहे हैं। आपका मुल्क उनसे आगे बढ़ेगा।

समाज में धर्म और जाति के आधार पर भेदभाव बढ़ रहा है। किसी भी तरह का विवाद हो उसे हिन्दू-मुस्लिम रंग दे दिया जाता है।

इसके पीछे बस एक रणनीति है हिन्दू राष्ट्र, जिसमें ये कभी कामयाब नहीं हो पाएँगे। और ऐसा कभी देखा नहीं होगा कि हिन्दुओं की मेजॉरिटी के बावजूद आप मुस्लिमों से डर रहे हैं! क्यों? और आप देश, समाज में उनका योगदान भूल रहे हैं। हर क्षेत्र में चाहे कला हो, संगीत या साहित्य, अब जो बच्चे बड़े हो रहे हैं वो बिलकुल अलग हैं। कुछ समय पहले एक टीचर कुछ बच्चों को मुझसे मिलवाने लाई थीं। उनमें से कुछ थोड़े कमजोर तबके के भी थे। एक बच्चे ने बताया कि उसके पिता कबाड़ का काम करते हैं। ये बात कई बच्चों को हतोत्साहित कर सकती है पर उस बच्चे में वो आत्मविश्वास था। कोई भेदभाव नहीं, कोई गिला नहीं। ये आजाद मुल्क है। तो जब ये बच्चे बड़े होंगे तो मैं नहीं समझती ये किसी भेदभाव में विश्वास करेंगे।

हिन्दू राष्ट्र बनने के सपने का कोई भविष्य है?

नहीं। यह कभी सफल नहीं हो सकता। विश्व में कितने मुस्लिम राष्ट्र हैं तो क्या इस समय उनकी भाग-दौड़, वहाँ हो रही हलचल हम नहीं देख पा रहे हैं! आप क्या सोचते हैं कि आप क्या नया करेंगे किसी एक धर्म विशेष के आधार पर राष्ट्र बनाकर!

लेखक, बुद्धिजीवी और विद्यार्थी अपनी राय जाहिर करने पर विरोध का सामना कर रहे हैं। क्या असहमति को दबाना इस तरह लोकतंत्र के खिलाफ है?

बिलकुल है। इतनी सदियों बाद देश में लोकतंत्र आया है और जिस तरह से ये शासन कर रहे हैं, ये सबूत है कि इतनी बुरी तरह से तो बाहर के लोगों ने भी हम पर शासन नहीं किया। विरोध करना कोई बुरी बात नहीं है, इससे आप विकास करते हैं।

आपने विभाजन से पहले का संघर्ष भी देखा है। उस वक्त भी शासक वर्ग के प्रति असन्तोष था। क्या आज के हालात वैसे ही हैं?

आज माहौल उससे बहुत ज्यादा खस्ता है। उस समय बात राजनीतिक पहचान की थी जो अब नहीं है।

यदि मित्रो 2016 में लिखी जा रही होती तो...

इस पर मुझे एक बात याद आती है। 'मित्रो मरजानी' में एक जगह मित्रो की सास वंश बढ़ाने के बारे में कहती है, तो मित्रो जवाब देती है कि ये तुरत-फुरत का खेल नहीं है कि एक ही मिनट में जिन्द बोलने लगे। जब इसका मंचन हो रहा था तो

ख्याल ये था कि लोग हँसेंगे पर हम सब चकित रह गए जब कोई हँसा नहीं। तो इस तरह की कंडीशनिंग है। लोग खुद भी जानते हैं कि कैसे उन्होंने स्त्री को दबाकर रखा है।

'मित्रो मरजानी' में एक जगह मित्रो कहती है 'जिन्द जान का यह कैसा व्यापार? अपने लड़के बीज डालें तो पुण्य, दूजे डालें तो कुकर्म!' जिस तरह की सेक्सुअल लिबर्टी की बात मित्रो कर रही है, हिन्दुस्तान के मुख्यधारा के साहित्य में ऐसा कभी नहीं देखा गया था। एक पितृसत्तात्मक समाज में यह लिख पाने की प्रेरणा कैसे मिली?

देखिए, साफ कहूँ तो लेखक बहुत कुछ नहीं कर सकता, ये उनकी गलतफहमी होती है। हड्डी पात्र की मजबूत होती है और उसी की जरूरत होती है। अगर आपने एक कोरे कागज पर कोई एक लाइन खिंची देखी है तो लिखते समय आप तीन जगह अपनी ताकत बाँटते हैं...पहली उस लाइन की जो आपने देखी है, दूसरी लेखक की अपनी ताकत और फिर पात्र की। अगर पात्र में जान न हो तो आप क्या करेंगे? और अगर आप पात्र को पहचानते नहीं हैं फिर क्या! और एक बात, लेखक को न तो पात्र को अपने से नजदीक रखना है न बहुत दूर रखना है। तब आप किरदारों को नियंत्रित कर सकते हैं। मैं ये कह सकती हूँ कि भाषा के तारतम्य से ही ये किरदार निकला।

आपके स्त्री किरदार बहुत स्वतंत्र हैं, जो जिस दौर में वे लिखे गए, उस समय की सच्चाई से बिलकुल उलट हैं। ये कैसे हुआ?

मेरी परवरिश संयुक्त परिवार में हुई है पर हमें बहुत आजादी मिली, साथ ही अनुशासन भी था। तो शायद इसी का प्रतिबिंब इन किरदारों में है।

आपकी अधिकतर किताबों के अंग्रेजी अनुवाद हुए हैं, हिन्दी के कम ही लेखकों के काम को ऐसी सराहना मिली।

(हँसते हुए) मैं तो बोर हो जाती हूँ। एक बार किताब प्रकाशित हो जाती है फिर मैं उसके बारे में ज्यादा नहीं सोचती।

हम अपनी कमजोरियों को देखना नहीं चाहते, यह खतरनाक है

स्कूली छात्राओं से बातचीत

कृष्णा सोबती को समकालीन हिन्दी रचनाकारों में युगस्त्री की संज्ञा देना अतिशयोक्ति नहीं होगा। उन्हीं के साथ पाँच छात्राओं की बातचीत के कुछ अंश यहाँ प्रस्तुत हैं :

अंकिता : आज कम्प्यूटर और इंटरनेट का जमाना है। ऐसे में बच्चे किताबों से अपना रिश्ता कैसे जोड़ पाएँगे ? बच्चों को साहित्य क्यों पढ़ना चाहिए ?

देखिए, ऐसा है कि टेक्नोलॉजी ने हम लोगों को बहुत तरीके से घेरा हुआ है। लेखन का तरीका बदल गया है। पहले आप चीजों को जाकर ढूँढ़ते थे लेकिन अब हर एक चीज आपकी मेज पर है, आपको बहुत कम वक्त लगता है। उसी के हिसाब से आपकी क्वालिटी ऑफ थिंकिंग, क्वालिटी ऑफ राइटिंग बदल गई है। इसलिए साहित्य अब सचमुच संकट में है। आज के बच्चे कम पढ़ेंगे। हमारी पीढ़ी की बात अलग थी। हमारा बचपन काफी अलग था। लेकिन सबसे बड़ी जो बात थी वो किताबों की सोहबत थी। उससे सिर्फ जानकारियाँ ही नहीं हम बहुत कुछ सीखते थे। अपने संस्कारों को अपने अन्दर जज्ब करते थे। लेकिन टेक्नोलॉजी से घिरा हुआ व्यक्ति एक समय ऐसा जरूर चाहेगा कि अपनी किताब खोले उसे इत्मीनान से, खामोशी से अपने अन्दर जज्ब करे, अगर वो करने के लायक है तो। यह भी चीज महत्त्वपूर्ण हो गई है कि आप कैसा साहित्य बच्चों को देते हैं या बड़ों को देते हैं। वक्त की कमी अचानक से बहुत हो गई है। पहले आप किताबें पढ़ते थे, पत्र लिखते थे। पत्र-व्यवहार भी आपको बहुत कुछ सिखाता था। लेकिन अब ऐसा नहीं है, उसके बावजूद अगर आप कुछ पढ़ते हैं, या स्कूल में कुछ पढ़ते हुए आपके अन्दर इस बात की जिज्ञासा होती है कि और लोगों ने क्या लिखा है या आपकी कई जिज्ञासाएँ ऐसी होती हैं जो अखबारों से जन्म लेती हैं। अगर आपने कोई एक ऐसी खबर पड़ी है अखबार में, तो आप ये सोचेंगे कि इसके आगे भी कुछ देखूँ और इसी तरह पुस्तकालय में जो किताबें होती हैं वे हमें उत्साहित करती हैं और करती रहेंगी।

मैं नहीं जानती कि आप लोगों के पास अब इतना वक्त होगा कि आप इन चीजों को ढंग से एडजस्ट करेंगे, उसे एक ऐसी व्यवस्था देंगे कि ना तो हम किताबों से दूर हों न टेक्नोलॉजी से दूर हों क्योंकि दोनों चीजें एक दूसरे की पूरक होनी चाहिए।

अंकिता : मतलब टेक्नोलॉजी कितनी भी आगे चली जाए पुस्तकों के बिना अधूरी है।

नतीजे तो यही कहते हैं, लेकिन यह करना मुश्किल है।

सृष्टि : आपका साहित्य के प्रति प्यार कैसे बढ़ा ? क्या आप बचपन से लिखती थीं या बड़े होकर बाहरी परिस्थितियों ने आपको प्रेरित किया ?

ऐसा नहीं है कि साहित्य बाहरी परिस्थितियों से आपके अन्दर जन्म लेता है। हम छोटे थे तो रवीन्द्रनाथ टैगोर को पढ़ते थे, शरतचन्द्र को पढ़ते थे, बहुत से उर्दू लेखकों को पढ़ते थे। इतिहास, समाज और विज्ञान का सम्बन्ध जैसे-जैसे आप समझेंगे आप विचारों के स्तर पर खुलेंगे और लेखन करना चाहते हैं तो कर पाएँगे।

क्या आप लोगों ने फूलवालों की सैर पढ़ी है ?

वह एक मशहूर किताब है जो दिल्ली के बारे में है। अगर आप देहली में रहते हैं तो आपको देहली का इतिहास जानने के लिए और उन परम्पराओं को जानने के लिए जो कि हमारे यहाँ लोकतंत्र के पहले थी, इस कहानी को पढ़ें। यह बहुत जरूरी है कि आप इतिहास को जानें, उन चीजों का ध्यान करें जिन्होंने दिल्ली को बनाया होगा। आपने रजिया सुल्तान का विज्ञापन देखा है। वे भी यहाँ थीं। कहने का मतलब है कि देहली सिर्फ वह नहीं जिसे आप देख रहे हैं। देहली के पीछे एक पुराना इतिहास है, उसे बच्चों को जानना जरूरी है।

मुस्कान : अकसर यहाँ, बुजुर्ग अतीत का गौरवगान और वर्तमान की आलोचना करते हैं। आप इसके बारे में क्या कहेंगी ?

हर पीढ़ी अपनी स्थितियों को जीती है। हम जब छोटे थे, तब स्थितियाँ कुछ और थीं। मेरे पास एक बहुत अच्छे बचपन की यादें हैं। हमें अनुशासन में रहना होता था लेकिन आजादी भी थी। हर एक बात कहने की आजादी जो कि आप कहना चाहें। लेकिन अनुशासन का ख्याल इतना था कि आप कुछ कहें, कुछ करें वो नहीं टूटना चाहिए। ये उस पीढ़ी की विशेषता थी। बहुत किताबें पढ़ते थे, पत्रिकाएँ पढ़ते थे, लिखते थे और ऐसा नहीं था कि आपको दूसरी चीजों से ताल्लुक नहीं था। विज्ञान की उन्नति हो रही थी, नई-नई चीजें हो रही थीं। उन सबसे वाकिफ थे। इससे संस्कृति में एक बहुत बड़ा परिवर्तन आया। परिवर्तन होते रहते हैं। जहाँ परिवर्तन

नहीं होते वहाँ संस्कार भी पुराने हो जाते हैं। नई व्यवस्था को आप समझ नहीं पाते और आप सोचते हैं कि जो पहले था वह अच्छा था। लेकिन जब हम किसी वक्त को देखें तो उसकी खूबियों और खामियों को समग्र रूप में देखें।

ईशानी : साम्प्रदायिकता का दंश आपने काफी करीब से झेला है। यह आज भी हमारे बीच सक्रिय है। यह खत्म क्यों नहीं हो रहा ?

ये सब आप युवा खत्म करेंगे। हमारे देश में लोकतंत्र है, सबके लिए एक संविधान है। हर जन के अधिकार समान हैं। अगर हम अपने अधिकारों का इस्तेमाल करना नहीं जानते तो ये हमारी सबसे बड़ी भूल और कमजोरी है। हम भारतवासी बहुत-सी चीजों में आगे हैं परन्तु बहुत-सी चीजों में दूसरे मुल्कों से पीछे हैं। हम अपनी कमजोरियों को देखना नहीं चाहते, ये बहुत खतरनाक बात है। जब लोकतंत्र हमें मिला तो पूरे देश में एक नई ऊर्जा का संचार हुआ। यदि उस ऊर्जा को, उस एकत्व की भावना को हम किसी तरह से ठेस पहुँचाते हैं तो ये भारतीय नागरिक समाज के लिए बहुत खतरनाक चीज है।

अंकिता : कुछ ऐसी किताबों के नाम बताइए जिसे हर भारतीय, हर हिन्दीभाषी को जरूर पढ़ना चाहिए ?

पढ़ने और सोचने की आजादी हर नागरिक को है। मैं आपसे बड़ी होने के कारण सलाह दे सकती हूँ जबर्दस्ती नहीं कर सकती। इतिहास की किताबों को पढ़ें। अपने अतीत को जानें। इतिहास की किताबों में अतिरेक भी मिलेंगे परन्तु पढ़े-लिखे समाज के होने के कारण उन अतिरेकों को पहचानें जो कि साम्प्रदायिकता न फैलाएँ। आप लोकतंत्र में हैं। यहाँ धर्म की, जाति की जो दूरी है उसे बहुत समझदार तरीके से समझने और पाटने की जरूरत है। क्योंकि एक शब्द भी अगर आप ऐसा कहती हैं तो उससे एक ऐसा जज्बा पैदा होता है जो दूसरे में नफरत पैदा कर सकता है। खासकर हमारे देश में इसकी परम्परा रही है। यह बहुत खतरनाक है। लेकिन हमारे देश में एक और भी बात है कि यहाँ एक ही वक्त में, एक ही मुल्क में इतने तरह के लोग रहते हैं और रहते रहेंगे शान्तिपूर्वक! नागरिक समाज के हित में है कि आप इस बात को ज्यादा तवज्जो न दें कि ये हिन्दू हैं, ये मुसलमान हैं, ये घर वापसी है, ये सब नकारात्मक चीजें हैं। आप अपने भविष्य के लिए, अपने बच्चों के भविष्य के लिए, उस नागरिक के तौर पर जिसको हर किस्म की इजाजत है अपना काम करने की, अपने व्यक्तित्व को सँवारने की, वैसा आचरण करें। बहुत से मुल्कों में ये मयस्सर नहीं है। जहाँ तानाशाह साम्राज्यवादी सरकार है, वहाँ आपको ये चीज नहीं मिल सकती। लेकिन इसके साथ एक चीज और जुड़ी है वो हैं आपके कर्तव्य, कि आप किसी से झगड़ा न करें, किसी को तकलीफ न दें, किसी के घर के सामने

कूड़ा न फेंकें। आप अपने मुल्क पर गर्व करें। हमारे जैसा मुल्क दुनिया में बहुत कम है। बहुत सुन्दर है—ये देश।

अनुष्का : मैं छठी कक्षा में पढ़ती हूँ। हमने आपका लिखा पाठ 'बचपन' पढ़ा है। ऐसा लगता है जैसे आप हमसे बातें कर रही हों। आप मेरे सहपाठियों के लिए क्या सन्देश देना चाहेंगी ?

खूब मजे करो, खेलो, कूदो, और खूब पढ़ो। चीजों को समझने की कोशिश करो। एक होता है पलायन, चीजों से कतराना। वह कभी भी ठीक नहीं होता है। चीजों को भाव से देखें। उनको भी जिन्हें आप पसन्द नहीं करते। इससे आप स्वयमेव उस वस्तु के नजदीक आने लगेंगी। आपके अन्दर असीम सम्भावनाएँ हैं और आपको वे सब चीजें भी मयस्सर हैं जिनसे आप अपने भविष्य को आकार दे सकती हैं। पहले, कौन बच्चा क्या करेगा, ये उसे पता नहीं होता था। लेकिन आप लोगों के अभिभावक और शिक्षक ये समझने में आपकी मदद कर रहे हैं कि आप क्या करना चाहते हैं। अपने आपको समझें और दूसरों को भी समझना सीखें। आप अपने अन्दर ऐसा उत्साह पैदा करें कि मैं जो चाहूँ जिधर मेरी दृष्टि जाए मैं वह बन सकती हूँ। फिर आपमें जो व्यक्ति पैदा होता है वह परिपूर्ण होता है।

विभाजन और आजादी ने हमें एक साफ दृष्टि दी थी

एलिजाबेथ कुरुवेला से बातचीत

उनका दिन दोपहर में चार अखबारों से शुरू होता है। और अखबारों में भारतीय जनता पार्टी शासन के देश और देश के सपने को नष्ट करने वाले कदम उन्हें गुस्से से भर देते हैं। पेश है उनसे उनके निवास पर हुई बातचीत के कुछ सम्पादित अंश।

आप 91 वर्ष में प्रवेश कर चुकी हैं और कहती हैं कि अपने आप को बड़े होते देखना एक दिलचस्प अनुभव है। कृपया इस बारे में हमें और कुछ बताएँ।

जीवित रहना एक बड़ी बात है, खासतौर पर जब चीजें एक बार फिर बदलना शुरू हो रही हों। हमारा सम्बन्ध विभाजन और आजादी के बाद की पहली पीढ़ी से है। वह दौर बड़ी उथल-पुथल का दौर था। और अब जब आप उसी तरह का शोर (दक्षिणपन्थी ताकतों की ओर से) एक बार फिर सुन रहे हैं तो यह कोई छोटी चीज नहीं है। कह नहीं सकती कि सौभाग्य से या दुर्भाग्य से, मैंने इतिहास का एक पूरा गलियारा पार किया है। बचपन औपनिवेशिक दौर में बीता, तब हमें बताया गया कि जो हुकूमत है वो अंग्रेजों की है और आप हिन्दुस्तानी हो। हिन्दुस्तानी होने के इस अहसास को हम हमेशा उन लोगों के साथ जोड़कर देखते थे जो आजादी के लिए मर-खप रहे थे। हमारे नायक, हमारे हीरो वही इन्किलाबी थे।

और विभाजन, वह एक भारी चीज थी। वह मारकाट, वह विस्थापन! आज जब मैं यूरोप में कहीं विस्थापन की बात सुनती हूँ तो मेरे रोंगटे खड़े हो जाते हैं। विभाजन से पहले मैं लाहौर में अपने हॉस्टल में थी। मैंने अपने सूटकेस पैक किये, कमरों की तरफ देखा, वे सब खाली हो चुके थे, और नीचे आ गयी। फिर मैं जाने क्यों स्विमिंग पूल की तरफ बढ़ गयी। फिर गेट की तरफ गयी। अपने सूटकेस उठाए और चल दी। वहाँ एक चौकीदार था, मैंने उसकी तरफ नहीं देखा, न उसने मेरी तरफ देखा। वहाँ की हवा में कुछ था जो कहता जान पड़ रहा था कि सब कुछ खत्म हो चुका। गेट से मैं वापस अपने कमरे की तरफ बढ़ी और खाली कमरे को आँख भर देखा। सिर्फ एक पेंसिल वहाँ पड़ी थी। मैंने उसे उठाया और दीवार पर लिखा : बहती

हवाओं याद रखना, हम यहाँ पर रह गए हैं।

और फिर जब मैं नीचे आयी, मेरी रुलाई फूट पड़ी।

उसके बाद कैम्पों का सिलसिला। लोग, जिनकी खुशी लुट चुकी थी, उनको देखना बहुत मुश्किल था। मुझे समझ नहीं आ रहा था कि अपने आपे का क्या करूँ। आखिरकार मैंने उपन्यास लिखा—वह 'चन्ना'।

उस समय यह सुनिश्चितता थी कि वह स्थान (गुजरात, पाकिस्तान) अब तुम्हारा नहीं है, और वही वह जगह है जहाँ से तुम्हारी नाभिनाल जुड़ी है। यह उपन्यास वहाँ उस जगह पर वापस जाने की तरह था। वह जगह जहाँ ईश्वर को सिर्फ एक नाम से जाना जाता था—रब। उन लोगों की संस्कृति, उनका सोचने-समझने का ढंग, उनका खान-पान, पहनावा सब अपने आप में विशिष्ट था। उसकी अपनी एक पहचान थी। अद्‌भुत था वह।

मैं उन लेखकों में थी जो कर्जन रोड (दिल्ली) में अपने पुराने दिनों की यादों में भीग रहे थे।

उस समय, लेखकों और कलाकारों के काम में देश-निर्माण की भावना बहुत ज्यादा थी। नहीं?

आप जो कह रही हैं वह बहुत सुन्दर बात है। यह विचित्र था। हम लेखक अपने आप को गम्भीरता से लेते थे। हम लेखक थे। हम न इसकी तरफ थे, न उसकी तरफ थे, हम सिर्फ इंसानियत की तरफ थे। उस समय के लोगों को राजनैतिक पहचान के सवाल पर देश को बाँटना पड़ा। लेकिन आज, यह आपकी (आपके राज की) सोच है। आज आप देश को सिर्फ बाँटेंगे नहीं, उसे नष्ट कर देंगे। आप एक स्वतंत्र देश हैं। आप अपना समय इसकी देखभाल में क्यों नहीं लगाते? अगर आप जानते हैं कि एक नागरिक होने का क्या मतलब होता है, तो मेरे पास गुस्सा होने की और दुखी होने की हर वजह है।

आजादी के फ़ौरन बाद का समय लेखकों के लिए बहुत अच्छा समय था। एक दिन भीष्म (साहनी) और मैं चाय पर थे। हम लोग उनको वरिष्ठ मानते थे। वे बोले, कृष्णा क्या आपके पास थोड़ा समय होगा? कुछ पढ़ने के लिए? मैंने कहा, हाँ। मेरे पास लिखने और पढ़ने के लिए अभी बस एक ही चीज है। और कुछ नहीं। तब उन्होंने मुझे एक किताब दी। मैंने उसे पूरी रात पढ़ा। और सुबह मैंने शीला जी को बताया कि कुछ बड़ा होने जा रहा है। वह किताब 'तमस' थी। हाँ एक विचारधारा भी थी हमारी, लेकिन वह इससे ज्यादा कुछ था। कुछ ज्यादा मानवीय।

'ज़िन्दगीनामा' की योजना शुरू में एक उपन्यास-त्रयी के रूप में बनी थी। लेकिन वह हो नहीं सका। क्या कारण रहे?

'ज़िन्दगीनामा' को लेकर मुझे अदालत जाना पड़ा और वहाँ मुझे 26 साल लग गए। अमृताजी (प्रीतम) ने एक किताब लिखी, उसका नाम था 'हरदत्त का जिन्दगीनामा'। बौद्धिक सम्पदा का मेरे लिए बहुत ऊँचा स्थान था और मुझे लगा कि मुझे इसकी हिफाजत करनी चाहिए। और मैं अदालत चली गयी। अमृता जी बड़ी कवयित्री थीं। लेकिन मुझे पता था कि यह किताब अलग है। और मुझे कानून का भी पता था, कि अगर विधा एक है तो आप आपत्ति कर सकते हैं। मैं कचरा अपने दिमाग में नहीं रखती। अगर कोई चीज है जो मुझे परेशान कर रही है तो जो करना है मैं वहीं उसी समय कर देती हूँ। फिर चाहे जो हो। मैं मुकदमा हार गयी लेकिन क़ानून-व्यवस्था से मेरा विश्वास नहीं हटा। और मुझे यह भी पता है कि लिखना सिर्फ एक बौद्धिक काम नहीं है, यह परिश्रम भी माँगता है। आज भी बौद्धिक सम्पदा की हिफाजत के बहुत अच्छे इंतजाम नहीं हैं। उसके बाद मैंने दूसरा हिस्सा 'दिलो-दानिश' के रूप में शुरू किया।

क्या आप सही-सही बता सकती हैं कि आपने लेखक बनने का इरादा कब किया?

मैं इसके अलावा कुछ नहीं कर सकती थी। मैं कक्षा 4 में थी। माँ के साथ शिमला में एक कविता प्रतियोगिता में गयी थी। मैंने 4 पंक्तियाँ लिखी थीं। वही वहाँ सुनाई। दुर्भाग्य से इसके बाद कभी कविता ही नहीं लिख पाई।

क्या माँ-बेटी के रिश्तों पर आधारित आपकी रचना 'ऐ लड़की' किसी सच्ची घटना पर आधारित है?

लेखन एक जटिल प्रक्रिया है। इसमें हर चीज से एक दूरी रखनी होती है, अपने आप से भी। आप अपनी कहानी नहीं लिख रहे होते, वह आपके अनुभवों, हदों को लाँघ जाती है। मैं कह सकती हूँ कि अगर मुझे पता हो कि कोई कहानी कैसे, कहाँ जाकर रुकेगी, तो मैं उसे कभी न लिखूँ। लेखन की प्रक्रिया में मुझे अपने आप से जूझना होता है कि अपनी क्षमताओं और सामर्थ्य के साथ मैं उस वृत्तान्त से क्या हासिल कर सकती हूँ।

पहनावा, खान-पान, उनके विस्तृत विवरण आपकी कहानियों में बहुत खुलकर आते हैं। उनसे एक सांस्कृतिक परिवेश का निर्माण होता है और पात्र भी अपना रूप ग्रहण करता है। 'ऐ लड़की' में भी, सिर्फ चाय बनाने पर एक लम्बा पैरा है। क्या भोजन में आपकी कुछ खास रुचि है?